Briefwechsel

Befreiung als Weg - Freiheit als Ziel

JONAS HOCHREITER
CLEMENS SATORIUS

© 2017 Hendrik Normann
Herstellung und Verlag: BoD – Books on Demand
Norderstedt
Umschlaggestaltung, Satz und Layout/Foto: Dirk Petersen
ISBN 978-3-7448-1704-2
Bibliografische Information der Deutschen Nationalbibliothek
Die Deutsche Nationalbibliothek verzeichnet diese
Publikation in der Deutschen Nationalbibliografie;
detaillierte bibliografische Daten sind im Internet
über dnb.d-nb.de abrufbar.

Erfahrungen auch Übungen, die einem Wachsein auf andere Weise förderlich sind. Doch zu beidem schreibe ich Ihnen in meiner nächsten Mail mehr. Nicht weil ich ein größeres Geheimnis darum machen möchte, sondern schlicht, weil ich leider im Moment nicht mehr Zeit habe. Ich hoffe trotzdem, Ihnen schon ein wenig gedient zu haben...

Mit lieben Grüßen aus Norddeutschland,
Clemens Satorius

4.7.13

Sehr geehrter Herr Satorius!

Danke für Ihre freundliche Rückantwort, ich freue mich schon sehr auf einen weiteren Austausch. Wie ich im ersten Schreiben kurz dargestellt habe, wäre es für mich sehr wichtig, unter Berücksichtigung meiner bisherigen Entwicklung genau solche Übungen zu finden, die mir dabei helfen, meine Wachphasen zu verlängern. Ich möchte einmal versuchen, den Wachzustand - so wie ich ihn empfinde und erlebe - darzustellen. Vielleicht ist es hilfreich zu verstehen, wie ich dazu überhaupt gekommen bin bzw. wie sich das entwickelt hat. Angefangen hat es eigentlich damit, dass ich mich auf Basis bestimmter Lehren mit dem Egoismus der Alltagspersönlichkeit auseinandergesetzt habe und die Aufforderung, den Egoismus in bestimmten Situationen festzunageln („jetzt habe ich dich endlich erwischt - du bist nicht ich, du bist ein Geschöpf meiner Dummheit") versucht habe umzusetzen.

In bestimmten Situationen, wie z.B. Ärger beim Autofahren über andere Verkehrsteilnehmer, habe ich mich bewusst von meinen Gefühlen distanziert und mir gedacht: „Das bin ich eigentlich gar nicht selbst." Ich habe dann, anfangs allerdings unbewusst, Gedankenelementale erschaffen, die das Gegenteil meines Ärgers zum Inhalt hatten, z.B.: Vielleicht muss der Autofahrer eine schwer verletzte Person ins Krankenhaus bringen und muss deshalb so schnell fahren. Die Folge war, dass der Ärger meist abrupt verflog oder nach kurzer Zeit verschwand. Ich glaube, ich habe dadurch im Laufe der Zeit einen „Beobachter" entwickelt oder freigesetzt, der es mir ermöglicht, mich von meinen Gedanken und Gefühlen zu distanzieren und sie wie von außen zu betrachten. Das geht so weit, dass ich z.B. plötzlich merke, dass ich in mir ein Gefühl von leichtem Ärger entdecke und dann erst nachdenken muss, wodurch das entstanden ist. Durch Nachdenken erkenne ich dann, dass das z.B. von einem Gespräch herrührt, das ich vor einigen Minuten geführt habe. Interessant finde ich dabei, dass Gefühle offenbar nachwirken bzw. sich erhalten können, obwohl man sich bereits mit anderen Dingen beschäftigt und die auslösende Situation schon einige Minuten vorbei ist. Gefühle sind hier irgendwie träge, nicht so unmittelbar wie Gedanken, die mich manchmal sofort ins Wachbewusstsein hinein katapultieren. Dies passiert oft bei unschicklichen, herabwürdigenden Gedanken über andere Menschen, ich bin dann schlagartig im Wachbewusstsein und denke mir (dann aktiv, nicht passiv), wie kann man nur so schäbig denken. Ich empfinde dann die schlechten Gedanken, wie wenn sie ein anderer gedacht hat und sie gar nicht von mir stammen.

Ich versuche nun den Wachzustand zu beschreiben: Der Eintritt passiert schlagartig, den Unterschied zum „Schlafen" empfinde ich in diesem Moment als sehr groß. Es gibt viele verschiedene Grade des Schlafens, von sehr tief - totale

Unbewusstheit - bis leicht, das wäre z.B. das langsame Abgleiten vom Wachbewusstsein in den Schlafzustand hinein. Obwohl die Abstufungen sehr vielschichtig sind (sowohl im Wach- als auch Schlafzustand), kann ich trotzdem jederzeit eindeutig sagen, ob ich mich im Wach- oder im Schlafbewusstsein befinde. Die Feststellung selbst passiert natürlich nur im Wachbewusstsein, man ist sich des Schlafens (leider) nicht bewusst. Es gibt also trotz vieler Abstufungen für mich eine eindeutige Unterscheidung der beiden Zustände. Folgende Zusammenhänge sind mir dazu grundsätzlich aufgefallen:

• Bei hohen Alltagsanforderungen (Telefon läutet dauernd, Zeitdruck, hohes Arbeitsvolumen) treten die Wachphasen nur sehr eingeschränkt bis gar nicht auf, Phasen des totalen Unbewusstseins kommen vor, man arbeitet mechanisch, fast wie ein Roboter.

• In Urlaubszeiten mit Entspannung treten Wachphasen gehäuft auf.

• Bei Übermüdung oder bei wenig Schlaf kommt man ebenfalls kaum in längere Wachphasen hinein, daher meine Vermutung des Zusammenhangs mit der ätherischen Vitalität.

• Das Lesen von Literatur von Wahrheitsforschern geschieht oft im Wachzustand, es ist fast so, als ob im Text Bewusstsein integriert wäre, was dies auslöst - kann ich nicht besser beschreiben; der Übergang in den Wachzustand passiert bereits beim Lesen der ersten Worte.

• Beim Lesen anderer Dinge, wie etwa Wirtschaftsnachrichten, kommt der Wachzustand so gut wie gar nicht vor.

• In existenzbedrohenden Situationen oder solchen, die als existenzbedrohend empfunden werden, tritt bei mir ein Wachbewusstsein auf, das mit tiefer Demut und Gottergebenheit gemischt ist; das ist irgendwie anders als das „normale" Wachbewusstsein.

• Im Wachbewusstsein hört das Gedankenwirrwarr auf, es wird ruhig im Kopf. Ich werde dann nicht mehr gedacht (vom wem eigentlich?), Gedanken werden dann von mir im Inneren aktiv formuliert, analog zum Sprechen; sie kommen mir im Inneren auch irgendwie lauter und klar vor (ist schwierig zu beschreiben).

• Gedanken im Schlafzustand passieren irgendwie automatisch, mechanisch, werden nicht kontrolliert, sind irgendwie verschwommen, nicht klar wie im Wachzustand.

• Ein wichtiger Punkt: Beim Übergang in den Wachzustand wird die Umgebung schlagartig anders wahrgenommen: der umgebende Raum wird klar registriert (vorher nicht), es gibt irgendwie keine Trennung zum Raum mehr, ich bin Teil des Raumes (schwierig zu beschreiben), die Farben der Gegenstände treten deutlich hervor und werden teilweise extrem intensiv wahrgenommen; Geräusche werden klar wahrgenommen, ebenso Gerüche und Körperempfindungen.

• Auch der Gefühlskörper wird im Wachzustand klar wahrgenommen; situationsbedingt aufkommenden negativen Emotionen wird kein Ausdruck mehr verliehen, sie werden zwar registriert, sind auch da, man ist jedoch distanziert. Werden die negativen Gefühle jedoch zu stark, wenn eine Situation eskaliert, passiert es mir manchmal, dass ich mich dann doch damit identifiziere und z.B. „hochgehe". Das tut mir dann im Nachhinein gesehen sehr leid.

Der große Vorteil des Wachbewusstseins ist für mich, dass negativen Gefühlen und Gedanken kaum mehr Raum gegeben wird. Wenn sie da sind, werden sie aus der Distanz heraus betrachtet, man bleibt auch in schwierigen Situationen ruhig und besonnen (meistens, nicht immer). Da damit den negativen Charaktereigenschaften sukzessive die Basis entzogen wird und die Dinge dadurch auch immer leichter werden, bin ich so darauf aus, die Wachphasen auszudehnen. Ich bin damit aber im letzten Jahr nicht wirklich weiter gekommen, irgendwie trete ich hier auf der Stelle. Ich bitte Sie nochmals darum, mir mögliche Übungen, die mich dabei unterstützen, mitzuteilen. Vielleicht brauche ich hier auch einen ganz anderen Ansatz - ich hoffe, Sie können mir helfen.

Bitte entschuldigen Sie die Rechtschreibfehler und die mangelhaften Formulierungen mit den vielen Wortwiederholungen, ich bin darin nicht sehr geübt und bitte deshalb um Nachsicht.

Liebe Grüße in den hohen Norden
Jonas Hochreiter

5.7.13

Sehr geehrter Herr Hochreiter,

ich finde Ihre Beobachtungen hochinteressant, detailliert und - ungeachtet der Tatsache, dass Worte höhere Wahrheiten immer nur sehr krückenhaft ausdrücken können - gut und nachvollziehbar auf den Punkt gebracht.

Nebenbei habe ich an Ihrer schriftlichen Ausarbeitung nichts auszusetzen gehabt. Möglicherweise bin ich ebenso schlicht gestrickt wie Sie. Wahrscheinlicher aber sind wir beide doch nicht gar solche Simpel. Ich hatte einige sprachliche Unterschiede zwischen dem österreichischen und dem bundesrepublikanischen Deutsch erwartet. Dergleichen ist mir ebenfalls nicht aufgefallen (Sie wissen schon: Tomate-Paradeiser oder Ähnliches). In Erwartung solcher Unterschiede habe ich beim Nachschauen sogar etwas gelernt.

Erstens, dass man Wirrwarr mit zwei „R" am Ende schreibt und zweitens, dass Wirrwarr alle drei grammatikalischen Geschlechter haben kann. Mein Urgroßvater soll spaßeshalber immer gesagt haben, dass das Lernen erst ein Ende habe, wenn alle Finger gleich lang geworden seien. Ich denke, er hatte recht. Ein Ende ist nicht in Sicht. Wieviel mehr gilt dies für Dinge, die Wahrheitsforscher stärker bewegen als Grammatik oder Wortwahl.

Ganz deutlich wird für mich hingegen noch nicht die Art Ihres Erwachens. Ist es ein Wachsein innerhalb der AP? Ist es ein Erwachen außerhalb der AP? Ist es eine Mischung? Die von Ihnen erwähnten einzelnen Punkte deuten in etwas unterschiedliche Richtungen. Im persönlichen Gespräch ließe sich alles viel schneller präzisieren. Da liegt deutlich ein Nachteil unserer schriftlichen Kommunikation. Nun gut, aber so ist es eben...

Ich kenne leider auch nicht die Art und den Stand und Grad Ihrer spirituellen Praxis. Deswegen fange ich einfach mal bei Null an und Sie schauen, wo Sie sich wiederfinden. Verfügen Sie beispielsweise über die Bücher von Stylianos Atteshlis, der einer meiner zwei Lehrer gewesen ist? In seinen „Esoterischen Lehren" beschreibt er die Innenschau und Selbstanalyse. Diese abendliche Praxis halte ich für wichtig. Das Tagesgeschehen mit zeitlichem Abstand zu betrachten und nicht wertend einzuordnen, versetzt einen nach und nach in die Lage, beanstandete Verhaltensweisen auch im Geschehen zu modifizieren. Ich weiß nicht, ob Sie es tun, aber ich halte den direkten Einstieg in die Beobachtung des aktuellen Tagesgeschehens für problematisch, da die emotionale Verknüpfung im direkten Geschehen viel stärker ist, als bei der abendlichen Rückschau.

Nochmal, Sie schildern mir vor allem Ergebnisse Ihrer bisherigen Bemühungen. Ich habe noch nicht die von

Ihnen angewendeten Methoden herauslesen können. Das wäre für mich sehr wichtig. Aber ich nenne trotzdem noch einige wichtige Aspekte.

Sie sprechen den möglichen Mangel an ätherischer Vitalität als „Erleuchtungshemmnis" an. Und Sie nennen auch verschiedene äußere und innere Gründe. Sie nennen hohe Alltagsanforderungen, Übermüdung und wenig Schlaf als Gründe für Vitalitätsmangel. Unsere Einflussmöglichkeiten sind da natürlich eingeschränkt, aber keinesfalls nicht vorhanden. Die genannten Faktoren sind nicht förderlich - also muss man versuchen, sie einzuschränken oder abzustellen. Nach Stylianos Atteshlis verbraucht aber, wie Sie ja wissen, nichts schneller ätherische Vitalität als Zorn, Hass, Wut. Was kann man tun, wenn ätherische Vitalität mangelt? Die einfachste Übung ist: Sich hinsetzen, Alltagsgedanken und -emotionen loslassen, sich auf den Atem konzentrieren, beim Einatmen strahlend weißes Licht visualisieren, das - ausgehend von der Lunge - den ganzen Körper durchdringt und dort mit jedem weiteren Atemzug immer stärker wird. Beim Ausatmen wie einen dunklen Rauch alles Negative aus dem Bereich der drei Körper ausströmen lassen.

Als Richtschnur für mögliche Übungen: Einmal, zweimal oder dreimal täglich zwischen 15 und 30 Minuten meditieren. Stylianos Atteshlis sagte deutlich, dass dem sich um Beschleunigung und erzwungenen Fortschritt Bemühenden „sehr scharfe Werkzeuge in den Weg gestellt" seien, um diese schnellen Fortschritte zu verhindern. Wir müssen ruhig und entspannt voranschreiten. Eine stetige Vorwärtsbewegung ist wohl wünschenswert, aber erzwingen lässt sich nichts. Meiner Erfahrung nach kommen Entwicklungssprünge früher oder später, aber sie kommen. Sie sind das Ergebnis kontinuierlichen Praktizierens.

Eine sehr hochklassige Übung ist die „Spinale Psychopraktik", die Sie sowohl in „Kreisgedanken" als auch auf unserer Webseite finden. Ich hänge Ihnen noch eine PDF-Datei zu dem Thema an meine heutige Mail und werde morgen wahrscheinlich mehr berichten. Weitere Übungsansätze werde ich ebenfalls nennen. Möglicherweise können wir ja auch einmal telefonieren - wenn sich ein gemeinsames Zeitfenster finden lässt und Sie überhaupt möchten.

Meine Frau ist seit zwei Tagen auf einer Reise zu ihrer Mutter, unser Junior ist hiergeblieben und hat Sommerferien. Ich selbst arbeite (auch am Wochenende) und muss zudem meine Frau in einem ihrer Jobs vertreten. Entsprechend bin ich eingebunden und hatte bisher leider nicht die Zeit gefunden zu antworten. Ich mag auch jetzt meine Mail nicht mehr korrekturlesen - ich hoffe, Sie können schon etwas damit anfangen und übersehen eine mögliche, leichte Unstrukturiertheit.

Letzte Frage. In Österreich gibt es doch auch verschiedene Studienkreise von Stylianos Atteshlis. Kontakte haben sich für Sie nicht ergeben?

Liebe Grüße in den tiefen Süden!
Clemens Satorius

6.7.13

Sehr geehrter Herr Hochreiter,

Stylianos Atteshlis hat seine Meditationsübungen mit einem „Lasst eure Alltagsgedanken und -gefühle los und..." begonnen. Als er noch lebte, war ich nicht so weit, dass ich

folgende Überlegungen mit ihm besprechen konnte. Aber mir fiel nach und nach auch im Umgang mit anderen Suchern auf, dass diese wenigen Worte unendlich viel voraussetzen, das viele Schüler gar nicht haben. Ich weiß nun leider nicht, ob Stylianos Atteshlis eine bestimmte Absicht verfolgte, indem er scheinbar sehr viel voraussetzte. Benutzte er seine Formulierung als Unterscheidungstest dahingehend, ob Leute nachfragten oder nicht nachfragten? Ob sie ihn auf die Höhe der Anforderung ansprachen und weitere Details wissen wollten?

Ich wurde von Freunden aus der Spirituellen Gemeinschaft schließlich auf den Vipassana-Ansatz hingewiesen, der sich sowohl in meiner eigenen Praxis als auch bei anderen Suchern unseres kleinen Kreises als hilfreich erwies. Ich berichte darüber unter „Über Meditation" in den „Kreisgedanken". Ruhiges Verweilen und Einsichtsmeditation gehören seitdem ebenfalls fest zu unseren Praktiken. Das ruhige Verweilen entspricht sehr stark der Zen-Praxis, in der ich mich vor meinem Finden von Stylianos Atteshlis hauptsächlich schulte. Ich sage dies, weil ich hier über Jahrzehnte spreche! Der Wunsch „schnell" weiterzukommen ist sehr verständlich, aber ich meine, dass er abgelegt werden sollte. Er ist eine Ausgeburt der in linearen, monokausalen Vorstellungen verhafteten Alltagspersönlichkeit und steht eigentlich echten Fortschritten im Wege.

Ein Begriff aus der Spirituellen Gemeinschaft (soweit ich sie kenne) ist der Begriff der Ausrichtung. In den Betrachtungen über „Die animalische Ebene" und die „Person" klingen wichtige Aspekte dieses Begriffes an. Ebenso in „Karmische Drift". Die wichtigste Arbeit ist unsere Arbeit an der persönlichen Ausrichtung. Welche Übungen in welcher Kombination und mit welcher Intensität - das muss jeder Schüler des Weges letztlich selbstkritisch für sich selbst - und möglichst auch im Austausch mit anderen Schülern - herausfinden. Erfolgreich anwenden kann man diese Übungen vor allem mit möglichst „richtiger" Ausrichtung. Also vor dem Hintergrund eines fundierten Wissens darüber, wie die Dinge sind. Die Betrachtungssammlung, die ich über die Jahre zusammengestellt habe, und von denen ein großer Teil Ihnen mit meinem Buch vorliegt, soll eben dieses Wissen vermitteln und gleichzeitig zum Weiterdenken und -forschen anregen. Die Rückbezüglichkeit der Betrachtungen untereinander soll zudem ein „Wissens- und Verstehens-Kontinuum" schaffen, das wahrzunehmen und auszuhalten der linearen Tendenz der Alltagspersönlichkeit entgegenwirken soll.

Ich hänge Ihnen heute eine weitere Betrachtung an meine Mail an. Sie beschäftigt sich mit dem Verhältnis der Meditationspraktiken untereinander und könnte für Sie vielleicht aufschlussreich sein.

Damit wünsche ich Ihnen ein schönes Wochenende und freue mich schon darauf, vielleicht gelegentlich mehr von Ihnen zu hören.

Liebe Grüße,
Clemens Satorius

10.7.13

Werter Herr Satorius!

Vielen Dank für die ausführlichen Antworten und die Beilagen, die Sie mir geschickt haben.

Ich habe meine spirituelle Reise vor knapp zehn Jahren begonnen, als ich mir die ersten einschlägigen Bücher zu

diesem Thema gekauft habe. Angefangen habe ich mit Übungen von Franz Bardon aus „Der Weg zum wahren Adepten", also im Wesentlichen: Gedankenkontrolle, Gedankenstille und die Erstellung meines Seelenspiegels. Ich bin damals, trotz längeren Übens, an den Anforderungen an die Gedankenstille gescheitert und habe den Weg von Bardon dann nicht mehr weiterverfolgt. Nach dem Lesen von Bergen von Literatur und verschiedenen Übungen bin ich dann vor ca. 4-5 Jahren auf Stylianos Atteshlis' Lehren gestoßen und eigentlich seit dieser Zeit dabei geblieben. Ich glaube, dass ich alle relevanten Bücher von ihm habe und die wesentlichen Aussagen auch im Laufe der Jahre verinnerlicht habe. Probleme bereiten mir trotzdem noch einige Kapitel in den esoterischen Lehren und der esoterischen Praxis, die ich nur schwer nachvollziehen kann und die mir zu theoretisch sind. Ich bin mittlerweile zur Erkenntnis gelangt, dass eigentlich alle Wege - auch Bardon - auf das gleiche Ziel hin ausgerichtet sind, nämlich die Erkenntnis des Selbst.

Über die letzten Jahre hinweg konnte ich viele Dinge aus meiner Vergangenheit aufarbeiten und integrieren, ich habe intensiv an mir gearbeitet und fühlte mich während dieser ganzen Zeit, die manchmal sehr schwierig und schmerzhaft war, geliebt und geführt. Die Vorsehung hat mir systematisch einen Punkt nach dem anderen, der von mir noch nicht aufgearbeitet war, zukommen lassen. Dieser Prozess ist offenbar noch lange nicht zu Ende, ich habe hier offensichtlich noch viel Arbeit vor mir. In den letzten Monaten war ich insbesonders mit Dingen konfrontiert, die auf meine frühe Kindheit zurückgehen und nach Betrachtung rufen. Ich versuche dies aus der Position des „Beobachters" heraus, gehe den Gefühlen nach, lasse sie zu und versuche gleichzeitig sie von allen Seiten aus zu betrachten und dann zu akzeptieren.

Wesentlich beeinflusst hat mich auch Eckhart Tolle, ich

empfinde die Stille und den Raum in mir, wo das Alltags-Ich aufhört, als sehr angenehm und verweile gerne darin. Ich empfinde mich darin als ich selbst, die Gedanken hören dann oft von alleine auf. Jetzt verstehe ich erst, was Stylianos Atteshlis in den „Sieben Versprechen" damit gemeint hat, täglich in die Stille zu gehen. Durch Tolle habe ich erst verstanden, dass ich diese Stille und dieser Raum, in dem die Gefühle, Gedanken, Dinge passieren und existieren, eigentlich selbst bin. Mittlerweile gelingt es mir immer öfters, auch in kritischen Situationen das Wachbewusstsein nicht zu verlieren, der Beobachter bleibt aktiv und ich verliere mich nicht mehr in aufsteigenden Emotionen. Ich glaube mein größtes Manko ist, dass ich bis heute eigentlich nur sehr unregelmäßig meditiere und auch niemanden gehabt habe, der mich darin unterrichtet hat bzw. mir eine Richtung gezeigt hat.

Momentan praktiziere ich die von Ihnen dargestellte spinale Psychopraktik (finde ich sehr gut!) sowie eine Übung von Paul Skorpen, wo man im 4er Rhythmus des Atems eine Lichtkugel über die im Körper visualisierten Kugelelementale kreisen lässt. Die Übung hat mir anfangs große Schwierigkeiten sowohl vom Atemrhythmus als auch bezüglich der Visualisierung bereitet, geht aber mittlerweile schon ganz gut. Die Herausforderung liegt für mich derzeit darin, die um die Elementale kreisende Lichtkugel neben dem Halten der Visualisation auch konkret zu spüren. Zwischendurch mache ich immer wieder auch Übungen aus Panayiota Theotoki-Atteshlis Buch „Meditationen - Tore zum Licht", wobei mir hier die Übung mit der Engelsform besonders gut tut. Bei der Visualisation der Arbeitspyramide habe ich immer noch etwas Schwierigkeiten, diese neben der visuellen Stabilität auch räumlich zu spüren.

Vor ca. einem Jahr habe ich mich für mehrere Monate fast täglich mit dem Symbol des Lebens auseinandergesetzt, das

mich sehr anzieht und mir irgendwie vertraut ist. Leider hat Stylianos Atteshlis im Buch über das Symbol viele Informationen vorenthalten, die für das Verständnis aber notwendig sind bzw. die er offenbar einfach voraussetzt. Ich habe dazu einmal Paul Skorpen gefragt, ob Stylianos Atteshlis das absichtlich so gemacht hat, und er hat mir bestätigt, dass das tatsächlich teilweise von ihm so beabsichtigt war. Wie man sich die fehlenden Dinge selbst erschließen soll, ist mir schleierhaft, es war für mich sehr mühsam (und kostspielig), zusätzliche Informationen zum Symbol zu erhalten. Warum Stylianos Atteshlis gerade hier so viel zurückgehalten hat, verstehe ich nicht, ich wüsste nicht, wie man das Symbol missbrauchen könnte. Ich bin hier Ihrer Meinung, dass sich die Wahrheit selbst vor Unbefugten schützt. Übrigens, das Buch „Swimming with the whale" von Daniel Joseph hat mich auch sehr angesprochen, da er sich hier intensiv mit der Erkenntnis des Selbst auseinandersetzt.

Ich hoffe, ich habe Ihre Fragen halbwegs beantwortet und Sie haben einen Eindruck von mir gewonnen, wo ich in etwa stehe. Mir ist natürlich klar, dass ich mich erst am Beginn einer langen Reise befinde, wobei dieser Anfang für mich schon sehr wichtig ist. Ich spüre in mir seit vielen Jahren den starken Drang, wie der verlorene Sohn endlich wieder nach Hause zurückkehren zu können. Ja, Sie hören hier eine gewisse Ungeduld heraus, wobei mir natürlich klar ist, dass gemäß Bibel jeder Pfennig zu bezahlen ist, also alles bis ins Kleinste aufgelöst werden muss. Dazu möchte ich in diesem Zusammenhang noch kurz Paul Skorpen zitieren, der in Anbetracht von vielen hundert Inkarnationen gesagt hat: „Warum dauert denn das so lange?". Eine gewisse Ungeduld ist auch mir zu eigen.

Liebe Grüße aus Ö.
Jonas Hochreiter

Moin!

Steigen wir für heute mit dieser norddeutschen Anrede ein. Der Grund dafür zeigt sich gleich. Ich muss zugeben, dass ich die Wartezeit auf die letzte Mail mit einigen Internet-Schnüffeleien verbracht habe und auch einige Informationsbrocken gefunden habe. Kurz gesagt, der Herr Jonas Hochreiter, dem ich hinterherspionierte, stellte sich als deutlich jünger an Jahren heraus, als ich es selbst bin. Das versetzt mich, wenn ich denn nicht auf eine gänzlich falsche Spur gestoßen bin, in die erfreuliche Lage, ihm hiermit das „Du" anzubieten - und in hoffentlich nicht unhöflicher Vorwegnahme seines Einverständnisses - im Weiteren schon anzuwenden.

Ja, Jonas, vom gläsernen Menschen sind wir vielleicht noch etwas entfernt. Aber es lässt sich doch schon einiges herausfinden, wenn man eine Suchmaschine (ich benutze ixquick, die zwar wie Google funktioniert, aber sämtlicher dort üblichen Bespitzelungsfunktionen entbehrt) bedienen kann. Sogar ein Foto von Dir konnte ich finden. Wenn denn die Namenszuordnungen nicht falsch waren, hast Du im Vergleich zu mir das Glück der jüngeren Jahre. Privatadresse (dank Maps/Google mit einem hochauflösenden Satellitenbild), Telefonnummern - alles kein Problem und nur wenige Klicks entfernt. Schön jedenfalls, dass Du jetzt ein Gesicht für mich hast.

Das mit dem Du ist so eine Sache. Die plumpe Vertraulichkeit, mit der sich alle in irgendwie „esoterisch" angehauchten Kreisen duzen, finde ich einerseits gewollt und verdächtig. Andererseits hat es schon etwas Verbindendes - weswegen ich es gerade verdächtig finde, wenn es pauschal eingesetzt wird. Ich bin aber von dem, was Du mir schreibst, so angetan, dass

ich dieses Verbindende spüre und daraus **resultierend** Dir das Du anbiete und mich freuen würde, wenn Du es akzeptierst.

Ich sehe, dass Du auf einem guten Weg bist. Dass Du eine Klarheit und Klarsicht hast, von der viele, viele auch in spirituell hochwertigen Gruppierungen nur träumen können. Ich bin beeindruckt!

Spaßig finde ich auch gewisse biographische Parallelen. Mit Franz Bardons „Der Weg zum wahren Adepten" und „Der Weg zur wahren Quaballah" habe ich mich auch in jungen Jahren als Einstieg herumgeschlagen. Heute könnte ich ihn sicher auch leichter akzeptieren. Damals war er mir in den Übungsanforderungen einfach zu hart und er bot mir zu wenig von den Informationen, die ich damals suchte. Ich sehe mich selbst als einen Menschen, der den „Weg der Erkenntnis" geht. In jungen Jahren war ich sogar ziemlich verkopft. Es hat eine Weile gedauert und erst mein erster Besuch bei Stylianos Atteshlis hat mir einen leichten, freien Weg zur Herz-Ebene geöffnet. Denn natürlich sind der Erkenntnisweg und der „Weg der liebevollen Hingabe" letztlich eins. Es wird oft schnell gefährlich, wenn diese Wege in Reinkultur beschritten werden. Man landet leicht in Kälte oder schwurbeliger Emotionalität! Wenn man dann noch neben Erkenntnis und Liebe seine (oder einen Teil seiner) Handlungen Gott widmet (Karma-Weg) und Meditationspraxis hat, dann entwickeln sich die Dinge beinahe garantiert.

Ich sehe Dich übrigens auch als einen Menschen, der auf den Erkenntnis-Weg gepolt ist. Aber ohne eine fragwürdige Fixierung auf diesen Pfad. Nochmal: Du bist gut unterwegs! Zur Unterstützung Deiner Bemühungen mit der spinalen Psychopraktik könnte ich Dir per Mailanhang eine Audiodatei schicken - wenn Du nach Anleitung meditieren magst. Das hat ja Vor- und Nachteile.

Eckhart Tolle (wir nennen ihn aufgrund einiger seiner

Videoauftritte auch den „Pullunder-Man") finde ich auch inhaltlich beeindruckend. Wir haben in unserem Kreis etliche seiner Publikationen durchgearbeitet. Dass Du Stylianos Atteshlis' „in die Stille gehen" überhaupt so erkannt hast, finde ich aufregend. Für viele ist nämlich in die Stille gehen schlicht identisch mit Meditation. Zwar **ist** in die Stille gehen eine Meditation, aber für komplexere Formen ist in die Stille gehen eine **Voraussetzung** dafür.

So, werter Jonas, für heute genug. Ich schreibe Dir in meiner nächsten Mail (morgen?) noch etwas mehr zu Deiner letzten Mail. Die ist wirklich aufschlussreich gewesen. Danke.

Liebe Grüße,
Clemens

16.7.13

Hallo Clemens!

Ich würde mich sehr freuen wenn Sie mir gestatten, auch „Du" sagen zu dürfen, denn in meinem Umfeld ist die Ansprache von älteren Personen per „Sie" eigentlich zwingend, ausgenommen natürlich direkt Verwandte oder das Du-Wort wird angeboten. Ein Freund von mir aus meinem Geburtsort oder auch meine Nachbarin dort - beide sind in etwa in meinem Alter - sind auch heute noch mit ihrem Vater per „Sie". Meine Mutter z.B. hat auch meinen Großvater noch mit „Sie Herr Dada" angesprochen. Irgendwie schwingt im „Sie" doch auch etwas Respekt und Distanz mit.

Ich bin beeindruckt, wie gut Sie mich einschätzen können, da ich tatsächlich fast mein ganzes Leben hindurch extrem kopflastig und intellektuell fixiert war. Für Gefühle, die in meiner Familie eigentlich so gut wie nie ausgedrückt wurden (das gehörte sich nicht), war hier kein Platz. Ich habe versucht, alles rational zu verstehen und bin dadurch in vielen Bereichen an eine Wand gelaufen, da man viele Dinge, wie etwa Gleichnisse oder Bilder, oft nur gefühlsmäßig verstehen kann. Das hat sich erst langsam geändert, als ich mich mit der Offenbarung des Johannes zu beschäftigen begann und hat sich dann in der Beschäftigung mit den Parabeln von Stylianos Atteshlis fortgesetzt. Heute ist es sogar so, dass mir beim Ansehen von Märchen im Fernsehen oft Schauer den Rücken hochlaufen, weil ich erkenne, wie durch diese Geschichten tiefe Wahrheiten über unsere Existenz offenbart werden. Wenn mir jemand vor ein paar Jahren erklärt hätte, dass in Märchen so viel Wahrheit enthalten ist, hätte ich wahrscheinlich herzhaft gelacht.

Meine Kopflastigkeit hat sich erst vor ca. einem Jahr deutlich verändert, als ich begonnen habe, immer wieder auf eine gewisse Zeitspanne meinen Ätherkörper zu spüren. Es waren zu Beginn ganz einfache Übungen, wie etwa den Fuß zu spüren, die Beine, etc. Dabei fiel mir auf, dass ich im Bereich des Oberkörpers, speziell in der Herzgegend, eigentlich überhaupt nichts von meinem Energiekörper wahrnahm, es fühlte sich tot an. In weiterer Folge habe ich mich dann bewusst auf diesen Bereich konzentriert. Mittlerweile geht es mir dabei schon ganz gut, es stellt sich interessanterweise immer wieder ein Hitzegefühl in der Wirbelsäule auf Höhe des Herzens ein. Im letzten halben Jahr habe ich es geschafft, auch meinen psychischen Körper bzw. meine Gefühle immer öfter bewusst wahrzunehmen und auch in kritischen Situationen bewusst zu bleiben und nicht in das Gefühl hineinzufallen (Identifikation).

Es wartet hier noch viel, viel Arbeit auf mich. Vielleicht mag

ich rein von der intellektuellen Seite her bereits Einiges wissen,
bei der Umsetzung und Anwendung befinde ich mich noch auf
Kleinkindniveau. Das Ego ist ebenfalls sehr hinterlistig, man
muss sich permanent fragen, aus welchen Motiven man gerade
handelt. Wenn man ehrlich zu sich ist, kommt man darauf,
dass in den meisten Fällen eigennützige oder eigensüchtige
Motive hinter dem Handeln stehen. Oder in meinem Fall war
bis vor einem halben Jahr alles in irgendeiner Weise auf Angst
aufgebaut, die mich seit frühestem Kindesalter an begleitet hat.
Seitdem ich das erkannt habe, fühle ich mich total befreit. Es
ist wunderschön, sich einfach in Gott hineinfallen zu lassen
und seine liebevolle Führung zu genießen. Seitdem ich dem
göttlichen Plan vertraue, läuft auch in meinem beruflichen Leben alles viel runder. Es ist teilweise erschreckend, wie zeitnah
manchmal meine Wünsche erfüllt werden.

Ich freue mich auf Ihre nächste Nachricht.

Mit herzlichen Grüßen
Jonas

18.7.13

Lieber Jonas,

Ja, duzen wir uns gegenseitig! Ich bitte darum. Du bist mit
„in den Vierzigern" doch nicht ganz so jung, wie ich gedacht hätte. Anhand des Fotos schätzte ich Dich eher so auf
um die 30. Vielleicht wirkst Du jung, vielleicht ist das Foto
älter oder vielleicht bist Du es ja gar nicht. Erkennst Du Dich
auf dem anhängenden Bild?

Es hat leider doch nicht so schnell geklappt mit meiner Antwort, und auch jetzt bin ich etwas knapp mit der Zeit. Morgen kommt meine Frau aus ihrem Urlaub zurück und ich muss die wochenlange Männerwirtschaft hier noch ein wenig aufarbeiten... Nein wirklich, so schlimm ist es nicht, nur ein Scherz. Eigentlich ist mir vor allem etwas anderes dazwischengekommen. Der Begriff „Erleuchtung" ist problematisch, ich bin mir dessen bewusst, aber andere Begriffe treffen es nicht besser und sorgen für andere Arten von Erklärungsbedarf. Menschen meinen ja zu wissen, was Erleuchtung bedeutet, ohne sie gehabt zu haben.

Ich bin, abgesehen von meinen persönlichen Erfahrungen, einmal in meinem Leben Zeuge einer herbeigeführten Erleuchtung gewesen. Mein Lehrer hatte mich als Zeuge bestellt, das heißt, er wusste schon vorher, dass es geschehen würde. Oder vermutete es dringend! Daneben habe ich bisher viermal als Lehrender und Mitschüler miterlebt bzw. bestätigt, dass „Erleuchtung" eingetreten ist. In zwei Fällen sogar mehrfach hintereinander auf wachsendem Niveau. In einem Fall war es ein Erwachen auf Alltagspersönlichkeitsebene. In drei Fällen waren es Erleuchtungen zweiten Grades. Schlagartige Überschreitungen der Grenzen der AP (Alltagspersönlichkeit). Es ist so interessant, dies mitzuerleben, so eine schöne und intensive Bestätigung der vorangehenden Bemühungen. Man kann in den Augen dieser Menschen auf einmal ein tieferes Verständnis erkennen. Erleuchtete vermögen einander zu erkennen. Jedenfalls, worauf ich einerseits hinaus will, mir ist gerade wieder solch eine Erfahrung bei einer Person in meinem Umfeld dazwischengekommen und ich wollte, durfte und musste das Geschehen etwas coachen. Daher mein postalisches Schweigen.

Worauf ich andererseits noch kurz hinauswill: Ich habe diese zweite Erleuchtung bisher noch nie per Ferndiagnose

bestätigt oder wahrgenommen. Ich möchte dies auch nicht
unbedingt versuchen und weiß auch nicht, ob es geht. Allerdings sehe ich in dem, was Du mir bisher geschrieben hast,
einige deutliche Anzeichen für ein echtes Überschreiten der
Grenzen der AP. Wie umfassend dieses Überschreiten war,
und wie weit es ging vermag ich noch weniger zu sagen. Aber
ich hätte zu Deinen Erfahrungen gerne noch mehr Informationen - wenn Du sie mit mir teilen magst. Es gibt einige Kriterien, die ich bisher immer beobachten konnte. Es sind echte
Marker von Erleuchtungen zweiter Art. Beschreibe mir doch,
wie Du erstmals den Eintritt in die Stille erlebt hast. Wie es
geschah etc. Wie siehst Du AP und HS (höheres Selbst)? Ihr
Verhältnis? Du hast schon einige deutliche Hinweise gegeben
und unter vier Augen ließe sich das schnell klären. So ist das
etwas zäh, ich weiß.

Ich melde mich sobald es geht,

Liebe Grüße und alles Gute für Dich und Deine Familie,
Clemens

19.7.13

Lieber Clemens!

Ich habe auf meinem Arbeitscomputer leider auch nur ein
altes Foto von mir gefunden, das ich einmal für die Erstellung
eines Lebenslaufes verwendet hatte. Es ist ca. 8 Jahre alt und
zeigt mich deutlich schlanker, als ich heute bin. Wenn Du
möchtest, kann ich Dir beim nächsten Mal auch noch ein aktuelleres schicken.

Vorweg gesagt glaube ich nicht, dass ich in irgend einer Form erleuchtet bin, in dieser Hinsicht muss ich Dich leider enttäuschen. So wie Du das beschreibst, handelt es sich bei der Erleuchtung offenbar um ein einschneidendes, eindrucksvolles Erlebnis, das einen Menschen dauerhaft verändert. So ein Erlebnis, ausgelöst etwa durch einen Unfall, eine schwere Krankheit oder Beziehungskrise, oder auch bewusst herbeigeführt, hat es bei mir nicht gegeben. Bei mir ist das für mich neue Bewusstsein irgendwie langsam und sukzessive eingesickert. Ich glaube das erste Mal war ich bewusst, als ich nach einem Autounfall - es war nur ein geringfügiger Blechschaden, allerdings war ich dabei betrunken - am nächsten Tag an den Unfallort gefahren bin.

Das erste Mal, als ich richtig meiner selbst bewusst wurde, war, als ich auf Youtube ein Video vom Pullunder-Mann gesehen habe. Das war vor ca. 3 Jahren, ich hatte mich schon vorher mit seinen Büchern vertraut gemacht. Es hat damit begonnen, dass sich Tolle vor das Publikum auf seinen Sessel gesetzt hat und einfach nichts gesagt hat. Seine wachsame Anwesenheit verbunden mit seiner Ausstrahlung von Ruhe hat mich dermaßen gebannt, dass es fast weh getan hat, als er zu sprechen begonnen hat. Da hatte ich, glaube ich, erstmals Kontakt zu dem, was mich ausmacht. Ich empfinde mich - in Begriffen von Tolle ausgedrückt - als der Raum, die Stille, das Bewusstseinsfeld, das sich in mir und gleichzeitig auch außerhalb von mir befindet. Ich habe letzte Woche dazu folgenden Satz aufgeschrieben, der mir beim Meditieren, ohne nachzudenken ins Bewusstsein gekommen ist und der das ganz gut ausdrückt: Ich bin ewigwährendes Leben aus Gott in Gott. Das bin ich und so empfinde ich mich, zumindest zeitweise, wenn ich bewusst bin - ist das nun mein höheres Selbst oder ist das ein Trick des Egos, das mich glauben machen will, es dadurch scheinbar kontrollieren zu können? Ich habe hier keine Klarheit.

Ich ertappe mich immer öfters dabei, dass so gut wie alle meiner Handlungen in irgendeiner Form vom Ego durchdrungen sind. In meinen Gesprächen mit Familienmitgliedern, Freunden, auch fremden Personen schwingen teilweise bedeutende Teile mit, die sich nach Anerkennung, Liebe, Aufmerksamkeit sehnen. Das Problem dabei ist, dass ich in der Nachbetrachtung manchmal drauf komme, dass ich dadurch mein Gegenüber in seinen Gefühlen verletzt habe. Sogar die Umarmung meiner Lieben ist nicht ganz frei von Egoismus, wenn ich ehrlich bin, erwarte ich mir insgeheim, dass ich hier ebenfalls etwas zurückbekomme. Gibt es eigentlich irgendetwas, das man tut und das wirklich rein ist?

Um den Gedanken abzuschließen möchte ich noch anfügen, dass ich heute beim Öffnen Deiner Nachricht ein Gefühl bzw. eine Erwartung in mir entdeckt habe, von Dir Bestätigung bzw. Anerkennung zu erhalten. Mir kommt das sehr gefährlich vor, da sowas dem Ego natürlich ungemein Auftrieb gibt, man glaubt dadurch gegenüber seinen Mitmenschen etwas Besseres zu sein, was natürlich nicht stimmt. Jeder macht seine Erfahrungen hier und nichts ist von geringem Wert!

Ich habe ein leicht schlechtes Gewissen, Dir eine Nachricht nach der anderen zu schicken. Bitte sieh das nicht als Verpflichtung an, mir zu antworten. Ich ziehe bereits großen Nutzen daraus, meine Gedanken für die schriftliche Darstellung zu ordnen, man wird sich dabei selbst vieler Dinge bewusst.

So, genug für Heute, die Arbeit ruft.
Danke dass Du mir zuhörst.
Alles Liebe
Jonas

Hallo Clemens!

Ich möchte mich doch noch einmal vor meinem Urlaub bei Dir melden, da ich das Bedürfnis habe, die Dinge abzurunden und auf einige Fragen, die Du mir gestellt hast, noch zu antworten. Das wirkt jetzt vielleicht etwas konzeptlos, aber folgende Dinge wären mir noch wichtig auszusprechen: Ich möchte auf Dein Angebot bezüglich der Meditationsaufnahmen zurückkommen und Dich bitten, mir diese zuzumailen, ich habe nämlich festgestellt, dass ich mir damit leichter tue.

Ich bin ganz Deiner Meinung, dass man bei Seminaren, Heilungen (die man noch dazu nicht selbst macht, sondern nur ein Kanal ist), wenn überhaupt lediglich die Unkosten verrechnen sollte. Das hat mich eigentlich auch bei Paul Skorpen oder Panayiota Theotoki-Atteshli gestört, die nicht unerhebliche Beträge für ihre Dienste verlangen. Obwohl ich Paul Skorpen sehr schätze und ich ihn für sehr, sehr weit entwickelt halte, sehe ich diese Verhaltensweise kritisch. Vielleicht sind sie auch auf das Geld für ihren Lebensunterhalt angewiesen. Ich halte es hier mit der Bibel (umsonst hast du es erhalten ...) oder auch mit Stylianos Atteshlis, der immer betont hat, dass man einer „normalen", regulären Beschäftigung nachgehen sollte. Ich mache es in meinem Privatbereich auch so, dass ich meinen Überschuss, z.B. an Gemüse, das ich anpflanze, immer herschenke. Leider bestehen dann viele darauf, auch etwas zu geben, was ich dann allerdings akzeptiere, sofern es kein Geld ist.

Clemens, ich habe ein bisschen auf Deiner Homepage herumgeschmökert und mich in die Unterscheidung der AP vom HS eingelesen. Diesbezüglich bin ich nicht mehr unbefangen, meine Ansicht dazu ist vielleicht dadurch einge-

färbt. Aber eines ist mir besonders in den letzten Wochen unabhängig davon aufgefallen, nämlich meine Fröhlichkeit und Heiterkeit. Ich war früher eigentlich ein eher ernsterer Mensch - das hat sich grundlegend geändert. Ich lache eigentlich bei jeder Gelegenheit, und noch dazu sehr herzhaft. Alles ist irgendwie leicht und unbeschwert, wobei das sicherlich auch damit zu tun hat, dass ich seit mehreren Monaten so gut wie keine Angst mehr verspüre. Angst war in den bisherigen mehr als 40 Jahren meines Lebens die treibende Kraft, die sich vor kurzem so gut wie aufgelöst hat. Manchmal meldet sie sich wieder zurück, wobei ich das Gefühl sehr schnell wahrnehme und losgelöst von mir betrachte. Es verschwindet dann in kurzer Zeit. Bei Gefühlen tue ich mir eigentlich sehr leicht, ich betrachte sie fast immer als losgelöst von mir selbst wie etwas, das in mir entsteht und dann wieder vergeht. Bei den Gedanken ist das nicht so einfach, hier bin ich meistens identifiziert und damit in der AP gefangen.

Andererseits geht die Distanzierung zur AP manchmal so weit, dass ich mich bei Gesprächen mit Freunden wie einen Fremden selbst sprechen höre! Eine sehr befremdliche Situation!

Beim Üben der spinalen Psychopraktik ist mir aufgefallen, dass ich knapp unterhalb des Halses im Schulterbereich eine Blockade habe, die mir etwas zu schaffen macht. Ich habe das früher schon öfters in Form eines Kribbelns in diesem Bereich wahrgenommen, so, als ob viele Ameisen darin krabbeln würden. Interessant dabei ist, dass die Blockade nicht immer gleich stark ist und ich manchmal leichter drüberkomme. Soll ich mich dieser Stelle länger oder intensiver widmen?

Da ich mich mit dem Symbol des Lebens schon intensiver auseinandergesetzt habe, möchte ich Dich betreffend der spinalen Psychopraktik auf eine Parallele zu den Arbeiten des

Herkules hinweisen: Ich bin der Ansicht, dass diese Übung die konkrete Umsetzung zum Reinigen der Ställe des Augias ist. Wenn ich Zeit habe, möchte ich dies noch näher ausführen.

Betreffend meines Hinweises zum Thema „in die Stille gehen" möchte ich Dir noch sagen, dass ich das Gefühl hatte, dass diese Information für Dich bestimmt war. Ich hoffe, Du kannst damit etwas anfangen.

Ich möchte nochmals kurz auf meine ursprüngliche Frage zurückkommen, ob Du mir in Anbetracht meines Entwicklungsstandes spezielle Übungen empfehlen kannst, die mir weiterhelfen, das hin- und herpendeln zwischen meinen Bewusstseinszuständen (AP und HS, oder innerhalb der AP?), zu beenden.

Irgendwie mangelt es mir an Führung oder konkret an einem Meister, der mir immer die richtige Nuss zum knacken gibt. Schade, dass wir durch eine so große räumliche Distanz getrennt sind. Ich glaube, ich habe jetzt noch all die Dinge angesprochen, die mir am Herzen gelegen sind.

Danke für Deine Zeit
Alles Liebe
Jonas

25.7.13

Lieber Jonas,

das Problem der schriftlichen Kommunikation ist ja, dass sich immer mehr Aspekte anhäufen, die einem wert zu sein

scheinen, angesprochen zu werden - aber man kommt einfach nicht dagegen an. Positiv ist da vielleicht, dass man die wichtigsten Dinge auswählt. Leider weiß man immer nicht, ob sie auch für das Gegenüber wichtig sind. Ich werde jedenfalls heute auch möglicherweise unzusammenhängend vorgehen und aus Deinen zwei letzten Mails der Reihe nach die Punkte ansprechen. Manche davon vielleicht nur mit einigen Worten. Literarische Qualitäten bleiben da vielleicht auf der Strecke, aber inhaltlich bringe ich so soviel wie möglich rüber.

Dein Foto zeigt mir zumindest, dass ich Dich auf dem Internetfoto richtig identifiziert habe. Schicke mir gerne mal ein aktuelleres wenn Du magst. Ein Gesicht hast Du aber für mich schon. Zum Thema Taoismus: Ich habe einen Freund, der Kung-Fu-Meister und Taoist ist. Er hat mich auch vor einigen Jahren mit der Hirsch-Übung und einiger zugehöriger Theorie vertraut gemacht. Er arbeitet dabei auch mit Essensreduktion als Notwendigkeit bei erfolgreicher Transformation der Lebensenergie. Diese Energien stehen dann auch anstelle von Nahrung zur Verfügung. Will sagen: Bei normaler Ernährung wie vorher würde man ungewollt zunehmen. Generell ist der Auseinandersetzung mit Essen und Essgewohnheiten meines Erachtens kein geringer Wert beizumessen. Hier - ebenso wie im Bereich der Sexualität - ist die Verwobenheit mit der animalischen Ebene besonders stark. Und zur Herrschaft über die Körper der AP gehört ja neben Emotions- und Gedankenkörper auch die über den physischen Leib. Wenn wir ihn distanziert betrachten, dann können wir mit ihm wie mit einem lieben Haustier umgehen. Wir überfüttern ihn nicht, schwächen ihn nicht mit Drogen und sonstigem ungesunden Zeug und verschaffen ihm ausreichend Bewegung. Das wird durchaus auch karmisch belohnt!

Dass Du „Deine Erleuchtung" nicht als solche verstanden haben möchtest ehrt Dich. Bescheidenheit ist immer eine Zier.

Der Begriff „Erleuchtung" ist aber auch sehr überfrachtet. Wir können sie auch „Durchbruch" nennen und es kommt zu keinen Verlusten bezüglich der einschneidenden Bedeutung. Durchbrüche kann es in allen Graden und Formen geben. Und darüber hinaus auch auf verschiedenen Persönlichkeitsebenen. Wir betrachten dabei - wie Du ganz richtig und naheliegend erkennst - eigentlich nur AP und HS. Das ist es, was auf unserer Entwicklungsstufe von Belang ist. Dass Durchbrüche häufig als drastische, schlagartige Bewusstseinsveränderungen wahrgenommen werden, ist auch richtig. Sie verändern Menschen in der Regel auch dauerhaft. Aber oft vor allem innerlich. Nicht unbedingt äußerlich. Menschen müssen fast immer nach einem Durchbruch trotzdem weiter mit ihren Schwächen kämpfen. Seien es Süchte, Emotionsformen oder was auch immer. Sie sind aber durch das Erlebte besser ausgerichtet. Wissen ihre Richtung! Die AP ist obendrein auch immer schnell und schlau bei ihren Versuchen, Durchbrüche zu integrieren - obwohl sie sich vorher ohne Ende dagegen sträubt. Das ganze ist ein sehr weites Feld und praktisch nicht schriftlich zu umreißen, ohne ein Buch zu schreiben. Ich finde es sehr interessant, dass Du ein eher sukzessives Einsickern Deines neuen Bewusstseins beschreibst. Einen Widerspruch kann ich nicht darin erkennen. Wichtig scheint mir, dass Du voranschreitest und die Integrations- und Absorptionsversuche der AP so gut wie möglich unterbindest. Oder besser: Sie nur als Spiegelung zulässt. Die AP ist schließlich auch kein Feind. Sie ist unser Vehikel in den Trennungswelten, das wir erkennen, beherrschen und modifizieren lernen müssen. Die AP ragt **nicht** ins HS hinein. Umgekehrt ist das HS aber die ganze Zeit in der AP vorhanden. Wir bemerken es nur nicht, bevor Durchbrüche zustande kommen...

Das Schweigen des Pullunder-Mannes hat mich seinerzeit auch beeindruckt. Die Spiritualität, die er darstellt, scheint mir im Wesentlichen eine an den Westen angepasste Form von Buddhismus zu sein. Bei all meiner Liebe zum Buddhismus und zu Tolle „kritisiere" ich bei beiden dasselbe. Sie bieten keine Perspektive über die AP hinaus. Das HS wird als gänzlich **innerhalb** der AP dargestellt. Meine „Arbeitshypothese" sieht anders aus und scheint mir auch auf der Motivationsebene sinnvoller. Aber über Recht haben und so könnte ich mich niemals streiten. Es gibt unendlich viele verschiedene Blickwinkel und Wege. Letztlich soviele wie Individuen. Am Ende gibt es für alle das gleiche Ziel - oder aber gar keins. Denn in den Welten der Trennung lässt sich physisch, intellektuell oder emotional weder ein Gottesbeweis finden - noch ist seine Widerlegung möglich. Tolle und der Buddhismus mildern die Beschränkung auf die AP ja auch durch die Erkenntnis, dass der Raum der Stille die Grenzen der AP sprengt. Genauso erleben wir - Du und ich - diesen Raum ja auch. Ich erlebe aber nicht den Verlust von Individualität in dem Maße, wie er im Buddhismus zu einer völligen Negation von Persönlichkeit Anlass gibt. Dein Satz: „Ich bin ewigwährendes Leben aus Gott in Gott", beschreibt meine eigenen Eindrücke gut. Unendliche Seinsheit und Ich - quantitativ aber nicht qualitativ unterscheidbar. Die Klarheit, die Du suchst, wird wachsen - in einem unendlichen Raum. Insofern besteht ja auch kein Grund zur Eile.

Übrigens habe ich mich entschieden, Dir diese Riesenmail doch in Etappen zuzusenden. Hier also der erste Teil. Morgen schreibe ich Dir mehr...

Liebe Grüße,
Clemens

Lieber Jonas,

du schreibst: „Ich ertappe mich immer öfter dabei, dass so gut wie alle meine Handlungen in irgendeiner Form vom Ego durchdrungen sind. In meinen Gesprächen mit Familienmitgliedern, Freunden, auch fremden Personen schwingen teilweise bedeutende Teile mit, die sich nach Anerkennung, Liebe, Aufmerksamkeit sehnen. Das Problem dabei ist, dass ich in der Nachbetrachtung manchmal drauf komme, dass ich dadurch mein Gegenüber in seinen Gefühlen verletzt habe. Sogar die Umarmung meiner Lieben ist nicht ganz frei von Egoismus, wenn ich ehrlich bin, erwarte ich mir insgeheim, dass ich hier ebenfalls etwas zurückbekomme. Gibt es eigentlich irgendetwas, das man tut und das wirklich rein ist?"

Das sind sehr bewegende Erkenntnisse - und vordergründig schwer auszuhalten. In der Außenwirkungsbeobachtung müssen wir erkennen, dass wir scheinbar bei genauem Hinsehen gar nicht anders können, als andere Menschen (oder Lebewesen ganz allgemein) zu beeinträchtigen. Ebenso ist es kaum möglich, Formen von Egoismus zu vermeiden. Für mich ist die Grundlage der Lehre von der Wegarbeit einerseits tröstlich und andererseits auch die Antwort auf die Frage nach dem Wie. Kurz gesagt: Wir müssen anerkennen, dass wir **auf dem Weg sind**! Wir müssen uns selbst annehmen, wie wir auch von Gott angenommen sind. Denke an das Gleichnis vom verlorenen Sohn. Wir bemerken, dass wir unter unwürdigen Bedingungen in der Fremde leben und beginnen, uns nachhause zu sehnen. Heim zum Vater. Es entspringt dem Hundertprozentigkeitswahn der AP, zu meinen, dass immer nur das eine oder das andere gehe. In Wirklichkeit bewegen wir uns praktisch auf unserer gesamten Mission in den Welten der Trennung auf Zwischenstufen. Dies müssen wir zutiefst anerkennen! Das nicht zu tun, bedeutet, uns zu weigern, den Weg zum Vater tatsächlich zu beschreiten. Währenddessen sind wir alle immer alles etwas mehr oder etwas weniger. Etwas weniger egoistisch, etwas mehr voller Nächstenliebe. Und so weiter und so fort. Unser **auf-dem-Weg-sein** ist es, das wir feiern lernen müssen, bei dem wir gefördert werden, wegen dem die Erzengel sich freuen - oder wie auch immer man es ausdrücken will. Was wirklich rein sein kann, ist unser Anerkennen der Tatsache, dass wir auf dem Weg von A nach B sind. Auf einem höchst individuellen Pfad, der sich auch schwerlich mit den Pfaden unserer Brüder und Schwestern vergleichen lässt. Wenn, dann immer nur in Details, die wir als Anregungen benutzen können für unseren eigenen Fortschritt. Unser **auf-dem-Weg-sein** zu akzeptieren, bedeutet, offen zu bleiben für weitere Fortschritte, während wir die erreichte Position analysieren und hinnehmen - als einzig wahren Ausgangspunkt für den nächsten Schritt. Nicht vollkommen zu sein ist okay. Nicht voranzuschreiten ist nicht okay! Vergleiche anzustellen oder über Geschwindigkeiten zu lamentieren, ist in einem unendlich multifaktoriellen, nichtlinearen System im Grunde müßig. Das ganze Problem ist nur ein Ausdruck der AP, die nicht die Mühe des Beschreitens des Weges auf sich nehmen mag und schmollend im Wunsche verharrt, schon am Ziel zu sein.

Andererseits dürfen wir die Alltagspersönlichkeit ruhig ködern. Wir dürfen zulassen, dass Bestätigung und Anerkennung die AP fügsamer und williger machen. Auch dabei müssen wir lernen, einen seltsamen Spagat hinzubekommen. Wir dürfen der AP die Freude lassen, dass sie etwas ganz Besonderes ist. Etwas besonders gut hinzubekommen, jemandem besonders viel zu bedeuten etc. Gleichzeitig müssen wir der AP die Botschaft mitübermitteln, dass sie in keiner Weise besser ist als andere APs. Stylianos Atteshlis hat den logischen Spagat für mich einmal schön in einem anderen Zusammenhang dargestellt, als er sagte, er liebe alle Menschen gleich, aber manche mehr.

Ein wirklicher Lehrer ist immer zu zwei Dingen verpflichtet. Er muss seinen Schülern einen warmen, weichen und meinetwegen auch roten Teppich ausrollen, über den sie voranschreiten. Und sobald sie versuchen, sich auf diesem Teppich niederzulassen, muss er ihnen denselben unter den Füßen wegziehen! Beides voller Liebe!

Schülern, Mitschülern und Weggefährten, die sich bei mir für meine wie auch immer gearteten Bemühungen bedanken, habe ich schon seit vielen Jahren immer den Dank zurückgegeben. Diese Dinge sind - wie schon erwähnt - keine Einbahnstraßen. Ob die eine oder die andere Seite stärker profitiert, ist wieder so eine lineare Überlegung. Tatsache ist, beide Seiten profitieren und schreiten voran. Also Dank zurück. Feiern wir gemeinsam unsere Bewegung auf das Ziel zu!

Soviel für heute, morgen mehr.

Liebe Grüße,
Clemens

27.7.13

Lieber Jonas,

die Meditationsaufnahmen sagen Dir hoffentlich zu. Von der Spinalen Psychopraktik sende ich Dir auch noch eine Version ohne Musik und Wassergeräusche. Manch einer fühlt sich

davon ja nicht unterstützt, sondern gestört. Audiomeditationsanleitungen haben den Vorteil, dass man sich erst einmal hineinüben kann. Nachteil ist vielleicht, dass man an den zeitlichen Ablauf gebunden ist.

Die Schwierigkeit, die spirituell orientierte Menschen damit haben, dass ihre Partner diese Orientierung nicht teilen, ist mir von anderen Schülern und Mitschülern vertraut. Ich selbst habe das Problem zum Glück nicht. Manchen Partnern ist aber über die Jahre schon bewusst geworden, wie sehr sie von den Bemühungen des Partners profitieren. Besonders schmerzlich ist es für einen Suchenden, wenn der Partner im Falle von Streitigkeiten immer wieder mit der schon angesprochenen Hundertprozentigkeitskeule zuschlägt: „Du bist doch so spirituell - wie kannst Du dann dies und das tun?“ So werden die Bemühungen und die tatsächlich vom Sucher erkennbaren Fortschritte mit Füßen getreten. Und manchmal reagiert der Angesprochene dann noch weniger „spirituell“. Diese Art Auseinandersetzung sollte man tunlichst meiden. Wir haben weitgehende Verpflichtungen unseren Nächsten gegenüber und gerade im nahen Umfeld entfaltet sich Karma und Neues wird geschaffen. Um jeden Preis müssen wir uns aber auch nicht alles gefallen lassen! Auch hier gilt es einen ganz persönlichen Weg zu finden.

Wenn Du Dich zuhause nicht spirituell forschend betätigen kannst, dann verstehe ich Deinen Versuch, dies in die Arbeitszeit zu verschieben. Will sagen, Du meinst wohl, dass die Konsequenzen schlimmer wären, wenn Du es nicht tätest. Auch dies ist etwas, dass sorgfältig abgewogen werden muss - und individuell entschieden. Das hast Du sicher getan.

Dies ist also mein kurzes „Wort zum Sonntag“. (Eine Piefke-Anspielung, die sich Dir vielleicht nicht ohne Erklärung erschließt. Hier gab es lange Zeit Samstag abends im Fernsehen immer ein sog. „Wort zum Sonntag", bei dem irgendein Priester oder Pfarrer oder Pastor unterschiedlicher Herkunft ein besinnliches Wort an die Fernsehzuschauer richtete. Vermutlich schon lange Geschichte, ich habe keinen Fernseher mehr... Nun ja, eigentlich unbedeutend. Wie sagte Stylianos Atteshlis so schön: „Nichts ist sehr von Bedeutung und die meisten Dinge sind völlig belanglos!")

Nach Möglichkeit morgen mehr - spätestens Montag, denn ich habe immer noch nicht alles aus Deinen letzten zwei Mails angesprochen.

Liebe Grüße und schöne Urlaubstage!
Clemens

29.7.13

Lieber Jonas,

gestern und heute war ich ziemlich ausgelastet. Daher spreche ich heute nur einen Punkt an.

Bezüglich der von Dir beobachteten „Blockade" im Hals/Schulterbereich nenne ich einfach die einfachste und naheliegendste Diagnose. Natürlich können die Dinge im Detail differenzierter oder grundsätzlich anders aussehen. Diese spezielle Blockade ist aber recht verbreitet und die Diagnose trifft es oft recht gut. Durch das gröbste Raster gesehen, bedeutet diese Art Block schlicht, dass die Kommunikation bzw. der Einklang zwischen Emotion (Herzzentrum) und Intellekt (Kopf) eingeschränkt ist, und der Praktizierende dies auch

bemerkt und als Mangel empfindet - sonst wäre die Blockade ihm nicht aufgefallen. Denn, Du erinnerst Dich, nur weil man einen Block nicht spürt, heißt das nicht, dass man keinen hat. Und wenn man einen Block wahrnimmt, heißt das nicht, dass er der „schlimmste" ist. Dass unser Herz auf die richtige Weise unsere Gedanken inspiriert und dass unsere Gedanken ebenso richtig unsere Gefühle belehren und inspirieren, ist eine unserer großen Aufgaben auf dieser Welt. Werden Herz **und** Geist auf die rechte Weise genutzt, sind wir tatsächlich schon auf einem hohen Entwicklungsniveau. Dass Dir diese Problematik in der Spinalen Psychopraktik auffällt, könnte auch gut ein Zeichen für eine recht gute Ausgangsposition für Deinen spirituellen Weg sein (natürlich ohne dass Du deswegen etwas besseres als andere Menschen wärest - **nicht** besser und doch auf einer besseren Ausgangsposition für Dein spirituelles Anliegen, als sie viele Menschen haben). Kribbeln würde ich generell als positives Zeichen sehen. Zumindest, wenn man es nicht zu physiologisch sieht. Da könnte man auch an mangelnde Durchblutung, Nervenprobleme etc. denken. Im Ansatz der Spinalen Psychopraktik deuten wir Kribbeln aber als Auflösungstendenz. Eine schwindende Blockade, die sich körperlich ausdrückt. Unterschiedlich stark wahrgenommene Blocks deuten bei einer Auf- und Ab-Bewegung schlicht auf unterschiedliche Verfassungen des Praktizierenden hin. Das ist üblich und sollte - wenn die Unterschiede nicht zu groß erscheinen - schlicht ignoriert werden. Länger und intensiver der speziellen Blockade widmen? Ein wenig vielleicht, aber nicht sehr. Und vor allem nicht losgelöst von der Gesamtübung. Morgen dann vielleicht der Rest meiner vielteiligen Mail...

Liebe Grüße,
Clemens

Lieber Jonas,

wieder sind ein paar Tage mehr ins Land gezogen - aber das ist ja kein Problem, da Du ohnehin urlaubst und wohl keinen Rechner verfügbar hast. Wo urlaubst Du denn? Hat es Dich an die Küsten des Mittelmeeres gezogen oder in die Berge?

Bezüglich Deiner Frage nach speziellen Übungen. Die Spinale Psychopraktik praktizierst Du schon. Sie gilt innerhalb der Spirituellen Gemeinschaft hier im Norden als Universalübung. Also nicht speziell aber immer angemessen. Es ist immer eine Gratwanderung zwischen dem tatsächlichen Üben und dem Nacheifern der Vorstellungen, die man bezüglich der richtigen Ausführung hat. Darauf achte bitte. Einerseits sind Vorstellungen förderlich, weil sie Richtungen vorgeben. Andererseits können sie - wie das Wort schon sagt - **vor** der unvoreingenommenen Ausführung stehen. Wir versuchen, diese Übung immer mit einer guten Portion Anfängergeist zu würzen, wie ihn Suzuki propagierte. Immer aufmerksam bleiben.

Andere spirituelle Zusammenhänge sind Dir ja nicht fremd (Taoismus) und so kann ich ohne lange Erklärungen über die Vielseitigkeit des spirituellen Diamanten den Tipp geben, den ich auch in den „Kreisgedanken" gebe. Ab Seite 178 beschreibe ich kurz „Ruhiges Verweilen" und „Einsichtsmeditition". Wir nutzen diese Übungen aber nicht im streng buddhistischen Sinne, der ja neben der Alltagspersönlichkeit eigentlich nichts kennt. Diese beiden Übungen sind sehr gut geeignet, die Aspekte der Alltagspersönlichkeit zu untersuchen und gleichzeitig den Untersucher, das strahlende Raumbewusstsein oder wie auch immer, zu erkennen.

Diese beiden Instanzen trennen zu lernen und ihre Verbindung zu erkennen ist für einen fundierten Fortschritt unabdingbar... Hin- und Herpendeln zwischen AP und HS ist zwar lästig, aber wir brauchen es auch, um Unterscheiden zu lernen und nach und nach vom zufälligen „Hineinrutschen" ins HS über das gewollte Hineinbegeben ins HS (und ungewolltes Herausrutschen) zum vorwiegend aus dem HS heraus gelebten AP-Leben zu gelangen. Du musst Dich auch hier damit abfinden, auf dem Weg zu sein und kannst Dich gleichzeitig darüber freuen.

Über Deine neu gewonnene Fröhlichkeit und Heiterkeit freue **ich** mich. Ich selbst habe solche „Stimmungsveränderungen" (in Anführungsstrichen, denn das trifft es zumindest in meiner Erfahrung nicht ganz) ebenfalls erlebt. Möglicherweise gibt es hier eine Parallele. Wenn ich also von mir auf Dich schließen darf: Du hast eine viel weiter reichende Lebensperspektive gewonnen oder eine vorher schon weit reichende mit vielen neuen Details ausgestattet. Du hast innerlich spürbar Kontakt zur Spirituellen Gemeinschaft aufgenommen (Verführerisch, hier von mir selbst zu sprechen, aber so meine ich es nicht ^^). Die spirituelle Gemeinschaft ist überall. Sie nähert sich uns an, wenn wir uns ihr annähern. Dieses Aufgehobensein, diese perspektivische Sicherheit vertreibt Angst, Grübelei und Unmut. Vielleicht ist das bei Dir ja auch der Grund Deiner neu gewonnenen Lebensqualität. Sollte das so sein, dann sei versichert, das ist erst der Anfang!

Übrigens: Kannst Du mir die Art Deiner Ängste nennen? Das mit der treibenden Kraft interessiert mich. Oder ist das unspezifisch oder zu persönlich?

Aus der Perspektive des HS gesehen, gelingt es irgendwann ganz gut, Gefühle und Gedanken distanziert zu betrachten. Wobei aber jeder einzelne beide Bereiche unterschiedlich gut beherrscht. Ein Mensch mit ausgeprägter gedanklicher

Disziplin und schwach ausgeprägtem Zugang zur emotionalen Ebene (dies scheint sich bei Dir ja gerade deutlich zu ändern) hat es vielleicht schwerer, den gedanklichen Bereich mit Abstand wahrzunehmen - einfach weil die Wege dorthin breit und vielbefahren sind, die Grenzen abgesteckt und die Tiefen gut ausgelotet. Der Intellekt dominiert die AP und daher scheint das Aufgeben dieses Aspektes bedrohlicher oder einfach schwerer. Das Emotionale versteckt sich bei diesem Menschen quasi im Bereich der AP und scheint daher auch leicht zu transzendieren. Letztlich halte ich das aber für subjektiv. Ohnehin ist die klare Trennung zwischen Emotionen und Gedanken auch nur eine Seite der Medaille. Auf der anderen Seite ist jeder Gedanke direkt mit aus ihm hervorgehenden Emotionen verknüpft und jede Emotion ruft auch Gedanken hervor. Letztliche Wahrheit ist die Medaille, nicht die im einzelnen doch hilfreiche Betrachtung der einen oder der anderen Seite der Medaille. So sind wir im spirituellen Bereich immer dazu verpflichtet, gänzlich gegenteilig scheinende Teilwahrheiten unter einen Hut zu bringen. Intellektuell oder auch emotional ist das kaum möglich.

Sich selbst wie einen Fremden sprechen hören - das kenne ich auch. Damit würde ich es aber nicht zu weit treiben. Eine Entfremdung zwischen HS und AP sollte nicht aus unserer spirituellen Praxis resultieren. Oder sagen wir mit Verweis auf den vorigen Absatz - die Entfremdung sollte bezüglich ihres Grades im gesunden Bereich bleiben. Entzieht sich diese Entfremdung der Kontrolle, so droht Spaltung. Spaltung ist aber unrealistisch und ist höchstens dem Tode vorbehalten. Zumindest so lange, wie wir den Schleier des Todes noch mit Vergessen durchschreiten.

Liebe Grüße,
Clemens

Lieber Clemens!

Ich war eine Woche mit meiner Familie am Meer und habe heute erst Deine Nachrichten gelesen - vielen Dank dafür! Ich weiß gar nicht, wo ich anfangen soll, Du hast mir so viele wertvolle Anregungen gegeben, die ich erst verinnerlichen muss. Ich gehe hier immer so vor, dass ich die Nachrichten in zeitlichem Abstand mehrmals lese, es offenbaren sich bei jedem Durchgang immer neue Dinge, die man vorher übersehen hat. Wie Du es in Deinem Buch geschrieben hast, erachte ich es als wichtig, diese jedes Mal mit der gleichen Aufmerksamkeit zu lesen, nur dann dringt man sukzessive zum Kern der Dinge vor.

Aber eine Frage verdient es, gleich beantwortet zu werden, und das ist das Thema Angst. Dazu muss ich etwas ausholen und Dir einige Dinge aus meiner Kindheit sagen, die mich entscheidend geprägt haben. Eine allzu gute Kindheit habe ich nicht erlebt. Mein Vater ist bereits eineinhalb Jahre nach meiner Geburt an einem Schlaganfall verstorben, ich habe daher keine aktive Erinnerung an ihn. Aus Erzählungen meiner Mutter weiß ich, dass er ein tief religiöser Mensch war und sich sehr liebevoll um uns gekümmert hat. Da auch mein Großvater bereits verstorben war, bin ich ganz ohne männliche Bezugsperson bei meiner Mutter und meiner Großmutter, die im gleichen Haus gewohnt hat, aufgewachsen. Durch den Tod meines Vaters war meine Mutter gezwungen, arbeiten zu gehen, sodass ich eigentlich von meiner Großmutter, die sehr streng war, erzogen wurde. Die zwei alleinstehenden Frauen hatten es in X., einem Dorf, das zu dieser Zeit ausschließlich von den ansässigen Bauernfamilien beherrscht wurde, nicht leicht und hatten mit allerhand Schwierigkeiten zu kämpfen.

Diese Umstände bekam ich als Kind in mehrfacher Hinsicht zu spüren. Da keine Männer im Haus waren, musste ich bei allen schweren Arbeiten von klein auf mit anpacken und wurde ganz schön rangenommen. Das hätte mich eigentlich gar nicht so gestört – es war halt so – wäre nicht auch noch die soziale Ausgrenzung in der Ortschaft gewesen. Da wir mit dem Tod meines Vaters die Landwirtschaft aufgeben mussten und somit als Arbeiter nicht mehr zum Bauernstand gehörten, fand ich bei den Bauernbuben leider keine Spielkameraden – ich wurde ausgegrenzt, was ziemlich schmerzhaft war. Da ich dann als älteres Kind/Jugendlicher noch dazu seltsame Interessen hatte, wie etwa Heilkräuter suchen oder mit der Wünschelrute gehen, war ich den anderen sowieso suspekt.

Meine Mutter wurde durch den plötzlichen Tod meines Vaters voll aus der Bahn geworfen und hat diesen bis heute nicht überwunden. Depressionen stellten sich bei ihr ein, durch ihre häufigen Weinkrämpfe und Traurigkeit herrschte in meiner Kindheit in unserem Haus eine gedrückte, traurige, schwere Atmosphäre. Als Kind habe ich das nicht verstanden und ich habe mich krampfhaft bemüht, alles zu tun, um meine Mutter nicht traurig zu machen, da ich nicht wollte, dass sie weint. Ich hatte immer Angst, irgendetwas zu machen, das sie zum Weinen bringt. Die Folge war, dass ich das mustergültigste und bravste Kind auf der Welt wurde und das nur aus der Angst heraus, sie zu verletzen. Eine Pubertät, wie ich sie derzeit bei meinem Sohn erlebe, der manchmal wirklich anstrengend sein kann, hatte ich eigentlich nie. Es gab hier nie ein lautes Wort zwischen meiner Mutter und mir. Ich tat alles, um ihr Freude zu bereiten, und tue das eigentlich auch teilweise heute noch, wenn auch in bewusster Art und Weise. Die Folge war, dass ich in der Schule, im nachfolgenden Studium und auch im Arbeitsleben äußerst erfolgreich war, was eigentlich in dieser extremen Ausbildung nicht notwendig gewesen wäre.

Ich hatte einzelne Monate mit mehr als 200 Überstunden, mein Arbeitstag ging 14 bis 16 Stunden durchgehend. Ich wollte es allen zeigen, dass aus mir etwas „geworden ist“. Materieller Besitz und gesellschaftliche Anerkennung war mein ultimatives Ziel, die Angst zu versagen oder etwas zu verlieren, extrem hoch. Diese Haltung ist, wie Du Dir sicher denken kannst, jetzt für mich bedeutungslos geworden. Im Gegenteil, mein materieller Besitz kommt mir oft wie ein Gefängnis vor, dessen Insasse ich bin, oder als dessen Sklave ich mich fühle.

Ich litt, solange ich mich erinnern kann, vor allem als Kind an teilweise extremen Angstzuständen. Ich habe bis zu meinem zwölften Lebensjahr aus Angst immer mit der Decke über dem Kopf geschlafen, darunter fühlte ich mich irgendwie sicher. Völlig dunkle Räume machten mir eine Heidenangst und führten zu panikartigen Zuständen.

Auf dem Seminar bei Paul Skorpen habe ich H. kennengelernt, ein sehr entwickelter, hellsichtiger Heiler, der meine Angstelementale deutlich wahrgenommen hat und mich ganz ohne Zusammenhang direkt gefragt hat, wovor ich mich denn so fürchten würde, mir könne doch spirituell betrachtet eigentlich gar nichts passieren. Auf dem Seminar hatte ich eigentlich das erste Mal Kontakt zu einer spirituellen Gemeinschaft. Der harsche Ton von H. und meine damit verbundene Perplexität haben ein starkes Elemental in mir hinterlassen, das mir geholfen hat, in den anschließenden Wochen in einer ehrlichen Innenschau der Ursache meiner Angst auf den Grund zu gehen. Ich konnte diese bis in meine früheste Kindheit zurückverfolgen, kam dann aber nicht weiter. Ich vermutete, dass es mit dem Tod meines Vaters zu tun haben könnte, auch eine Befragung meiner Mutter dazu hatte nichts Konkretes ergeben. Durch einen „Zufall“ bin ich dann auf die Ursache gekommen: Ich hatte mit eineinhalb und dann mit drei Jahren jeweils einen Leistenbruch, der operiert werden musste. Damals durften die Eltern nicht bei ihren Kindern im Krankenhaus bleiben, auch Besuche waren grundsätzlich nicht möglich. Im Zuge meiner Recherche habe ich herausgefunden, dass ich beide Male ca. 1 1/2 - 2 Wochen ohne körperliche Zuwendung in einem Gitterbett eingesperrt war. Ich empfinde, wenn ich mich darauf konzentriere, dazu in mir Gefühle von Dunkelheit, Kälte, Verlassensein, Angst und Verzweiflung.

Seit einem halben Jahr gehe ich sehr entspannt mit dem Thema Angst um. Stellen sich derartige Gefühle ein, betrachte ich sie in meinem Bewusstseinsraum und warte, bis sie sich langsam auflösen. In begleitenden Überlegungen stelle ich dann fest, dass meine Angst rational betrachtet eigentlich unbegründet ist. Die daraus resultierende Lebensqualität lässt sich nur schwer in Worte fassen. Parallel dazu festigt sich mein Vertrauen in den göttlichen Plan, ich fühle mich behütet, beschützt und geführt (auch von Dir!).

Es gäbe noch Einiges von mir zu erzählen, würde aber den Rahmen sprengen. Ich hatte auf meinem Urlaub ein sehr heftiges Erlebnis, das ich Dir das nächste Mal erzählen möchte.

Clemens, ich bewundere Deine Zähigkeit, mit der Du meine Nachrichten detailliert beantwortest, obwohl Du zeitlich offensichtlich wenig Spielraum hast. Ich kann Dir dazu nur meine tiefste Dankbarkeit ausdrücken.

Ich habe in Deiner letzten Nachricht nicht verstanden, was Du mit der Spaltung durch den Tod bzw. dem Vergessen durch den Schleier des Todes genau meinst, würdest Du mir das erklären?

Alles Liebe
Jonas

Lieber Jonas,

da hast Du mich ja erwischt, bevor ich mein Megamail-Projekt abschließen konnte. ^^ Zumindest eine Mail stand noch aus und so schreibe ich jetzt erst einmal den noch offenen Rest.

Die Arbeiten des Herkules haben mich von Anfang an fasziniert. Ich habe besonders wegen diesem antiken „Einweihungsweges" immer versucht, die Handouts für die Kreisleiter auch dann zu beschaffen, wenn ich nicht auf den Leitertreffen war. Panayiota Theotoki-Atteshli hat schon vor Jahren angekündigt, sie werde zu dem Thema ein Buch schreiben. Leider ist dies bisher meines Wissens nicht geschehen. Jahr für Jahr wurden aber ein paar mehr Informationen auf den Leitertreffen bekanntgegeben. Womit hast Du Dich bezüglich der Herkulesarbeiten befasst? Das Reinigen der Augiasställe entspricht aus einem anderen Winkel gesehen, der Spinalen Psychopraktik, sehr richtig!

Das Symbol des Lebens hat mich bisher nicht so sehr interessiert. Im Wesentlichen scheint es mir einfach zu kompliziert. Allerdings meine ich damit nicht, dass es sinnlos oder überflüssig sei. Es gibt nur so viele Dinge, dass ich es bisher nicht sehr beachtet habe.

Dein Gefühl von Mangel an Führung oder Dein Bedürfnis nach einem Meister ist verständlich. Ich habe das auch gekannt. Wenn ich sehe, wie die Dinge sich für Dich entwickeln, dann habe ich aber den Eindruck, dass es sooo schlimm nicht sein kann - um es mal etwas humorvoll auszudrücken. Auch hier haben wir wieder zwei Seiten, die man im Auge behalten muss. Die AP verbindet mit dem Wunsch nach einem Meister vor allem, dass jemand ihr die Eigenleistung abnimmt. Ich unterstelle Dir das jetzt nicht. Ich will nur auf das Prinzip hinweisen. Jedenfalls gibt es deshalb so viele Sekten, Scharlatane etc., für die sich eine gewaltige Zahl von Anhängern finden. Das sind Resultate der Bequemlichkeit der AP. Auf der anderen Seite sind wir alle auf die richtige Weise geführt. Immer! Meistens fehlt uns aber die Aufmerksamkeit, diesen Umstand zu bemerken und zu würdigen. Dann bleibt nur noch der Karmapfad, der uns zum Lernen zwingt - auch entgegen unseren Wünschen.

Ich bedauere auch die Distanz, die zwischen uns liegt... Doch nehmen wir sie als Chance und Möglichkeit. Zumindest eint uns die Sprache. Ich habe immer einen großen Informationsverlust in beiden Richtungen wahrgenommen, wenn ich mit Stylianos Atteshlis und Panayiota Theotoki-Atteshli auf Englisch Kontakt hatte. Zumindest diese Hürde steht uns nicht im Wege. Zum Glück kenne ich auch das Gegenteil, und zu meinem anderen Lehrer habe ich einen Kontakt, der hauptsächlich schriftlich und sporadisch verläuft. Das ist trotzdem sehr befriedigend und anregend. Physische Nähe hat Vorteile - unbestritten - aber sie ist keine zwingende Notwendigkeit.

Du schreibst: „der mir immer die richtige Nuss zum knacken gibt." Das ist doch auch ein recht lineares Konzept. Ich verstehe auch hier, was Du meinst, aber meine Erfahrungen waren bisher die, dass ich zwar letztlich immer die richtige Nuss zu knacken bekam, aber ich hatte bei weitem nicht immer das Gefühl, dass dem so sei, während ich mich mit den Nüssen herumschlug oder sie zu ignorieren versuchte. Nachträglich sehen die Dinge dann anders aus. Das wird wahrscheinlich auch bei Dir der Fall sein.

Zu Deiner aktuellen Mail heute soviel: Danke für Deine ausführliche Schilderung Deiner Angst-Problematik. Unsere Leben weisen einige Parallelen auf. In einigem scheinen sie diametral entgegengesetzt verlaufen zu sein. Trotzdem führt alles zum Einen. An die unselige Sitte, Kinder im Krankenhaus zu isolieren, kann ich mich auch noch erinnern. Ich war in jungen Jahren immer wieder lungenkrank. Irgendwann so mit 4 oder 5 Jahren war ich wegen einer Lungenentzündung im Krankenhaus. Ich war dort im Bett fixiert, da ich massive Trennungsangst und Heimweh hatte. Einmal war meine Mutter da. Ich konnte sie an ihrem Kopftuch hinter einer Milchglasscheibe in der Tür des Krankensaales erkennen, wie sie sich mit dem Pflegepersonal stritt. Sie wurde allerdings nicht hineingelassen. Ich war über eine Woche alleine und oft angebunden. Wie konnten die damals nur auf solche Ideen kommen!

Das mit der Spaltung durch den Tod schien mir schon beim Schreiben zu dunkel. Es war eigentlich nur als spirituelle Plauderei gedacht. Der Tod spaltet HS und AP. Die AP löst sich im Grunde auf. Die erworbenen Tendenzen, Karma etc. bleiben erhalten im HS (Stylianos Atteshlis sprach auch vom permanenten Atom als Speicher). Erst wenn wir auf der Ebene des HS bewusst durch die Sterbestunde gehen, bleibt auch AP anteilig bewusst erhalten. Wie genau dies aber aussieht, weiß ich nicht. Mein Wissen über Vorinkarnationen ist fragmentarisch, teils emotional und im Grunde nicht zu überprüfen. Kein Thema also!

Dein Dank ehrt und freut mich. Dass ich zeitlich scheinbar wenig Spielraum habe, liegt keinesfalls daran, dass ich spirituell wahnsinnig straight arbeite. Ich bin ohnehin nicht so ein Fleiß-Typ wie Du. Das Alltagsleben nimmt mich einigermaßen ein. Wie auch anders, wenn man sein Geld verdienen muss, Kinder hat... Dies alles vor dem spirituellen Hintergrund zu beobachten, aus der Perspektive des HS heraus zu begleiten, fordert schon etwas und hat den Lohn gleichzeitig in sich. Aber ich nehme mir auch Zeit für Unwichtiges, auch dafür, zu spüren, wie die Erde sich unter mir und mit mir dreht.

Der unfassbaren Gegenwart des liebenden, allumfassenden Gottes zu lauschen. In den klaren, zeitlosen, unbegrenzten Raum des Bewusstseins zu blicken.

Ich danke Dir auch, dass Du mich an Deinem persönlichen Weg Anteil nehmen lässt. Dass Du Deine Erfahrungen mit mir austauschst und mich mitlernen lässt. Dass wir Gedanken teilen. Wenn ich Dich hier und da inspirieren kann, dann gerne, freudig und leicht!

Für heute mit lieben Grüßen,
Clemens

13.8.13

Hallo Clemens!

Ich bin immer noch dabei, Deine Megamail durchzuarbeiten und die Essenzen daraus zu verinnerlichen. Besonders die von Dir dargestellte Trennung der AP vom HS bei der Aufgabe unseres physischen Körpers macht mir gedanklich noch etwas zu schaffen, passt aber mit meinen Beobachtungen auch wieder zusammen. Könnte es sein, dass sich die AP oder Teile davon bereits vor dem körperlichen Tod ablösen? Wenige Wochen vor dem Tod meiner Großmutter, die für mich der wichtigste Mensch auf der Welt war, hatte sie sich wahrscheinlich auch bedingt durch die fortgeschrittene Altersdemenz, stark verändert: Ihre üblicherweise stocksteife, aufrechte und stolze Körperhaltung war weg, sie saß in leicht gekrümmter Haltung in ihrem Armlehnstuhl. Als ich sie ansprach und in ihre

Augen blickte, hatte ich das Gefühl, in die Augen eines neu geborenen Babys zu blicken, so rein und klar. Sie hat mich als Person nicht erkannt, aber mir liebevoll zugelächelt, wie ich es noch nie bei einem Menschen gesehen habe. Wenige Wochen später war sie gegangen. Vom heutigen Standpunkt aus betrachtet, denke ich, dass sie mich als HS angeblickt hat.

Mit der Einordnung des HS in das System der Wahrheitsforscher habe ich noch etwas Schwierigkeiten - entspricht es vom Begriff her dem Geist-Seelen-Selbst? Ich gehe davon aus, dass die permanente Persönlichkeit Teil des HS ist. Dies auch aufgrund Deiner Ausführungen, dass die Neigungen/die Erkenntnisse/die Elementale der AP beim ersten Tod über das permanente Atom der permanenten Persönlichkeit einverleibt werden. Könnte man das in einer Abfolge so betrachten oder ist das zu linear gedacht: AP - Auflösung derselben durch Abspaltung des physischen Körpers (eigentlich Auflösung des ätherischen Doppels) beim ersten Tod und Übernahme der physischen Elementale ins permanente Atom - dann analog dazu Übernahme der psychischen und noetischen Elementale im zweiten bzw. dritten Tod?

Ich hätte es bisher eigentlich auch so gesehen: Die Elementale der Alltagspersönlichkeit gehen zum Zeitpunkt des Todes (erster, zweiter, dritter) in den jeweiligen Bereich des permanenten Atoms ein (physisch, psychisch und noetisch), das Teil der permanenten Persönlichkeit ist, die wiederum Teil des höheren Selbst ist. Wenn man dem HS zum Durchbruch verhilft bzw. das HS die AP vollständig durchstrahlt und durchwirkt, sollte man dadurch eigentlich auch Zugang zu den „Daten" der permanenten Persönlichkeit haben.

Ich gehe auch davon aus, dass bei der Theose die permanente Persönlichkeit nicht verloren geht, da die Gewinnung von Erkenntnissen/Einsichten ja der eigentliche Zweck unserer vielen Inkarnationen darstellt. In Anbetracht dessen, dass wir mehrere hunderte Male inkarnieren und wir damit eigentlich einen sehr hohen Aufwand treiben, kann ich mir nicht vorstellen, dass das im Zuge der Theose für unser Selbstverständnis bedeutungslos wird. Aber nachdem das zumindest für mich noch in weiter Ferne liegt, kann ich dazu auf Österreichisch nur sagen: „Schau ma mal“.

Ich bin mir dessen bewusst, dass ich mir diese Zusammenhänge über das Studium von Stylianos Atteshlis' Schriften und durch Meditationen mühsamerweise selbst erschließen könnte, hoffe aber darauf, dass Du mir in diesem Fall den roten Teppich ausrollst und mir kurzerhand auf die Sprünge hilfst. Die Begriffe bei Stylianos Atteshlis sind schon sehr gewöhnungsbedürftig und auch sehr fein differenziert. Ich glaube, dass er das bewusst so gemacht hat und hier eine Hürde von Begrifflichkeiten eingebaut hat, die nur von ernsthaften Suchern überwunden werden kann.

Ich glaube ich habe bisher noch gar nicht erwähnt, dass ich einen katholischen Hintergrund habe, mich allerdings aus Enttäuschung über die Organisation Kirche bzw. ihrer Oberflächlichkeit weitestgehend aus dieser zurückgezogen habe. Ich pflege allerdings immer noch einige Kontakte zu Priestern und freiwilligen Helfern der Kirche, die mir Freunde geblieben sind. Spirituell gesehen versuche ich gerade auszuloten, wie viel Wahrheit hier noch vorhanden ist und auch vermittelt wird. Aus diesem Grund habe ich mich bei den Jesuiten zu ignatianischen Exerzitien angemeldet, die von einem „Spiritual“ geleitet werden. Ich habe eigentlich noch keine große Ahnung, was mich dort erwartet, werde Dir aber berichten. Auf alle Fälle werde ich die Zeit dazu nutzen, mir über das Verhältnis von AP und HS klar zu werden. Eine Woche vollkommen abgeschottet im Kloster zu sein, hört sich zumindest einmal ganz gut an, um intensive Meditationen durchzuführen und einige Erkenntnisse über sich selbst zu gewinnen.

Ab Freitag bin ich auf einer Wallfahrt unterwegs, worauf ich mich schon sehr freue. Die Natur in den Bergen bietet wunderschöne Anblicke, die mich immer tief berühren und eine große Demut in mir hervorrufen. Beim Anblick schöner Landschaften scheint die Zeit still zu stehen, die Gedanken hören langsam auf und man kann eigentlich nur noch staunen...

Bis zum nächsten Mal alles Liebe,
Jonas

13.8.13

Lieber Jonas,

als schnellen Schuss aus der Hüfte nur kurz einen Anhang und beste Grüße.

Bald mehr,
Clemens (Anlage: „Bitri-Angel" aus „Kreisgedanken 2")

14.8.13

Hallo Clemens!

Danke für Deine Ausarbeitungen zum Davidstern, besonders die Darstellung der abschließenden Raute hat mir bei

meiner Meditation viele Zusammenhänge offenbart. Vielleicht stelle ich das einmal schriftlich zusammen - ich wäre auf Deinen Kommentar dazu neugierig, ob ichs auf mehreren Ebenen durchschaut habe.

Ich melde mich heute schon wieder bei Dir, weil ich bereits seit einigen Wochen Probleme mit meiner AP habe, die sich derzeit unglaublich aktiv in mir regt. Konkret machen mir Impulse aus der animalischen Ebene, die mich mit einer bislang nicht gekannten Heftigkeit treffen, schwer zu schaffen.

Alle Leidenschaften, die ich kurzfristig zu stark auslebe, wie etwa Essen, Süßes, Kaffee, Alkohol, Sexuelles etc., bewirken die nächsten Tage eine heftige Urgenz meiner AP, diese fortzusetzen. Das war früher eigentlich nur wesentlich schwächer der Fall und damit leicht beherrschbar. Jetzt erfordert das einen echten Willensakt, nein zu sagen und sich der „Suchtdinge" zu enthalten. In gewisser Weise werde ich dadurch gezwungen, eine Entscheidung zu treffen, bestimmten Gewohnheiten nicht mehr nachzukommen, wobei ich weiß, dass ein Nachgeben z.B. im Fall von Alkohol fatale Folgen für mich hätte.

Diese Erkenntnis hat z.B. konkret zur Folge, dass ich derzeit eigentlich so gut wie nichts trinke. Anderes Beispiel: Ich habe vor ca. 12 Jahren mit dem Rauchen aufgehört, jedoch in unregelmäßigen Abständen, etwa einmal pro Monat, trotzdem bei Gelegenheit eine Zigarette geraucht. Das war kein Problem für mich, ich hatte danach kein Verlangen, wieder mit dem Rauchen anzufangen. Das ist jetzt anders. Ich kann es mir nicht leisten, auch nur ein einziges Mal zu rauchen, ich habe dadurch ein ärgstes Verlangen, wieder damit anzufangen. Warum dieses Aufbäumen, dieses Drängen der AP, alte Gewohnheiten wieder aufzunehmen und bestehende zu verstärken? Die AP hat doch gar nichts davon - die Folge ist lediglich, dass ich diese Dinge weitestgehend einstellen muss bzw. sie auf solch ein Maß zu reduzieren, dass die Impulse aus der animalischen Ebene nicht unangenehm/lästig für mich sind. Hat die AP vielleicht Angst, unterzugehen? Muss ich in Zukunft wesentlich mehr darauf achtgeben, keine neuen Gewohnheiten zu entwickeln bzw. alten Gewohnheiten keinen Ausdruck mehr zu geben? Ist das nur eine Phase in der Entwicklung oder geht das wieder vorbei? Viele Fragen, ich weiß.

Dazu passt mein Erlebnis, das ich während meines Urlaubes hatte: Möglicherweise hat es damit zu tun, dass ich vor dem Schlafengehen einige Zeit strahlendes Licht eingeatmet und in den Solarplexus weitergeleitet hatte. Ich habe dies deswegen getan, da ich bei Daniel Joseph gelesen hatte, dass man ätherische Energie ohne Gefahr im Solarplexus speichern kann, und ich mich irgendwie ausgelaugt gefühlt hatte. Ich wurde dann in der darauffolgenden Nacht um ca. 3 Uhr munter und in meinen Gedanken und Gefühlen war der Teufel los! Alle meine Alltagsprobleme, alles was mir in irgendeiner Weise in der letzten Zeit Sorgen bereitet hatte, schoss in Gedanken fast gleichzeitig wie in einem Wirbelwind durch meinen Kopf. Die Probleme schienen mir in dieser Geballtheit übermächtig, starke Gefühle der Ohnmacht kamen parallel dazu auf. Ich habe ca. 1/2 Stunde gebraucht, bis ich mich wieder gefangen hatte und jedem Problem einen, wenn auch schwachen, Lösungsansatz entgegengestellt hatte. Ich habe dann erst erkannt, was hier in mir wirklich vorgegangen ist, ich war zu stark mit den Dingen identifiziert.

Die Woche zuvor hatte ich ebenfalls schwere Träume, aber dieses Erlebnis war eine Kategorie für sich. Beim Schlafen toben sich meine Elementale immer aus, ich bin leider fast immer so unbewusst, dass ich hier nicht gegenwirken kann. Wie erreicht man eigentlich die Kontinuität des Bewusstseins. Ich habe gelesen, dass fortgeschrittene Meister auch während des Schlafens des materiellen Körpers ihr Wachbewusstsein aufrechterhalten können. Kann man das üben, oder kommt das irgendwann mit den Fortschritten, die man macht, automatisch? Mir gefällt der Gedanke nicht, dass sich meine unerwünschten Elementale während meines Schlafes von mir ernähren. Im Wachzustand habe ich zumindest die Möglichkeit einzugreifen. Das gelingt mir zwar nicht immer, aber immer besser.

Positiv an meinen Träumen finde ich, dass ich dadurch mit ungelösten Dingen konfrontiert werde, die mir so nicht ins Bewusstsein gekommen wären. Ich arbeite diese Dinge dann auf, wenn die Zeit passt und ich Ruhe habe.

Schaut so aus, als ob mir in der nächsten Zeit mit mir nicht langweilig wird. Ich bin trotzdem unendlich froh darüber, die Möglichkeit zu haben, diesen Weg gehen zu dürfen. Die Unterstützung von „oben" ist reichlich vorhanden, ich fühle mich - auch dank Dir - begleitet, behütet und beschützt. Ich genieße trotz mancher Widrigkeiten mein neues, leichtes, unbeschwertes Leben und auch der Spaßfaktor ist oft mit dabei. Es tut sehr gut auch über sich selbst lachen zu können, wenn man sieht, wie sich die AP mit den unmöglichsten Begründungen und Ausreden windet, den alten Gewohnheiten doch weiter nachgehen zu können.

Clemens, bis Montag hast Du einmal Ruhe vor mir, da wir morgen in Österreich einen Feiertag haben und ich mich ab Freitag auf der Wallfahrt befinde. Ich habe schon ein bisschen ein schlechtes Gewissen, Dir so oft zu schreiben und auch viele dunkle Dinge anzusprechen, die mich beschäftigen. Ich hoffe, das macht Dir nichts aus.

Alles Liebe
Jonas

Lieber Jonas,

ich hoffe, Du hattest eine gute Wallfahrt! Ich habe in der Tat die „Ruhe", die mir Deine Reise verschaffte, genutzt, um mehrfach Deine letzten zwei Mails zu lesen. Im Grunde bin ich erneut an einem Punkt, an dem ich ein Mega-Mail-Projekt starten könnte. Ich habe mich aber zu einer etwas anderen, spielerischeren Vorgehensweise entschlossen. Ich werde nicht alle Aspekte ansprechen, die es mir wert wären, sondern das mir am wichtigsten Erscheinende - und auch das eine oder andere Kurzweilige. Wenn ich also Punkte, bei denen Dir eine Entgegnung wichtig wäre, nicht anspreche, dann scheue Dich bitte nicht nachzufragen.

Dein Erlebnis mit dem Hinscheiden Deiner Großmutter erinnert mich an meine eigenen Erlebnisse. Ich hatte nicht so ein klares Bild von meiner Oma als HS, aber ich kann Deine Beschreibung gut nachvollziehen. Meine Omi hat vor ihrem Tod auch über eine längere Zeit stark abgebaut. Die Redensart „Mit einem Bein im Grab stehen" ist Dir sicher geläufig. Ich habe bei meiner Großmutter nicht wie Du beobachtet, dass alle AP-Aspekte verloschen sind. Sie ist nicht dement gewesen und auch mit den psychonoetischen Aspekten geschwunden. Sie hat sich mehr physisch aus dieser Welt zurückgezogen. Der Körper hat sich schon deutlich auf das Grab hinbewegt. Ganz zuletzt ist meine Großmutter dann irgendwann umgefallen und ins Krankenhaus gekommen. Sie war praktisch komatös und nicht ansprechbar. Ich bin dann zwei Tage später zu ihr gefahren. Meine Verwandten rieten mir ab. Sie sei ohnehin nicht wach. Wozu die Mühe. Als ich im Krankenhaus ankam, war sie aber zum Erstaunen aller aufgewacht und erkannte uns alle. Besonders auf mich richtete sich ihre Aufmerksamkeit. Sie

war aber nach klinischer Ansicht desorientiert. Wusste nicht wo sie war und in welcher Lage sie war. Ich nahm sie einfach als schon großteils auf eine rein psychonoetische Ebene aufgestiegen wahr. Die anderen Familienmitglieder wollten sie immer berichtigen. „Du bist doch im Krankenhaus" etc. Ich habe mich einfach auf ihre Ebene eingelassen und konnte gut mit ihr kommunizieren. Es war ein harmonisches Treffen und ein inniger Abschied. Kurz nach unserem Fortgang fiel meine Oma wieder ins Koma und verstarb bald darauf. Ich hatte wie Du ein enges Verhältnis zu meiner Großmutter. Ebenso zu meinem Großvater. Mein erstes Lebensjahr verbrachte ich bei ihnen und sie waren mir irgendwie näher als meine Eltern. Bei meiner Mutter ist es zeitlebens so geblieben. Zu meinem Vater hat sich erst spät in meinen Dreißigern eine schöne Beziehung herausgebildet.

Den Begriff des HS nutzen wir in zweierlei Bedeutungen - oder in einer Doppelbedeutung. Die höchst komplexe Anordnung nach Stylianos Atteshlis erweist sich in manchen Zusammenhängen als hinderlich und eine Vereinfachung umgekehrt als hilfreich. HS bezeichnet einerseits einfach alles „oberhalb" der AP und andererseits einfach die nächsthöhere Ebene. Teil unserer Mission in den Trennungswelten ist sicher die Individuation. Diese soll im Bereich des HS stattfinden. Im Bereich der AP äußert sie sich als „Egoifikation" und führt erst einmal zu den Fehlern und karmischen Verstrickungen, die so lästig für alle Beteiligten sind - wenn auch scheinbar unvermeidbar. Wenn man ins Wasser springt, wird man zunächst einmal nass. Wenn man als Erzengelwesen in die Trennungswelten taucht, macht man eben diese Art Fehler, die aus dem Nichtwissen resultieren. Deine Analyse des Eingehens der Essenz der drei Aspekte der AP ins permanente Atom (oder wie immer man diesen Teil des HS nennen mag) halte ich für treffend. Die Neigungen, Erkenntnisse, Verwirklichungen werden weitergetragen. Die raumzeitlichen Formaspekte der Maske (Person) vergehen.

„Schau ma mal" ist genau mein Motto... wenn auch nicht auf Österreichisch! Deswegen sprechen wir immer wieder von „Arbeitshypothesen". Nicht von Wahrheiten. Wer kann schon sagen, was für Dinge sich noch fassen lassen, wenn wir erst einmal weiter entwickelt sind. Die Menschen schafften und schaffen es hingegen, sich wegen verschiedener Theorien bezüglich beispielsweise Theose gegenseitig die Köpfe einzuschlagen. Unendlich weit von Theose entfernt und die abseitigsten Theorien noch als „Wahrheiten" titulierend! Ich vermute manchmal, dass die von Stylianos Atteshlis aufgebauten Hürden zwar einerseits in den verborgenen Wahrheiten selbst, andererseits aber auch eben darin bestehen, dass wir durch zu tiefen theoretisierenden Einstieg von naheliegender Praxis abgehalten werden und gerade dadurch unser Ungenügen offenbaren. Ein Meister, der nicht auch ein Schelm ist, ist kein Meister, denn Humor – auch sich selbst gegenüber – ist ein sehr hohes und wichtiges Kriterium.

Mit Deinem katholischen Hintergrund war zu rechnen – meiner ist evangelisch. Auch damit war geographisch und statistisch zu rechnen. :-) Ich bin mit 18 Jahren aus der Kirche ausgetreten. Auf Stylianos Atteshlis' Betreiben hin später wieder eingetreten. Jetzt bin ich im Grunde wieder ebenfalls weitestgehend draußen. Die Institution ist für mich überflüssig – wenn auch möglicherweise nicht grundsätzlich überflüssig. Die katholische Kirche scheint mir nicht attraktiver als die evangelische. Trotzdem habe ich mich im Zuge meiner Studien auch mit ihr befasst. Wahrscheinlich sogar intensiver als mit der evangelischen Kirche und anderen protestantischen Gruppen, Kirchen und Sekten. Auch die Exerzitien von Herrn Loyola habe ich mir in schriftlicher Form einmal angeschafft. Es gelang mir aber nicht einmal, das

Buch durchzulesen. Es schien mir irgendwie kalt und technisch und den Menschen abwertend. Dabei hat die kirchliche Mystik ja auch Bücher wie „Die Wolke des Nichtwissens" hervorgebracht. Ein wunderbares Werk! Bitte lasse Dich aber keinesfalls von meiner oberflächlichen Meinung beeinflussen. Mir fehlt wohl auch einfach der katholische Zugang zu den ignatianischen Exerzitien und alleine daher mag Deine Erfahrung damit durchaus erfreulich sein. Zudem ist ja klar, dass vieles auch von der Präsentation abhängt. Ich wünsche Dir jedenfalls alles Gute bei den Jesuiten. Eine Meditationswoche im Kloster ist hingegen grundsätzlich etwas, mit dem ich auch schon hin und wieder geliebäugelt habe. Mach was draus!

Deine Meinung zum „Bitri-Angel" wird mich - wenn Du sie einmal zusammenstellst - brennend interessieren.

Dein beschriebenes Aufbäumen der AP bzw. der Elementale möchte ich nur mit einer scheinbar kurzen Hypothese ansprechen. Damit will ich keineswegs die Genauigkeit Deiner Beobachtungen oder die Dringlichkeit des Problems herabwürdigen. Ich habe ähnliche Vorgänge auch bei mir selbst gesehen und auch von verschiedenen Anderen davon gehört. (Bemerkung am Rande: Mit „Urgenz" ist nun endlich einmal ein im bundesrepublikanischen Deutsch heutzutage unbekanntes Wort aufgetaucht, welches ich zwar intuitiv halbwegs verstand, das ich aber trotzdem erst einmal nachschlagen musste. Toll, immer schön, wenn man sich mit einem neuen „Fremd"-Wort schmücken kann...) Betrachten wir es einmal graphisch. Es kann sein, dass die AP einen Wachstumsschub erfährt, der praktisch den Radius des „Kreises", den sie umfasst, deutlich vergrößert. Dieser Kreis, der vorher durch die einzelnen Elementale quasi dicht gefüllt ist, ist nun auf einmal lockerer gefüllt. Dies verschafft Elementalen - auch ungeliebten - Raum, sich auszudehnen. Dadurch wird dann demzufolge ihr Einfluss subjektiv größer. Möglicherweise dehnen sich die Elementale auch einfach unterschiedlich stark. Vielleicht besonders die, die vorher schon unter Druck standen. Wir könnten dieses Modell auch auf den bewussten Raum innerhalb der AP übertragen. Dann hätte sich nicht unbedingt die AP ausgedehnt, sondern innerhalb der AP ist einfach mehr ins Licht gerückt und hat dadurch an Kraft gewonnen. Untersuche Dein „Problem" einfach mal daraufhin. Übrigens ist es auf dem Wege sicher sinnvoll, Fehlverhalten zu reduzieren. Aufgabe ist aber, es zu **beenden**. Mir scheint es langfristig kontraproduktiv, Restelementale durch gelegentliches Nachgeben am Leben zu halten. Rauchen ist m.E. einfach ein falsches Tun. Gelegentlich ein halbes Glas Wein ist wohl dann kein Problem mehr, wenn das Alkoholproblemelemental (das Betäubung und Freisetzung niederer Antriebe wünscht) schon gänzlich aus der Summe der Elementale der AP herausgeschwunden ist. Im Zweifelsfall einfach **immer** den Alkohol weglassen.

Du hast recht: Die AP hat Angst unterzugehen. Sie hat **immer** diese Angst. **Immer** Angst vor Veränderung. Dabei ist dies gänzlich absurd, denn sie verändert sich ohnehin permanent. Nichts Wandelbareres existiert, als die AP. Auf dem Weg der spirituellen Entwicklung müssen wir den schmalen Weg finden, auf dem wir gleichzeitig die AP aktiv verändern und ihr trotzdem die Angst davor nehmen können. Das ist ein großer Teil der Schwierigkeit dieser Entwicklung.

Mit den Träumen kann man vielleicht am besten umgehen, wenn man im Wachzustand die AP langsam modifiziert. Direkte bewusste Kontrolle im Schlafzustand anzustreben, scheint mir eher ein Verschieben des eigentlichen Problems in einen nicht so hilfreichen Bereich. Auf eine Art entspricht ja der Traumzustand dem Zustand nach dem physischen Tod. Wir sind dort in einer von Stylianos Atteshlis so genannten „Schalenwelt", die nicht weiter bevölkert ist, als von uns selbst. Impulse durch andere Menschen gibt es nicht. Daher scheint es mir immer besser, seine Energien auf die materielle Welt zu konzentrieren. Darum **inkarnieren** wir schließlich. Damit wir nicht gänzlich im eigenen Saft kochen! Als Hinweis- und Impulsgeber ist der Traumzustand sicher hilfreich und wünschenswert. Ich selbst kann dazu aber nicht viel sagen. Meine Traumzustände sind praktisch immer sehr gewöhnlich und unspektakulär. Nur die räumlichen und auch die zeitlichen Zusammenhänge folgen anderen Gesetzen. Da kann ein Haus, das schon vor 30 Jahren abgerissen wurde, an einem ganz anderen Ort stehen – bewohnt von Leuten, die ich erst kurz kenne und/oder die ich in meiner Jugend kannte. Die innere Logik ist in meinen Träumen aber ungebrochen.

Beste Grüße ans andere Ende der deutschsprachigen Welt,
Clemens

21.8.13

Hallo Clemens!

Danke für Deine ausführliche Nachricht. Ich habe von meinem Freund H. nun einige Bilder von der Wallfahrt bekommen und möchte Dir, da Du ein aktuelleres Foto von mir nachgefragt hast, einige zukommen lassen. Die atemberaubend schöne Landschaft in der Steiermark möchte ich Dir ebenfalls nicht vorenthalten und habe Dir exemplarisch drei Bilder davon mitgeschickt. Leider hat man auf der

Wanderschaft keine Zeit, einen besonders schönen Anblick, wie etwa auf dem Waldbild mit dem Nebel am frühen Morgen, meditativ auszukosten, da man auf die anderen Teilnehmer Rücksicht nehmen muss und den Anschluss nicht verpassen sollte.

In einer Kapelle am Wegesrand hatte ich bei kurzem Erreichen von Gedankenstille ein wunderschönes inneres Erleben von Weite und Frieden. Ja, das sind ganz besondere Momente, die mich darin bestärken, den Weg ins Innere fortzusetzen.

Ich fühle mich sehr demütig und auch reich beschenkt, wenn ich mir die Entwicklungen vor Augen führe, die ich in den letzten Monaten gemacht habe, besser gesagt, die mir gewährt wurden.

Nachdem ich den meisten Wallfahrtsteilnehmern bislang unbekannt war, hat die Organisatorin der Wallfahrt den Fehler gemacht, mich zu fragen, ob ich für die Gruppe wie die anderen vor mir auch eine kurze Andacht halten könnte. Ich habe dies aufgegriffen und meine christlich esoterische Sichtweise zum vorgegebenen Thema dargelegt. Dem anwesenden Theologen sowie den beiden Organisatoren der Wallfahrt ist bei meinen Ausführungen buchstäblich der Mund offen geblieben, da die Lehrmeinung der katholischen Kirche ganz anders war. Für mich persönlich war das eine Premiere, ich habe bislang noch nie in der Öffentlichkeit über diese Dinge gesprochen. Positiv an der Sache war, dass einige Wallfahrer, vor allem die theologisch nicht vorgebildeten, im Anschluss zu mir gekommen sind und sich für meine Ausführungen bedankt haben, die ihnen eine neue Perspektive eröffnet haben. Ich habe das als sehr befriedigend empfunden.

Interessant dabei ist vielleicht noch zu erwähnen, dass ich den Eindruck hatte, dass meine Erläuterungen aus mir wie ein Fluss herausgesprudelt sind, ohne viel nachzudenken. Ich hatte mehrfach das Empfinden, dass nicht ich es bin, der hier spricht. Ich weiß, Du hast mich davor gewarnt, mich nicht zu spalten, aber manchmal passiert das einfach und ich lasse es dann auch bedingt zu.

Das zweite Schockerlebnis, das ich den Teilnehmern verpasst habe, war, als ich die Frage, wie oft ich denn in die Kirche gehe, wahrheitsgemäß mit „so gut wie nie" beantwortet habe. Die mitleidigen, abwertenden Blicke haben Bände gesprochen.

Ansonsten war es ein tolles Gesamterlebnis.

Clemens, Du schreibst davon, dass sich der Kreis meiner AP möglicherweise ausgeweitet haben könnte, das hat mich etwas verunsichert, da ich bislang der Ansicht war, dass mit der Reinigung der Persönlichkeit eher das Schrumpfen/Verkleinern der AP verbunden sein sollte. Ich glaube in der Bibel steht bei Paulus (ich habe jetzt nicht den genauen Wortlaut nachgesehen): „Ich muss abnehmen, damit er zunehmen kann" oder „Ich sterbe jeden Tag" (ein bisschen). Ich denke, er hat sich hierbei auf die Verringerung der AP bezogen. Diese Ansicht impliziert, dass die AP zu- oder abnehmen kann, auch bis hin zur Schrumpfung auf einen Punkt bzw. deren Auflösung. Leute mit einem starken, ausgeprägten Ego hätten also graphisch gesehen einen großen Kreis, Leute, die der AP weniger Raum zum Ausleben geben, einen entsprechend kleineren. Die schwankende Größe des Kreises würde also darauf hindeuten, dass der elementale Druck im Kreis konstant ist bzw. durch die veränderliche Größe konstant gehalten wird. Das entspricht aber nicht meiner bisherigen Erfahrung.

Ich gehe eher davon aus, dass dem nicht so ist, da auch Stylianos Atteshlis - soweit ich ihn verstanden habe - eindringlich davor warnt, nicht nur entwicklungshemmende Elementale zu entfernen sondern den freiwerdenden Platz mit förderlichen (guten) Elementalen zu füllen, da ansonsten Ungleichgewichte entstehen.

Wenn man also andererseits die Größe des Kreises der AP als konstant unterstellt, bzw. sich dieser nur sehr träge verändert (denn so linear kann es auch nicht sein!), kann ich Deinen Ausführungen insofern folgen, als dass bei einer Verringerung der Elementale in quantitativer Hinsicht damit auch den verbleibenden Elementalen mehr Raum gegeben wird und sich diese stärker und häufiger bemerkbar machen.

Für mich ergibt sich daraus bei beiden Arbeitshypothesen folgende Vorgangsweise, die ich versuchen werde, umzusetzen:

• Wie Du angeregt hast: Negativen Elementalen, die durch die generelle Elementalausdünnung nun mehr Möglichkeit haben, sich bemerkbar zu machen, überhaupt keinen Ausdruck mehr zu verleihen und sie damit ebenfalls dauerhaft zu entkräften. Das schafft allerdings noch mehr Freiraum für die bestehenden bzw. neu entstandenen, sodass hier der Druck zur Veränderung eigentlich noch größer würde (wie in der Bibel: das Elemental kommt aus der Wüste mit sieben anderen nach Hause und findet dieses offen und **aufgeräumt**). Diese Vorgangsweise ist, wie Du betont hast, langfristig sicher notwendig, man könnte auch sagen „alternativlos" (übrigens ein interessantes Wort, das ich bisher nicht kannte und von Frau Merkel gerne benutzt wird)

• daraus abgeleitet Schutzmaßnahmen zu ergreifen mittels Schutzelementalen (z.B. 5 zackiger Stern über Körper visualisiert)

• Gezielt positive Elementale zu stärken bzw. neue zu erschaffen: scheint mir der sinnvollste Ansatz zu sein, nur wie? – Gebete, Meditationen, Bücher, neue Lebensperspektiven entwickeln, künstlerisch tätig sein, karitative Tätigkeit für unsere Mitbrüder und -schwestern? Womit kann man hier gut ausfüllen?

Übrigens, auch ich habe etwas nachgegoogelt, bist Du noch in einer gewissen Musikgruppe aktiv oder ist das nur ein Namensvetter von Dir?

Liebe Grüße
Jonas

21.8.13

Lieber Jonas,

danke für die Fotos.

Graphische Betrachtungen haben oft ihre Schwächen. Man kann tatsächlich manchmal auch das Gegenteil in sie hineinlesen und hat damit, richtig verstanden auch recht. **Logisch** gesehen, funktionieren solche Aussagen wie „man muss alles loslassen aber trotzdem genau auf die Details achten" nicht. Spirituell gesehen machen sie aber Sinn. Da kann man sie trotzdem zu einer Synthese zusammenfühlen (wir sprechen dann manchmal von „groken", denn sprachlich kann man das Zusammengefühlte ja wieder nicht ausdrücken, ohne den Widerspruch erneut sichtbar zu machen). Bezüglich der Frage nach Schrumpfen oder Ausweiten der AP können wir uns, glaube ich, leicht einigen. Was schrumpfen soll, ist die **Dominanz** der AP – und die Anzahl negativer Elementale. Die AP zu schrumpfen, würde doch eigentlich bedeuten, nach und nach zu exkarnieren. Bis zu einem Punkt geschrumpft, bliebe so etwas ähnliches wie ein permanentes Atom. (?) Die AP kann ruhig wachsen. Groß sein und viele herrliche Elementale als Ausdruck unserer göttlichen Wesensnatur beinhalten.

Ist das nicht auch ein Teil unserer Aufgabe in den Trennungswelten? Gott zu offenbaren? Die Ego-Identifikation mit der Summe der Elementale muss nach und nach aufhören. Selbst eine wunderbar zusammengesetzte AP ohne weiteren Makel als die Egoidentifikation (Sicher! Nur ein Gedankenspiel!) wäre nicht die Lösung des Problems bzw. der Aufgabe. Der Ausweitung der AP sind aber sicher Grenzen gesetzt. Auch eine immer weitere Ausweitung ist sicher nicht unsere Aufgabe. Aber Spielraum sehe ich deutlich.

Ich war vor mehr als dreißig Jahren Gründungsmitglied der „gewissen Musikgruppe". Lange dabei war ich nicht. Vielleicht ein Jahr. Im späten Jugend- und frühen Erwachsenenalter war ich einmal Punk. Habe damals angefangen als Bassist in Bands zu spielen. Die Punkbewegung diskreditierte sich schnell für mich. Musikalisch fächerte ich damals auf. Industrial-Musik, experimentelle Musik... Die „gewisse Musikgruppe" war mein erstes Standbein nach etwa 2 Jahren Punk. Vor einigen Jahren habe ich mit meinem alten Freund Phill, der seit bald 30 Jahren in London lebt, noch einmal bei einem LP/CD-Projekt zusammengearbeitet. Allerdings nur dahingehend, dass ich noch über verschiedenes Archivmaterial verfügte, das Phill für sein Projekt mit verarbeitete. Ich bin neben der Musik dann über einen Zeitraum von etwa 15 Jahren auch noch im Kunstbereich besonders durch Veranstaltungen von multimedialen Performances tätig gewesen. Was ich damals noch unklar über diese Kanäle auszudrücken versuchte, kann ich aber seit langem besser über die spirituelle Arbeit leben und ausdrücken... Eine (mögliche) Karriere im Bereich Kunst habe ich für mich schon viel früher ausgeschlossen. Ich hatte allerdings auch eine Menge Spaß!

Diesmal also mit punkigen Grüßen!
Clemens (aka „Mitch")

21.8.13

Lieber Jonas,

hier anhängend ein kurzes Beispiel eines aktuellen Studienkreisprotokolls. Es ist stichwortartig und dient nur als Gedankenstütze. Einiges erscheint Dir vielleicht aus dem Zusammenhang gerissen. Trotzdem siehst Du, dass wir uns auch aktuell mit AP, Elementalen etc. auseinandersetzen... Das Thema ist ein Dauerbrenner.

Bis bald!
Clemens

27.8.13

Hallo Clemens!

Danke für Deine punkigen Grüße! Ich bin immer noch dabei, Deine letzten Nachrichten zu „verdauen", insbesondere Deine Antwort zum Thema Ausdehnen - Schrumpfen - Modifizieren - Kontrollieren der AP beschäftigt mich schwer. Wenn ich mir meine ursprünglichen Aussagen dazu durchlese, schäme ich mich als AP fast dafür. Da sind grobe Gedankenfehler drinnen und es zeigt, dass ich offenbar die wesentlichen Dinge überhaupt noch nicht verstanden, geschweige denn verinnerlicht habe. Ich erkenne dadurch wie wichtig es ist, einen Lehrer zu haben, der einen wieder ausrichtet und auf die richtige Spur zurückbringt. Deine freundliche, wertschätzende und nicht kritisierende Art, dies zu tun, finde ich bewundernswert.

Clemens, ich hätte nicht gedacht, dass mich Deine Erklärungen zur AP so gefangen nehmen können, da steckt so viel drinnen und hängt so viel davon ab... Du sagst, dass es letztendlich darauf ankommt, unsere Ego-Identifikation zu überwinden und die Reinigung unserer AP zwar wünschenswert, aber nicht das eigentliche Ziel ist. Vielleicht verrenne ich mich da wieder in etwas, aber was wäre, wenn man seine AP Struktur so beließe, also sich nicht bemühen würde, sich zu verbessern, und nur die Identifikation mit der AP verlöre, dann hätte man es also auch geschafft. Oder geht das eine ohne das andere gar nicht?

Man wäre also nur mehr der Beobachter der AP, die in ihren Strukturen so weiterläuft wie bisher. Die damit zwangsweise auftretenden negativen karmischen Reaktionen würde man dann als Beobachter mehr oder weniger unbeeindruckt zur Kenntnis nehmen. Aber irgendwie kann das so nicht sein bzw. muss hier ein Gedankenfehler sein, ich sehe das offensichtlich wieder einmal zu linear.

Du hast glaube ich gesagt, dass man mit der AP in Bezug auf die animalische Ebene wie mit einem lieben Haustier umgehen soll. Ist es nach (zumindest zeitweiser) Aufgabe der Ego-Identifikation nicht so, dass man eher amüsiert auf das Verhalten der AP blickt und diese von diesem höheren Standpunkt aus dadurch automatisch modifiziert, alleine schon aus der Vernunft heraus? Ist es bei permanentem Selbstgewahrsein überhaupt noch möglich, bewusst gegen den göttlichen Willen zu handeln bzw. negativen Dingen Raum zu geben? Ich wäre hier auch auf Deine persönlichen Erfahrungen als Erleuchteter gespannt.

Bis zum nächsten Mal alles Liebe
Jonas

Lieber Jonas,

Du fragtest in Deiner vorletzten Mail unter Punkt drei deiner geplanten Vorgehensweise bezüglich des Stärkens und Schaffens positiver Elementale innerhalb der AP nach dem Wie. Es juckte mich sofort in den Fingern und ich habe deshalb in meiner Rundmail an die „Wahrheitsforscher" zum Freitag eine Betrachtung angehängt, die einen wichtigen Einstieg in das Thema bietet. Trotzdem schien es mir notwendig, das Ansprechen des Punktes mit dem Schrumpfen und Ausdehnen der AP vorzuziehen.

Du hast die Wichtigkeit dieses Punktes deutlich erkannt und Deine Überlegungen scheinen mir auch richtig. Man kann die Modifikation der AP und das Aufgeben der Ego-Identifikation nicht wirklich trennen. Freilich kann man diese Gedankenspiele spielen: Kann ich die Ego-Identifikation gänzlich auflösen und die Summe der Elementale unbeeinflusst lassen? Meine Aussage stellte ja auch eine Überspitzung dar. Wunderbare, perfekte Modifikation der Summe der Elementale ohne Aufgabe der Ego-Identifikation - das ist wohl auch nur theoretisch möglich. In Wirklichkeit geht es wohl darum, dass wir beides gleichzeitig oder jeweils zu seiner Zeit machen, ohne aber die andere Seite auszublenden bzw. zu vergessen.

Dass sich immer wieder bei Jedem Denkfehler einschleichen, hat meines Erachtens mehrere Gründe. Einmal ist das Denken eben linear. Es entgehen dem Denkenden immer eine Vielzahl von Faktoren, weil das Denken eben nur jeweils einer Bahn folgen kann. Daraus können Irrtümer entstehen. Zum anderen ist dies gut für die Demut. Und zum dritten treibt es einen zur spirituellen Gemeinschaft, zu den

„edlen Freunden", mit denen man sich immer abgleichen kann und soll und muss. „Wo zwei in meinem Namen beisammen sind, bin ich der Dritte." Wenn man nicht allein im eigenen Saft schmort, dann kommt zur Gemeinsamkeit auch noch eine Portion höhere Inspiration. Zwei sind jeweils ein Fuß. Gemeinsam können sie gehen, wo vorher der Fuß bestenfalls etwas herumhüpfen konnte. (Ich verweise nochmals auf das „Groken", die „Schau", das „Denken hoch 2". Es gibt diese höhere Form des Sehens tatsächlich und sie ist erlernbar!)

Du schreibst: „Ist es nach (zumindest zeitweiser) Aufgabe der Ego-Identifikation nicht so, dass man eher amüsiert auf das Verhalten der AP blickt und diese von diesem höheren Standpunkt aus dadurch automatisch modifiziert, alleine schon aus der Vernunft heraus? Ist es bei permanentem Selbstgewahrsein überhaupt noch möglich, bewusst gegen den göttlichen Willen zu handeln bzw. negativen Dingen Raum zu geben? Ich wäre hier auch auf Deine persönlichen Erfahrungen als Erleuchteter gespannt."

Erstens muss ich nochmal – obwohl ich meine, dass Du das schon richtig verstanden hast – die Erleuchtung relativieren. Es ist aber schon so, dass ich mittlerweile, wo ich vorher aktiv ins HS einsteigen musste (und konnte) und von selbst wieder rausrutschte, es mittlerweile und erfreulicherweise zunehmend häufig von selbst ins HS hineinrutsche **und** es aktiv tun kann. Rausrutschen geschieht aber nach wie vor und ich bin im Moment daran, meine Aufmerksamkeit dahingehend zu schulen. Also den Prozess zunehmend genau zu untersuchen und vermeiden zu lernen. Permanentes Selbstgewahrsein ist eine tolle Sache, aber da bin ich noch nicht... Es reicht aber zu sehen, dass Du mit dem Amüsement ganz recht hast. Der Hund läuft nicht mehr frei herum. Man hat ihn an der Leine, aber wenn man gemeinsam einen anderen Hund trifft, dann verhindert man nicht zwingend, dass sie sich gegenseitig am Hintern schnüffeln. Man grinst allerdings innerlich! (Bezüglich meiner „Erleuchtung" hänge ich Dir noch eine Betrachtung an. Du wirst den Punkt mit meiner „Erleuchtung" wohl finden.)

Ein Teil unseres Lernprogramms ist meines Erachtens, auch nach und nach den Umgang mit der AP zu erlernen. Dabei hat man verschiedene Möglichkeiten von Strenge bis Nachsicht. Du hast recht, direkt **negative** Dinge wird man vielleicht immer versuchen zu unterbinden. Sind sie nicht **zu** negativ oder nur für einen selbst, dann lässt man sie vielleicht gelegentlich zu – wenn sich die AP dann insgesamt geschmeidiger führen lässt. Diese Grenzen muss jeder Sucher für sich selbst erkunden und auch immer die Verführungs- und Suggestionskraft der AP im Hinterkopf behalten. Die AP kann ja (Thema „Verwechslung"!) behaupten, sie **sei** das HS. Wenn man nicht aufpasst, kann die AP sogar das HS davon überzeugen. Auch etwas, das wir erkunden und lernen müssen.

Über das Konkrete, wie die Modifikation der AP, vielleicht nächstes mal etwas mehr, wenn das Thema für Dich nicht durch die letzte Betrachtung schon ausreichend beleuchtet ist. Jetzt nur noch eine Frage in eigener Sache. Auf unserer Webseite ist das „Kreisgedanken"-Buch ja angesprochen. Recht trocken und kurz. Selbst in dieser Form fiel es mir schwer. Ich will diesen Gedanken nicht überstrapazieren und eigentlich sollte ich mich nach und nach auch davon freimachen – vielmehr ich werde es: Ich selbst bin von der Herkunft her Protestant und darüber hinaus auch noch (Wahl-)Hanseat. Die protestantische und hanseatische Art mag ich recht gern. Ich fühle mich damit auch im eigenen Tun wohl. Über sich selbst, sein eigenes Tun, das Erreichte, wird nicht gerne im Detail gesprochen. Meine Frage also: dürfte ich Deine erste Nachricht über unsere Webseite an mich benutzen, um

„werbend" damit mein Buch zu charakterisieren? Ich würde den Text natürlich von allen persönlichen Spuren befreien. Also vielleicht maximal „Herr J. - Österreich" oder so stehen lassen. Ich könnte Dir den konkreten Text vorher vorlegen... Du würdest mir damit helfen und der Verweis auf das Buch wäre nicht so trocken!

Für heute liebe Grüße,
Clemens

2.9.13

Hallo Clemens!

Vielen Dank für Deine Nachricht - das ist sehr, sehr aufschlussreich und stimmig!

Selbstverständlich kannst Du meine Nachricht auf Deiner Homepage verwenden, das ist doch nur ein bescheidener, geringer Ausgleich für die Erklärungen, die Du mir zukommen lässt. Ich habe sowieso immer noch den Eindruck, dass der Fluss von Dir zu mir sehr einseitig ist bzw. die Ströme besonders in qualitativer Hinsicht sehr ungleichmäßig sind. Was sollte ich Dir denn näherbringen oder beibringen?? Ich habe dabei das Gefühl, hier einen riesigen Schuldenberg aufzutürmen, der dann in irgendeiner Form abgebaut werden muss. Ein karmischer Ausgleich muss ja in gewisser Weise erfolgen, da nichts auf Dauer einseitig sein kann.

Eine Wissensweitergabe meinerseits scheitert eigentlich schon daran, dass ich in meinem Umfeld niemanden kenne,

der daran interessiert wäre. Die paar Leute hier und in der Umgebung, die sich mit spirituellen Dingen beschäftigen, kenne ich eigentlich im Wesentlichen schon. Vorsichtige Vorstöße meinerseits in Hinblick auf spirituelle Entwicklung, wie ich sie verstehe, haben eher für Verwunderung gesorgt. Mit Wahrheitsforschung kann hier niemand etwas anfangen…

Es bleiben dann, wenn man sich an die Bibel anlehnt, nur mehr zwei Bereiche, die spirituelles Betätigungsfeld als Dienst am Nächsten bieten: Heilung und Teufelsaustreibung.

Mit Ersterem habe ich bereits geringfügige Erfahrungen durch Paul Skorpen gemacht, das liegt mir aber nicht so und ist gefühlsmäßig nicht so meins. Das Entfernen wirklich bösartiger Elementale, die manche Menschen quälen, würde mich mehr interessieren, man findet darüber aber nur wenig Informationen und schon gar keine Ausbildungsmöglichkeiten. Auch Stylianos Atteshlis hat sich hier zumindest der Öffentlichkeit gegenüber mit Erklärungen sehr zurückgehalten. Die römisch katholischen Rituale, die ich mir einmal näher angesehen habe, sind in dieser Hinsicht für einen Wahrheitsforscher äußerst unbefriedigend, da unverständlich und auch nicht nachvollziehbar. Noch dazu kann man ohne Auftrag der Kirche hier überhaupt nicht wirken, was mir sehr missfällt, da ich mit der Institution Kirche nichts am Hut haben möchte.

Gibt es von Seiten der Wahrheitsforschung Studienmaterial zu dem Thema, wie man bösartige Elementale entfernen kann? Gibt es hier Beschränkungen bezüglich der eigenen Entwicklung, dass man sich an ein solches Gebiet heranwagen kann?

Ein Thema möchte ich heute noch kurz anschneiden, und das wäre die Kontemplation. Ich habe in dieser Hinsicht im Gegensatz zu Dir leider so gut wie keine Erfahrungen und empfinde das als großes Manko. Dein Hinweis auf die „Wolke des Nichtwissens" hat mich dazu veranlasst, mich mit diesem Werk näher zu beschäftigen, was auf eine gewisse Resonanz in mir gestoßen ist. In letzter Zeit ist mir nämlich aufgefallen, dass ich das Bedürfnis habe, mich einfach nur hinzusetzen, meine Gedanken so weit wie möglich zur Ruhe zu bringen und selbst ganz „weit" zu werden. Ich empfinde das als sehr angenehm und wohltuend. Da es mich also offenbar in diese Richtung zieht, ist das ein Signal für mich, mich damit näher auseinanderzusetzen und auch die Hintergründe dazu zu verstehen. Wie gehe ich das systematisch an, wie finde ich hier einen Einstieg?

Danke für Deine Unterstützung.
Liebe Grüße von Deinem Ösi

P.S.: Wer ist eigentlich Ludwig Kirchhofen?

6.9.13

Hallo Clemens!

Ich möchte mich heute ganz kurz bei Dir melden, da ich mich entschlossen habe, an einem Seminar von Panayiota Theotoki-Atteshli teilzunehmen, und ich Dir diese Information nicht vorenthalten möchte. Ich bin schon gespannt, wie sie als Mensch ist - ich werde Dir meine Eindrücke berichten. Das Seminar findet in R. statt, also in einer Distanz, die für mich mit vernünftigem Aufwand erreichbar ist. Ich hoffe, dort einige alte Bekannte wiederzutreffen, die ich bereits länger nicht gesehen habe. Ich weiß nicht warum, aber in der Gegend um F. gibt es erstaunlich viele Wahrheitsforscher. Leider habe ich das in den Jahren, in denen ich dort gewohnt habe, nicht gewusst, aber offenbar war die Zeit noch nicht reif dafür...

Das mit dem Rein- und Rausrutschen bezüglich des HS kann ich gut nachvollziehen, da es eigentlich der Grund war, warum ich mich bei Dir gemeldet habe und auch seinerzeit das Seminar bei Paul Skorpen besucht habe. Paul Skorpen, den ich sehr schätze, hat mir eigentlich vom Verstehen her nicht weiterhelfen können, da auf dem Seminar einfach keine Zeit dafür war. Angenehmer Nebeneffekt dabei war aber, dass ich erstmalig mit den Wahrheitsforschern in F. in Kontakt gekommen bin, diesen allerdings auch aufgrund der räumlichen Distanz nicht vertiefen konnte. Ja, der Kontakt zur spirituellen Gemeinschaft hat schon etwas Bedeutendes in sich, das ist nicht nur oberflächlich, sondern sehr tiefgehend. Diese Erkenntnis habe ich auch noch nicht so lange, ich war viele Jahre lang „Einzelkämpfer", eigentlich ein sehr einsamer Weg. Wenn man keine Möglichkeit hat, sich einem Anderen mitteilen zu können, empfindet man das als großen Mangel. Das ist sicher auch ein Grund, warum ich Dir (vielleicht etwas zu) häufig Nachrichten schicke. Ich vertraue hier auf Deinen Langmut und Dein Verständnis. Ich fühle mich sehr wohl dabei, dass Du die wichtigen Punkte aufgreifst und mir damit auch hilfst, das Wichtige von den „Nebengeräuschen" zu trennen.

Beim Raus- und Reinrutschen ins HS habe ich im letzten Jahr Fortschritte gemacht, jedoch geht die Entwicklung hier sehr zäh vor sich, ich kann allerdings durchaus eine Verbesserung erkennen. Ich denke, dass das für unseren Lernprozess sehr wichtig ist, hier gut unterscheiden zu können, wie Du ja auch ausgeführt hast. Wichtige Dinge brauchen einfach ihre Zeit, wobei ich mir immer noch nicht sicher bin, ob ich mich wirklich auf der Ebene des HS befinde. Wenn man Vergleiche überhaupt heranziehen kann, würde ich es rein von der Wahrnehmung her betrachtet, am ehesten damit vergleichen, wie ein Kleinkind seine Umgebung wahrnehmen könnte: ein kommentarloses (vom Verstand her) Betrachten, Fühlen, Riechen, Schmecken, Hören der unmittelbaren Umgebung. Neben dieser reinen Wahrnehmung der Umgebung über die Sinne kommen die Gedanken nicht automatisch, sondern werden bewusst gedacht, also irgendwie aktiv formuliert. Aufkommende Gefühle werden bloß registriert und betrachtet.

Warum ist das nur so schwierig zu beschreiben, ich krieg's in Worten immer nur sehr krückenhaft hin?! Empfindest Du das ähnlich oder bin ich hier meiner AP auf den Leim gegangen, die mir damit suggeriert, etwas Besonderes zu sein, und ich befinde mich eh nur auf der AP-Ebene, etwas mehr bewusst halt. Irgendwie glaube ich, mich hier im Kreis zu drehen.

Liebe Grüße
Jonas

9.9.13

Lieber Jonas,

ein Philosoph – Seneca oder war es Marc Aurel? – sagte einmal, Philosophie ist Sterben lernen. Ich selbst habe gesehen, dass die Schwelle schon niedriger angesetzt werden kann. Mein schriftliches Schweigen war dem lästigen Umstand geschuldet, dass ich mich in der vorletzten Woche trotz des herrlichen Wetters mit irgendeiner Schnupfenbazille angesteckt habe. Es lehrt Demut, tagelang mit tropfender Nase und

tränenden Augen herumzulaufen. Eine große Portion Philosophie kann nicht schaden. Glücklicherweise hatte ich die ersten drei Tage nur Halsschmerzen und schon nach zwei weiteren Tagen Tränen und Schniefen ging es mit mir bergauf. Bedauerlicherweise hatte da dann das Immunsystem meiner Frau kapituliert und sie kränkelt immer noch etwas vor sich hin. Kurz - ich fand keinen geeigneten Moment zum Schreiben.

Auch jetzt habe ich nur ein paar Augenblicke und wollte mich nur kurz zurückmelden. Ich schreibe Dir bald ausführlicher. In Deinen letzten zwei Mails hast Du wieder einige weitreichende Dinge angesprochen, die ich keinesfalls unter den Tisch fallen lassen kann. Heute nur zwei Dinge in aller möglichen Kürze.

Ich habe kein Problem damit, dass Du Panayiota Theotoki-Atteshli besuchst. Ich hätte sie, im Nachhinein gesehen, auch gerne häufiger getroffen. Dann wäre es vielleicht nicht zu unserer „Entzweiung" gekommen, denn ich glaube, dass man mit ihr am besten im direkten Kontakt fährt. Wie ich schon an anderer Stelle betonte, sie hat durchaus Qualitäten. Bin gespannt, welchen Eindruck Du Dir vor Ort verschaffen kannst.

Ludwig ist mein persönlicher „Meister". Neben Stylianos Atteshlis einer von den zwei Lehrern in meinem Leben. Er hat mich von einen Lungenleiden geheilt und über die Jahre mit der spirituellen Gemeinschaft vertraut gemacht. Spirituelle Gemeinschaft ist nicht mit „Der spirituellen Gemeinschaft" zu verwechseln. Erstere wirkt im Idealfall auf letztere hin! Doch dazu mehr in meinem nächsten Schreiben.

Dir einen guten Wochenanfang und beste Grüße aus dem nun regnerisch grauen Norden - herrliches Wetter für Frösche und Pilze,
Clemens

Lieber Jonas,

ich glaube, dass Du Dir bezüglich eines „Schuldenberges" keine Sorge machen musst. Erstens kann man das Ganze auch umgekehrt betrachten: **weil** Du in der Vergangenheit schon dies und das richtig und gut gemacht hast, erntest Du jetzt positives Karma. In dem Fall bin ich besonders gern der „Geber", da ich ja ebenfalls einst ernten werde. So meinte es meiner Meinung nach auch Ludwig, als er mir einmal sagte, dass „ein Lehrer sich immer wünscht, von seinem Schüler überholt zu werden". Im Idealfall hilft man sich so einfach wechselseitig weiter. Ansonsten stehen karmisch passende Personen bereit.

Zweitens glaube ich, dass man wahrhaft spirituelle Dinge ruhig als außerhalb der normalerweise gültigen Regeln stehend betrachten kann. Siehe hierzu die Betrachtung „Arbeiter im Weinberg" in „Kreisgedanken".

Auf unserer Homepage habe ich Dich nun doch ohne weitere Rückfrage eingebaut... Ich meine, es ist so ganz unnachvollziehbar. Danke für Dein OK.

Niemanden in seinem Umfeld zu haben, mit dem man seine Suche teilen und abgleichen kann, ist lästig. Auch irgendwie traurig. Gänzlich isoliert bist Du hingegen nicht. Einige Leute an weiter entfernten Orten hast Du ja auch und - unter uns gesagt - ich habe Dich als sozusagen „Externen" zu unserem kleinen Kreis hinzugenommen. Als Bruder in der Diaspora! Ich meine damit nur meine innere Haltung. Dir erwächst daraus nicht zwingend irgendetwas! Und selbstverständlich kannst Du das für Dich auch ablehnen... Aus meiner eigenen Sicht heraus ist das aber ein durchaus bedeutungsvoller und nicht leichthin vollzogener Schritt. Doch dazu mehr im Zusammenhang mit spiritueller Gemeinschaft.

Deine einzigen beiden Möglichkeiten vor Ort (Heilung und Teufelsaustreibung) halte ich beide für sehr zweischneidig und - wenn man die Dinge dem Gegenüber nicht wirklich klar machen kann - sogar für gefährlich für beide Seiten. Habe ich Dir schon unsere Betrachtung über Heilungsarbeit geschickt? Im Grunde ist es mit den Austreibungen ähnlich. Vielleicht nicht mehr bei vollendeten Meistern, aber da sind wir ja noch nicht. Vollendete Meister können möglicherweise deutlich erkennen, wo Heilung und Austreibung möglich sind, und wo nicht, da lassen sie einfach jeden Versuch. Doch auch Stylianos Atteshlis hat im Zweifelsfall wohl versucht zu heilen - und wenn die Leute gar nicht reagierten oder später wieder erkrankten, dann hat man ihm die Schuld zugeschoben oder ihn Scharlatan genannt. Schwierig also, wenn Du verstehst was ich meine. Und undankbar unter Umständen.

Im Zusammenhang mit dem Stylianos Atteshlis-System bin ich konkret ungeschult geblieben. Sporadische Aussagen lassen mich aber Parallelen zur Psychopraktik (Aspekt des Kirchhofen-Systems) erkennen. Was mich nicht wundert! Dort würden wir mit sogenannten „Prozeduralen Talismanen" arbeiten - worin ich geschult bin. Die Umsetzung verlangt aber nach einer Gruppe von Leuten oder nach einem sehr starken Individuum (stark im spirituellen Sinne). Die Beschränkungen bezüglich der eigenen Entwicklung, dass man sich an ein solches Gebiet heranwagen kann, liegen sicher im persönlichen Unvermögen begründet. Ein Blinder wird nicht malen können. Ein schlecht Sehender schlecht. Da das Spektrum aber hier wie überall unendlich groß ist, denke ich, dass man mit Demut und unter der ausgesprochenen Schutzsuche unter der absoluten, unendlichen Seinsheit Gott durchaus mit dem Malen beginnen kann, auch wenn man noch relativ schlecht sieht.

Du siehst, ich komme wieder in die Situation, mehrere

Anläufe zum Beantworten Deiner Mails zu brauchen. Auch heute werde ich nicht fertig und muss vertagen. Lass Dich dadurch nicht von möglichen Nachfragen abschrecken, aber warte auch ruhig meine folgende Mail ab. Ich hoffe, ich komme morgen zum Schreiben, obwohl ich schon einige Termine habe. Ein besonderer ist vielleicht erwähnenswert. Wir schauen uns mit einer Kerngruppe aus unserem Studienkreis morgen ein Vier-Parteien-Haus an, das wir vielleicht kaufen wollen, um dort gemeinsam zu wohnen. Das ist noch vage und wir sind erst seit etwa einem halben Jahr soweit, dass wir uns auf dem Markt umzuschauen begonnen haben und Finanzierungsmodelle durchsprechen oder -rechnen. Das Projekt ist auch auf Jahre voraus ausgelegt, aber wir halten es für richtig, schon einmal die entsprechende innere Haltung zu kultivieren. Also lassen wir uns morgen einmal überraschen. Manchmal geschehen Dinge ja schnell, wenn man sich einlässt...

Für heute alles Liebe für Dich und die Deinen
von Deinem Piefke

13.9.13

Hi Jonas!

Ja, Meditations- und Kontemplationspraxis sind wichtig. Und diese Praxis ist etwas, das man auch vornehmlich alleine macht. Du hast vielleicht in Deinem häuslichen Umfeld nicht die Möglichkeit. Oder was hindert Dich? Die „Wolke des Nichtwissens" ist neben dem nachgeschobenen Erklä-

rungsbuch des gleichen Autors eine echte Perle. Man kann die kirchlichen Aspekte ruhig heraus- oder überlesen. Oder sie aber auf eine ideale, nicht reale Kirche beziehen. Dann kommt man ganz gut zum Kern. Ein weiteres, weniger theoretisches Werk ist „Aufrichtige Erzählungen eines russischen Pilgers", bei dem es um das Herz-Jesu-Gebet geht. Auch hier kann man das Orthodoxe weglassen und speziell die Praxisform kennenlernen. Den Vipassana-Ansatz habe ich Dir schon empfohlen. Der Zen-Ansatz ist noch kürzer. Still und aufmerksam sitzen! Auch in der buddhistischen Praxis empfiehlt es sich, das Religiöse herauszulesen - also wegzulesen. Das Religiöse halte ich überall für überflüssig und bin geneigt, das wahrhaft Spirituelle, die freie Spiritualität herauszuschälen. In welche Richtung oder zu welcher Praxis fühlst Du Dich denn hingezogen? Welche Praxismöglichkeiten hast Du. Welche Zeiten? An was für einem Ort kannst Du praktizieren? Diese Dinge müsste ich wissen, um Dir einen Einstieg zu empfehlen.

Du sagst: „Danke für Deine Unterstützung." Ja, gern geschehen! Stylianos Atteshlis sagte auf Dank aller Art auch gerne: „Danke nicht mir, danke Gott!" Ich meine, er meinte damit in Klammern: „...wie auch ich es tue!" Die Freude der „Geber" ist, ein möglichst klarer, reiner Kanal für Gott zu sein, und die „Belohnung" liegt schon im Sein und Tun. Ich verweise da nochmals auf „Arbeiter im Weinberg" in „Kreisgedanken" (auch wenn ich damit langsam nerve...). :-)

Das Problem mit der Beschreibung von AP- und HS-Phänomenen sehe und habe ich auch. Ich teile auch einige Deiner Wahrnehmungen. Höchstens die Sache mit dem reinen Wahrnehmen halte ich im Detail für überprüfenswert. Oder in der Formulierung. Reines Wahrnehmen ohne Denken ist möglicherweise auch als Reduktion auf den animalischen Teil zu verstehen. Da müsste man dann prüfen, wo und ob

Emotionen im Spiel sind. Wichtig festzuhalten scheint mir hier der Punkt der (höheren) Bewusstheit während der Wahrnehmungen. Die erstaunliche geistige Klarheit. So erfährst Du es aber doch auch, nicht wahr?

Wir müssen uns auch klar darüber sein, dass neben der hierarchischen, vertikalen Vorstellung, dass das HS einfach eine höhere Ebene darstellt, auch eine horizontale Vorstellung möglich ist, bei der es eher um etwas wie Aggregatzustände geht. Das HS ist in diesem Bild dann eben auch IN der AP. Teilweise auch unklar vermischt. Und Teil unserer Aufgabe ist in diesem Bild vielleicht erst einmal eine klare Trennung, und dann eine gänzliche Verwandlung. Stelle Dir einen Eimer voll gefrorenem Wasser vor, oder einen Eimer Wasser der auch voller Eiswürfel ist, oder eben einen Eimer Wasser. Das Beispiel hinkt zwar etwas, aber es geht in die richtige Richtung. Es gibt aber ein Kriterium, das zwar auch nicht hundertprozentig sicher ist, aber auf unserem Entwicklungsstand ausreichend hilfreich. Wir schauen uns die Ergebnisse an! Was resultiert aus unseren Wahrnehmungen, wenn wir meinen, auf der HS-Ebene zu sein? Dient es der AP, der Schulung im Umgang mit der AP oder gar der absoluten Seinsheit und ihrer Verwirklichung? Zugegeben, auch da kann man sich als AP in die Tasche lügen, aber gut geübte Innenschau und Selbstanalyse schaffen nach und nach mehr Klarheit. Verwirrend auch, dass der Dienst am Höchsten auf HS-Ebene für die AP nicht zwingend unangenehm ist. Besonders, wenn sie schon einigermaßen trainiert ist.

Auf die Spirituelle Gemeinschaft gehe ich doch wieder erst in meiner nächsten Mail näher ein. Ich wünsche Dir ein schönes Wochenende!

Liebe Grüße,
Clemens

Hallo Clemens!

Ich bin jetzt wieder aus S. zurück und möchte Dir kurz einige Eindrücke vom Seminar mit Panayiota Theotoki-Atteshli schildern. Von den Inhalten her gesehen war das eine sehr komprimierte Darstellung wesentlicher Grundlagen der Wahrheitsforscherlehre mit Schwerpunkt auf die Unterscheidung Selbstgewahrsein - Selbstbewusstsein bzw. Logos und Hl. Geist. Da ich mich bereits seit einigen Jahren mit den Lehren beschäftigt habe, hatte ich eigentlich keine großen Schwierigkeiten, dem Vortrag zu folgen, obwohl die vielschichtige Differenzierung der Begriffe (z.B. Geist-Seele, Geist Seelen Selbst, Geist Seelen Ego Selbst etc. - Du kennst das ja :-)) einem rein verstandesmäßig schon einiges abverlangen. Richtig angesprochen hat mich jedoch nur ihr Vortrag über die Bewusstwerdung/Entwicklung des HS aus der AP heraus mittels der Innenschau, da ich hier ja auf persönliche Erfahrungen zurückgreifen konnte und damit ein tieferes Verstehen gegeben war. Ich bin jedenfalls zur Erkenntnis gekommen, dass die Lehren für mich persönlich erst durch echte Erfahrungen im **Nachhinein** wirklich verständlich werden. Vorher geben sie neben dem rein intellektuellen Verstehen bestenfalls die (Aus)Richtung vor oder avisieren die weiteren Schritte, die man machen kann. Man muss hier wie ein Haftelmacher aufpassen, sich nicht in intellektuellen Tiefen zu verlieren und dabei das Üben und die Weg-Arbeit aus den Augen zu verlieren. Diesen Fehler habe ich leider viel zu lange Zeit gemacht...

Die Teilnehmer waren bunt gemischt, jedoch fast alle einem Wahrheitsforscherkreis zugehörig. Man hat mich natürlich auch mit Fragen gelöchert, welchem Kreis ich denn angehöre,

wer mein Kreisleiter ist usw. Ich habe dabei schmerzlich feststellen müssen, dass ich nicht sagen konnte, dass ich Deinem Kreis zugehörig bin. Umso mehr hat mich gefreut, dass Du mich als Mitglied in der Diaspora betrachtest und mir diese Möglichkeit anbietest. Falls es so etwas wie Glück gibt, dann habe ich das in dem Augenblick empfunden, als ich Deine Zeilen gelesen habe. Es tut einfach unendlich gut, Anschluss zu finden und sich zugehörig fühlen zu dürfen. Wie ich mich im Kreis einbringen kann und auf welche Weise ich hier dienen kann, weiß ich zwar noch nicht, aber ich denke, das wird sich schon noch zeigen...

Wie weit Panayiota Theotoki-Atteshli spirituell entwickelt ist, kann ich nur schwer abschätzen, da sie in ihren Vorträgen eigentlich nur die Lehren von ihrem Vater 1:1 wiedergibt, über persönliche Erfahrungen aber so gut wie keine Angaben macht. Ich halte sie aber im Vergleich zu mir selbst für extrem fortgeschritten und empfinde sie auch in ihren alltäglichen Belangen als eine integere Persönlichkeit. Wirklich „warm" geworden bin ich mit ihr eigentlich nicht, ebenso wenig mit den meisten anderen Teilnehmern. Das liegt hauptsächlich daran, dass ich selbst sehr kopflastig bin und es jahrzehntelang gewohnt war, mich ausschließlich auf der intellektuellen Ebene zu bewegen. Du weißt ja, dass ich erst seit kurzem meine Gefühlsebene kultiviere, das braucht einfach Zeit. Die Teilnehmer waren zeitweise gefühlsmäßig stark präsent, das hat mich manchmal überfordert. Bei zu starken Gefühlsausdrücken komme ich nicht mehr mit, weiß nicht wie ich reagieren soll und komme mir dann hilflos vor.

Ja, ich würde sehr gerne Teil Deines Kreises sein, am Seminar habe ich direkt vor Augen geführt bekommen, wie stark so eine Gruppe sein kann und wie sehr man sich gegenseitig helfen kann. Das gibt eine Geborgenheit, die schwer in Worten auszudrücken ist... Ich hoffe, dass auch die anderen

Kreismitglieder damit einverstanden sind, die kennen mich ja eigentlich gar nicht! So viel Vertrauen Deinerseits...

Wie Österreicher generell so sind, weißt Du ja bereits, da Du einmal gesagt hast, dass bei Euch auch jemand aus meiner Gegend dabei ist. Von preußischer Korrektheit und Disziplin gibt es hier keine Spur, wir sind eher gemütlich und lieben den Kompromiss, manchmal auch als „Durchwursteln" bekannt. Provisorische Lösungen halten bei uns sehr lange, ohne dass das jemanden aufregt.

Kein Wunder, bei den Mengen an Wein, die in unserer Gegend produziert werden, da wird man automatisch „vergeistigt" :-)

Liebe Grüße von Deinem neuen Bruder, der sich sehr darauf freut, als ein neuer Zweig in euren edlen Baum eingefügt zu werden.

Jonas

17.9.13

Hallo Clemens!

Ich habe Dir einmal versprochen, meine Gedanken und Empfindungen zur Raute mitzuteilen, die in Deiner Ausarbeitung über das Bitri-Angel angesprochen wurde. Ich habe dabei ganz bewusst nicht neuerlich Deine Ausführungen dazu gelesen, sondern habe versucht, so unbefangen wie möglich über das Symbol an sich zu meditieren und alle dabei aufsteigenden Gedanken und Ideen in Stichworten festzuhalten. Bei

der Meditation auf HS Ebene haben sich mir recht spontan, also ohne großartig den Intellekt zu gebrauchen, Zusammenhänge auf den unterschiedlichsten Ebenen und Blickwinkeln aufgetan.

Nach Meditationsende habe ich mir meine „Ergebnisse" durchgelesen und mit Erschütterung festgestellt, dass das Geschriebene unzusammenhängend, unverständlich und teilweise sogar widersprüchlich war, obwohl mir während der Meditation alles so glasklar vorgekommen ist. Ich habe mich dann hingesetzt und die Dinge intellektuell überarbeitet, dass es für Dich als geneigten Leser irgendwie verständlich wird, den eher stichwortartigen Charakter habe ich allerdings beibehalten. Ich komme irgendwie mit der sprachlichen Darstellung von empfundenen Dingen nicht so gut klar.

Das Ergebnis ist also eine Mischung aus der Betrachtung von zwei Ebenen aus, wobei ich mir leider eingestehen muss, dass dabei keine echte Synthese entstanden ist. Das Ganze muss auf Dich recht konfus und verworren wirken. - Den Endzustand der Raute habe ich also noch nicht erreicht.

Obwohl mich das Ergebnis, das ich Dir unten trotzdem mitschicke, eigentlich nicht zufriedenstellt, hat mir der Weg dorthin dennoch Einiges aufgezeigt - eine interessante Erfahrung!

(Yin und Yang, Männliches (aufwärts gerichtetes, unten offenes Dreieck) und Weibliches (abwärts gerichtetes, Empfangendes - aufnehmendes Dreieck) im Einklang - Überwindung der Dualität, beides vereint, beides noch als Dreieck erkennbar (gut-„böse") aber nicht wirklich getrennt voneinander, bildet ein Ganzes.

Die Raute steht für eine vereinfachte Darstellung des Symbol des Lebens, es gibt keine horizontalen Schranken mehr, also keinen ersten, zweiten und dritten Tod mehr; es gibt auch keine Auftrennung mehr in den physischen, psychischen und noetischen Teil, alles ist integriert und dem göttlichen Dreieck nahtlos unterstellt. Die Figur setzt sich aus zwei offenen Dreiecken zusammen, jedes steht für sich als Symbol für das Göttliche, hier einerseits im Bereich, der für uns Menschen zugänglich ist (nach unten gerichtet), als auch für den Teil, der von uns derzeit noch nicht in seiner Fülle erfasst werden kann (aufwärts gerichtetes Dreieck). Es gibt in Wirklichkeit keine Trennung, sie wird von uns nur so empfunden. Wir haben vergessen, dass wir eins sind.

Wie oben so unten, die Spiegelung des Göttlichen auf der materiellen Ebene (nach unten gerichtet), es gibt keine horizontale Trennung, das Göttliche durchwirkt die tiefsten materiellen Ebenen; alles ist eins. Ohne die Trennung haben wir auch Zugang zu den höchsten Ebenen bis hin zur Theose; obwohl wir ein Ganzes sind, gibt es dennoch immer noch einen erkennbaren aufwärts- und abwärtsgerichteten Teil, wir werden auch nach der Vereinigung nicht ausgelöscht, unser Selbst (abwärtsgerichtetes Dreieck) ist auch nach der Theose noch in seiner Form- in seiner Essenz erkennbar. „Ich und mein Vater sind eins"

Die Alltagspersönlichkeit (unteres Dreieck) ist irgendwann ein perfektes Spiegelbild des höheren Selbstes (oberes Dreieck), das allerdings noch über der AP steht und diese überwacht.)

Bis zum nächsten Mal,
Jonas

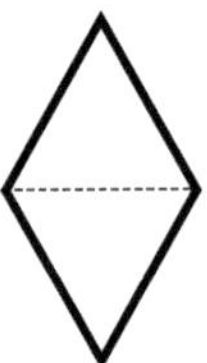

Lieber Jonas!

Schön, dass Du Dich über diese Entfernung zu uns gesellen magst. Willkommen! Interessant übrigens der Begriff „Entfernung". Manchmal ist es leichter sich nah zu sein, wenn man entfernt ist. Fern ist man sich manchmal, wenn man sich nah ist. Wenn man die Alltagssorgen und -nöte teilt. Manchmal kann es schwer sein, die zu lieben, die einem besonders nah sind. Darum heißt es auch: „Liebe Deinen Nächsten..." Ein indisches Waisenkind zu lieben, einen alkoholkranken Eskimo, ist leicht. Er ist ja entfernt. Nun, diese Überlegung will ich aber nicht auf uns bezogen wissen. Ich sehe eine gewisse - und nicht kleine - Geistesverwandtschaft zwischen uns. Dies hat mich bewogen, Dir die „Diaspora-Mitgliedschaft" anzubieten.

Womit wir bei der ESG (Einen Spirituellen Gemeinschaft) wären. Ich kopiere Dir als etwas unausgereiften Einstieg hier mal ein Stück eines bisher nicht abgeschlossenen Textes zur ESG. Das gibt schon mal einen Vorgeschmack:

„Die „Eine Spirituelle Gemeinschaft"

In den verborgenen Tiefen der Religionen reichen die Mystiker einander die Hände. (unbekannt)

Menschheit ist kein irdisches, sondern ein kosmisches Phänomen - der ganze Kosmos existiert auf den Menschen hin. Der Mensch über den Kosmos hinaus. (Ludwig Kirchhofen)

Menschsein ist mehr ein Ausdruck unserer Herkunft und unserer Aufgabe, als unseres äußeren Erscheinungsbildes und unseres Status in der grobstofflichen Welt. Menschheit existiert auf Myriaden Welten in vielleicht äußerlich sehr unterschiedlichen Formen. Wenn Gott „uns nach seinem Ebenbild geschaffen" hat, so wohl weniger in unserem äußeren

Erscheinungsbild, als in unserem inneren höchsten Selbst. Aber fragen wir uns einmal, wie denn „Menschsein" organisatorisch funktioniert und welche Konsequenzen die spirituelle Sichtweise im Detail hat. Wir müssen uns geistig öffnen und auf tiefes Nachdenken einstellen.

Die materialistische Position ist, dass wir als Menschen geboren werden, unterschiedlich lange und angenehm leben, und schließlich der Tod eintritt und alles vorbei ist. Die vorherrschende religiöse Auffassung ist, dass bis nach dem Tod alles genauso läuft, wie aus materialistischer Sicht. Danach kommen wir dann in den Himmel oder in die Hölle - oder für einen gewissen Zeitraum ins reinigende Fegefeuer, um dann in den Himmel eingelassen zu werden. Letzteres ist aber eine schon vergleichsweise komplexe Vorstellung. Die Theologie sieht das Ganze noch etwas differenzierter, aber auch im Detail unterschiedlich. Hier kommen noch Aspekte wie das jüngste Gericht und die Wiederauferstehung des Fleisches dazu...

Uns scheinen Vorstellungen, die die Menschen mit nur einer Chance zu ewiger Glückseligkeit oder ewiger Höllenpein verurteilen, zu einfach und auch zu grausam gedacht zu sein. Auch Vorstellungen, die dann im Gegensatz dazu annehmen, dass alle Seelen nach dem Tode belehrt und dann ins Paradies geführt werden, sind unserer Ansicht nach zumindest zu stark vereinfacht dargestellt. Wir bevorzugen das Reinkarnationsmodell - von dem es allerdings auch unterschiedliche Varianten gibt. Modelle, bei denen Inkarnationen als Würmer, Schweine oder Insekten, Höllenbewohner, Götter, Hungergeister und ähnliches für gutes oder schlechtes Verhalten von Menschen vorgesehen sind, erscheinen uns einerseits einem allzu bunten Volksglauben zu entspringen, und andererseits ein Droh- und Kontrollinstrument religiöser Hierarchien zu sein, die mit Reinkarnationsvorstellungen arbeiten.

Wir halten Entwicklung für einen kontinuierlichen Prozess, bei dem allenfalls unterschiedlich schnelle Weiterentwicklung möglich ist. Stagnation und Abstieg hingegen nicht. Die äußeren Lebensumstände können aber abhängig vom Verhalten unterschiedlich angenehm und vor allem förderlich sein. Sich gegen Entwicklung zu sträuben, bewirkt immer eine Verschärfung der karmischen Umstände. Demzufolge bewirkt der Eintritt in die aktive Entwicklung eine Verbesserung der karmischen Bedingungen.

Schon aus diesem Sachverhalt leiten wir die Existenz der „Einen Spirituellen Gemeinschaft" ab. Alles im geistigen Sinne gute Karma führt zu ihr hin. Sie ist das förderlichste denkbare Umfeld für Menschen, die die bewusste Entwicklung zu ihrem Lebensinhalt gemacht haben und demzufolge muss sie überall verfügbar sein. Nicht nur überall auf dieser Welt, sondern überall im Kosmos, wo es „Menschen" gibt. Dabei ist sie aber keinesfalls kulturell oder formal gleich, nicht global gesehen und noch weniger auf das ganze Universum bezogen. Inhaltlich allerdings schon - wenn wir hier auch besonders im kosmischen Kontext schon von Unterschieden in der Höhe der Verwirklichung ausgehen können. Das bedeutet, dass es Welten und vielleicht auch in früheren Zeiten Regionen mit unterschiedlichem Klassenniveau gibt und gab.

Fakt aber ist: Es gibt nur eine spirituelle Gemeinschaft - die „Eine Spirituelle Gemeinschaft". Ein althergebrachter Begriff ist der der „Weißen Bruderschaft". Dummerweise scheint in Zeiten, in denen man zugunsten vordergründiger politischer Korrektheit immer weniger zwischen Genus (grammatischem Geschlecht) und Sexus (biologischem Geschlecht) unterscheidet, „Bruderschaft" die Schwestern auszuschließen. Um hier die Verwirrung noch einerseits zu erhöhen und andererseits zu beenden, sei darauf hingewiesen, dass die „Eine Spirituelle Gemeinschaft" von Insidern durch eine Fülle anderer Begriffe benannt wird. Es sind Begriffe wie: Das Weiße Mandala, Pax deorum, Des Herzen Herz, Das friedfertige Königreich, Die beharrliche Pflanze, Das Auf-und-davon, Vera icon, Die Aula, Die verborgene Akademie, Der Torweg usw. Verständlich sind diese Begriffe nur für jene, die ohnehin schon wissen, wovon die Rede ist. Und genauso ist es ja letztlich mit dem scheinbar so verständlichen Begriff der „Einen Spirituellen Gemeinschaft".

Man kann einen entwickelten spirituellen Meister in ein beliebiges Land der Welt verfrachten und er wird dort immer Anschluss an diese Gemeinschaft finden. Er kann aufgrund seiner höher entwickelten Wahrnehmung Mitarbeiter und besonders Obere dieser Kreise erkennen, wie Lampen in einem dunklen Wald. In der Welt sind die Mitglieder dieser nicht organisatorischen, sondern ideellen geistigen Gemeinschaft einigermaßen gleichmäßig verteilt. Bruder Laterne sagte dazu, dass man entsprechend der 95%-Regel davon ausgehen könne, dass es weltweit etwa 875 000 hoch entwickelte spirituelle Meister gibt. Echte Lehrer, die selbst mit den üblichen Lerninhalten des Klassenraumes Erde nichts mehr zu tun haben. Das ist eine unglaublich hohe Zahl und ein für „normale Menschen" schwer vorstellbares Entwicklungsniveau und das, was hier weltweit als „Meister" und „spirituelle Lehrer" öffentlich auftritt, hat damit in der Regel wenig gemein. Sie sind Menschen, die bestenfalls das Klassenziel „Erde" schon erreicht haben, oder einigermaßen weit auf dem Wege dorthin fortgeschritten sind. Schlimmstenfalls sind es Scharlatane! Oft sind sie einfach hohe Vertreter einer institutionalisierten Religion.

Die 875 000 Hohen sind andererseits nicht nach unseren Maßstäben beschränkt darin, wo sie sich aufhalten. Sie könnten durchaus auch hohe Vertreter verschiedener Religionen sein, einfache Mönche, einfache Gläubige. Sie können aber auch

außerhalb davon stehen. Rechtsanwälte oder Bauern sein. Gemeinsam ist ihnen, dass sie nur selten öffentlich als Hohe in Erscheinung treten. Und auch, dass sie vor allem den auf dem Entwicklungsweg fortgeschritteneren Schülern lehrend und leitend zur Seite stehen. Immer aber bildet sich um sie eine Gruppe von Schülern, die mit ihm eine gewöhnlich verborgene unsichtbare Zelle der „Einen spirituellen Gemeinschaft" bildet. Sie unterstützen sich gegenseitig in allen notwendigen Belangen und stärken so nebenbei auch die karmischen Bindungen, die sie immer wieder zusammenführen.

Und um keine Missverständnisse entstehen zu lassen - es gibt keinen einfachen Weg in diese inneren Kreise. Man kann sich nichts erkaufen, erbetteln oder (spaßig übersteigert) erschlafen und erschmeicheln. Nur über tatsächliche, anhaltende, bewusst nach oben offene spirituelle Entwicklung können wir der „Einen Spirituellen Gemeinschaft" zunächst nahe kommen und schließlich in sie hineinwachsen.

Laut Ludwig müssen wir unterscheiden zwischen (mehr oder weniger) spirituellen Gruppen und der einen, allumfassenden Spirituellen Gemeinschaft, die KEINE Organisation ist, sondern die übergeordnete Heimat aller wirklich spirituell ausgerichteten Sucher und Wahrheitsforscher. Stylianos Atteshlis sprach davon in gradueller Annäherung als von inner, inmore und inmost Circles. Diese innersten Kreise waren lokale Gruppen der ESG (oder wie immer man sie nennt) und Stylianos Atteshlis wohl zugänglich. Wir sind ein Kreis, der sich klar für die Arbeit und Entwicklung auf die ESG zu entschieden hat. Übrigens hat mir auch Panayiota Theotoki-Atteshli vor etwa 17 Jahren erlaubt, vor Ort innerere Kreise einzurichten. Im Nachhinein glaube ich, dass ihr selbst die Tragweite meines Ansinnens nicht klar war.

Ich selbst sehe die heutigen Stylianos Atteshlis-Kreise als spirituelle Gruppen, denen eine klare Ausrichtung in dieser

Sache fehlt. Trotzdem sind die Kreise im einzelnen wohl durchaus zu schätzen. Es gibt sicher einige wertvolle Menschen in ihnen (freilich ohne die anderen damit als wertlos bezeichnen zu wollen), die wunderbare Beispiele gradueller Verwirklichung geben. Klar ausgerichtet könnten aber wahrscheinlich viele von ihnen deutlich weiter vorankommen. Trotzdem ist der Kontakt zu solchen Menschen erhebend, förderlich und durchaus empfehlenswert.

Über die Jahre habe ich drei bis vier Gruppen kennengelernt, die sich der ESG zurechnen und was ich dort sehen durfte, grenzt schon ans Phantastische. Ich selbst strebe nichts mehr an in dieser Welt, als mich entwicklungsmäßig und karmisch bereit zu machen, irgendwo in den Trennungswelten nah oder innerhalb einer solchen Gruppe leben zu können. Am liebsten aber gemeinsam mit den Menschen, die mir schon nah stehen. Dazu arbeiten wir auch an unseren karmischen Verbindungen und Verbindlichkeiten. Wir versuchen, uns einander anzunähern, wo es geht und wie es eben geht.

In diesen Sog auf die ESG hin versuche ich Dich ein wenig hineinzuziehen, wenn ich Dir diesen Externen-Status anbiete. Ich bin überzeugt, dass die Annäherung an die ESG das Höchste ist, was wir gegenwärtig hier tun können. Die größte Garantie für persönliches Wohlsein und das unserer Lieben! Und ein definitives Ende des „Einzelkämpfertums"!

Okay, da habe ich Dir ja ganz schön mit der ESG in den Ohren gelegen. Machen wir für heute Schluss.

Danke noch für die schöne Zusammenstellung Deiner Eindrücke bei einer Meditation über das Bitri-Angel. Ich sehe, dass Du sehr tief geschürft hast. Mögliche logische Widersprüche - die mir im Übrigen so gar nicht aufgefallen sind - sind meines Erachtens keine, sondern nur Schau aus verschiedenen Richtungen.

Deine Nachrichten sind mir nicht zu häufig! Im Gegenteil finde ich es bedauerlich, dass sich so wenig von meiner Seite in Worte fassen lässt und ich hoffe, dass Du wirklich das eine oder andere aus meinen Schreiben ziehen kannst.

Beste Grüße,
Clemens
(Ich schicke Dir ein Bild von meiner „Kammer" - um mal etwas Persönliches zu zeigen...)

19.9.13

Hi Mitch!

Ich habe mich mit Deinen Gedanken zur ESG intensiv auseinandergesetzt und denke, dass ich es im Wesentlichen erfasst habe, was Du meinst. Mit der Auftrennung in die spirituelle Gemeinschaft, wie ich sie von den Wahrheitsforscherkreisen her flüchtig kennengelernt habe, und der ESG, wie Du sie betrachtest, habe ich jedoch so meine Probleme.

Letztendlich sind ja beide grundsätzlich auf das eine Ziel hin ausgerichtet, nämlich zur Quelle zurückzukehren. Da gibt es natürlich Unterschiede hinsichtlich des Grades der Ausrichtung, der bei der ESG sicherlich sehr direkt gegeben ist. Aber ist diese Ausrichtung, wenn auch nicht so klar und zielgerichtet, nicht auch in den meisten spirituellen Gemeinschaften geben? Ich denke hier z.B. an die Wahrheitsforscher, die ja das Ziel der Theose eigentlich deutlich formulieren. Ich empfinde

hier die Übergänge fließend und die Einteilung in zwei Kategorien, die ja eine Abgrenzung beinhaltet, so nicht gegeben. In welchem Bereich liegt nun der Unterschied, der zu Deiner Einteilung führt? Ganz erschließt sich mir das noch nicht.

Sicherlich werden sich innerhalb von ESG Gruppierungen, wie Du ja ausgeführt hast, weit entwickelte Menschen befinden, die ein sehr förderliches Umfeld für die eigene Entwicklung darstellen. Wenn der Grad der spirituellen Reife der Maßstab für die Unterscheidung ist, welche Kriterien sind dann ausschlaggebend, dass man sich der ESG zugehörig fühlen kann bzw. ein Teil derselben zu sein? Vielleicht wird das nur dann verständlich, wenn man tatsächlich Kontakt zu einer ESG Gemeinschaft hat und die Unterschiede deutlich sieht. Ohne entsprechende persönliche Erfahrungen erschließt sich mir diese Unterscheidung nicht.

Sehr wohl empfinde ich den „Sog", in dem ich mich befinde, seitdem ich mit Dir in Kontakt bin. Dieses Aufgehobensein, diese Geborgenheit, dieses Behütetsein, diese Heiterkeit und diese Sicherheit. Wenn ich meinen Gesamtzustand vor unserem Kontakt mit meinem derzeitigen vergleiche, dann kann ich nur in tiefer Demut vor Gottes Gnade danke sagen. Ja, meine spirituelle Entwicklung ist für mich zum Lebensinhalt geworden. Nichtsdestotrotz werde ich mich aus meinem alltäglichen Leben nicht zurückziehen, da man hier ungemein wachsen kann. Adaptierungen sind allerdings sicherlich notwendig. Ich verfüge z.B. in unserem Haus über keinen eigenen Raum, der mir eine ruhige Meditation ermöglichen würde. Das ist sicherlich ein Mangel, den ich leider nicht so einfach beheben kann. Da vor Ort keine spirituelle Gemeinschaft und damit verbundene Räumlichkeiten vorhanden sind, weiche ich, um meditieren zu können, auf Kirchen aus oder hänge diese im Büro nach getaner Arbeit einfach an, da meine Kollegen meistens schon früher nach Hause gehen.

Die Arbeitsstätte zum Meditieren hat natürlich, wie Du Dir denken kannst, einige Nachteile.

Clemens, mir sind in letzter Zeit zwei Dinge besonders aufgefallen, die ich Dir mitteilen möchte und Dich dazu um Deine Einschätzung bitten würde:

Das erste ist, dass ich bei verschiedenen Gelegenheiten das Zeitgefühl verliere. Bei einem Vortrag von Panayiota Theotoki-Atteshli, der ca. eine dreiviertel Stunde gedauert hat, hatte ich nach Vortragsende den subjektiven Eindruck, dass seit Vortragsbeginn maximal zwei Minuten vergangen sind. Mein Verstand hat natürlich sofort aufgeschrien, dass das nicht sein kann, da die Fülle an Informationen nicht in zwei Minuten transportierbar ist. Trotzdem habe ich diese Zeitspanne nur als ca. 2 Minuten empfunden, was für mich etwas verwirrend war.

Es wird noch etwas grotesker: Nach Fertigstellung des ersten Absatzes dieser Nachricht geht meine Uhr um ca. 1/2 Stunde vor, es ist eigentlich noch gar nicht so spät, wie sie mir anzeigt. Ich kenne das eigentlich nur so, dass die Batterie irgendwann nach längerem Gebrauch nachlässt und die Uhr dann nachgeht. An der halben Stunde Zeitdifferenz hat sich in der letzten Stunde nichts geändert, die Differenz bleibt konstant, meine Uhr scheint jetzt wieder normal zu funktionieren. Das kann natürlich auch eine rein technische Ursache haben, die sich mir jedoch nicht erschließt. Meine Schwierigkeiten mit dem subjektiven Zeitempfinden bleiben jedoch bestehen - kennst Du sowas?

Das Zweite, worüber ich Dich um Rat bitten möchte, hat möglicherweise mit der Praxis der spinalen Psychopraktik zu tun. Seit ich diese täglich praktiziere, hatte ich bereits mehrfach Hautreizungen im Bereich der Wirbelsäule bekommen. Die Haut fühlt sich wie nach einem Sonnenbrand an. Ich habe das nach dem ersten Auftreten näher beobachtet und dabei festgestellt, dass dies immer nach körperlicher oder sportlicher Betätigung auftritt. Meine Haut brennt danach wie Feuer, jedoch nur im Bereich der Wirbelsäule. Ich kann mich nicht erinnern, dass ich solche Dinge schon früher einmal hatte. Möglicherweise hat das mit der Praxis gar nichts zu tun, ich möchte hier nur nachfragen, ob Dir so etwas schon einmal untergekommen ist.

Alles Liebe an Dich und auch die anderen Kreismitglieder,
Jonas

23.9.13

Hallo Clemens!

Ich habe mich über's Wochenende mit der ESG beschäftigt, da mich das Thema nicht loslässt und ich erahne, was sich hinter dem Begriff verbirgt. Weißt Du, ich verlasse mich hier auf mein Gespür und meine Empfindungen, wenn ich mich mit einer Sache beschäftige, das hat mir eigentlich noch immer gutgetan. Der Themenkreis ESG bewirkt in mir eine Aufregung und eine Spannung im positiven Sinne, wie ich es schon lange nicht mehr gehabt habe...

Ich habe in Deinem Buch nachgelesen und bin im Kapitel über die drei Schätze fündig geworden. Die Zufluchtsformeln haben dermaßen stark auf mich gewirkt, dass ich das in Worten fast nicht beschreiben kann. Das sind wahrhaft mächtige Elementale, in die ich mich habe hineinfallen lassen, die Resonanz in mir war fast umwerfend. Das Glücksgefühl hat

mehrere Stunden angedauert, das fühlt sich an, als ob man nach Hause kommt!

Nach diesem Erlebnis bin ich natürlich begierig darauf, mehr über die ESG zu erfahren. Deine Begeisterung in dieser Hinsicht ist ja auch in vielen Sätzen Deiner letzten Nachricht deutlich zu spüren gewesen.

Wie ist das eigentlich, kommt die ESG bei Erreichen eines gewissen Entwicklungsgrades auf uns zu oder müssen wir hier aktiv werden und versuchen, Kontakt zu bekommen?

Nehmen die entwickelten Meister unser kleines Licht eigentlich auch wahr und beobachten unsere Entwicklung? Wenn ich Deinen Lebensweg, nämlich die Heilung Deiner Krankheit, betrachte, wäre die Antwort eigentlich ja, denn ich gehe davon aus, dass Du aktiv angesprochen wurdest.

Sofern ich Deine Ausführungen richtig verstanden habe, ist die ESG überall verfügbar. Das bedeutet, dass sich in meinem Umfeld eigentlich auch ein entwickelter Meister aufhalten könnte, der unter Umständen sogar mein Nachbar, mein Automechaniker oder meine Putzfrau sein könnte (das habe ich jetzt nicht wertend gemeint, ich schätze jede Art von Arbeit sehr). Wie erkennt man die Hohen eigentlich? Ich kann mir vorstellen, dass die meisten von ihnen sowieso unerkannt bleiben wollen. Wenn die Meister durch Raum und Zeit nicht eingeschränkt sind, greift der Gedanke an den Wohnsitz ohnehin viel zu kurz. Haben sie eigentlich alle einen Schülerkreis oder trifft das nur bei einzelnen zu?

Du hast meinen Blick zur goldenen Türe hin gerichtet, jetzt würde ich gerne zuerst zu dieser Türe hingelangen und dann wenn möglich durchgehen.

Viele Fragen und Spekulationen von Deinem etwas verwirrten Schüler
Jonas

23.9.13

Lieber Jonas,

entschuldige, ich bin die letzten Tage in einige briefliche (E-Mail) Kommunikationen reingerutscht und da habe ich Dich etwas vernachlässigt. In Deiner letzten Mail habe ich bemerkt, dass Du den Gedanken an die ESG größtenteils richtig verstanden hast - mit einigen kleinen Haken. Nun sehe ich, dass Du noch einen Schritt weiter gegangen bist. Ich werde Dir schnellstmöglich mehr schreiben - was ich auch schon nach Deiner letzten Mail dringend wollte...

Liebe Grüße erstmal,
Clemens

23.9.13

Lieber Jonas,

Dein Bericht über die zeitlichen Verzerrungen erstaunt mich. Ich kann sie mir eigentlich nur auf zwei mögliche Arten erklären. Entweder bist Du in einen Zustand hineingerutscht, den man als eine Art Meditationsvertiefung betrachten könnte („Kreisgedanken" S. 179), oder Du hast ein intensives Flow-Erlebnis gehabt. Dabei hört die Trennung zwischen Tun, Tuendem und Getanem auf und die von Dir beschriebenen Effekte können sich einstellen. Das habe ich selbst auch schon häufiger erlebt - wenn auch nicht in solch einer Intensität.

Als Meditationvertiefung kenne ich es so nicht, allerdings ist das vielleicht mehr ein Resultat der Blickrichtung. Ich habe in Zuständen der Meditationsvertiefung einfach nicht auf den Zeitfaktor geachtet. Er wird ja auch in der klassischen Aufzählung auf Seite 179 nicht erwähnt. Was aber nichts ausschließt! Ich habe den Eindruck, dass Du in bestimmten Richtungen eine starke Sensitivität hast, die ich in der Art nicht teile und bin gespannt, was ich weiter darüber von Dir höre. Die Zeitverzerrung ist doch aber für Dich nicht bedrohlich, oder?

Deine Hautreizungen finde ich im Zusammenhang mit der SP auch erstaunlich. Ein einfaches Vorgehen wäre vielleicht, die SP zeitweise einzustellen und die Auswirkung zu beobachten. Damit wäre die Übung als **Auslöser** allerdings nicht entlastet. Möglicherweise ergeben sich diese Körpersymptome ebenfalls aus Deiner spezifischen Sensibilität. Das müssen wir ggf. weiter untersuchen. Ob sich lokale Blockaden gegen die Bearbeitung „wehren" und dabei so wirken? Ich werde mich da auch nochmal bei Freunden erkundigen. Unabhängig von dem Vorangehenden ist ein Besuch bei einem Arzt sicher nicht verkehrt. Vielleicht gibt es ja gar keinen engen Zusammenhang mit der SP und ein Arztbesuch bringt schnell und unspektakulär Linderung.

Und nun zur ESG. Übrigens sind wir keine Abkürzungsfetischisten. Ich mache es mir vor allem in unseren Mails etwas leichter. AP, HS, SP oder ESG. Übertreiben will ich es aber möglichst nicht mit weiteren Kürzeln...

Du hast ganz Recht, eine Trennung zwischen Wahrheitsforscherkreisen und der ESG ist in gewisser Weise künstlich. Wir sind hier in Bremen ja auch von der Herkunft her ein Wahrheitsforscherkreis und sehen uns als auf die ESG hin ausgerichtet. Unterschiede gibt es wohl nur im klaren Ausrichten und in der graduellen Umsetzung. Wichtig scheint mir aber, dass es zwischen Bekenntnis und Ausrichtung einen Unterschied gibt. Speziell, wenn man sich zu ultrafernen Zielen wie der Theose bekennt - welche Auswirkungen hat das für die Alltagspersönlichkeit? Dabei gibt es **vor** der Theose auch noch ein paar Kleinigkeiten umzusetzen. Kindergartenkinder mögen sich zur Habilitation bekennen, aber vorbereiten sollten sie sich auf die Einschulung. Du weißt, was ich meine. Ein vollwertiges Mitglied der ESG zu werden, ist Arbeit genug. Wir müssen uns nicht nur bekennen, sondern uns auch konkret fragen, was das bedeutet, und das auch umsetzen. Und danach müssen wir uns erneut fragen und das wieder umsetzen. Und so weiter. Tun wir das nicht, können wir uns ganz schnell festfahren. Wir finden etwas und hören auf zu suchen. Das ist Stagnation.

Recht hast Du auch, wenn Du sagst: „Nichtsdestotrotz werde ich mich aus meinem alltäglichen Leben nicht zurückziehen, da man hier ungemein wachsen kann." Wir sollen uns ja auch keinesfalls zurückziehen, sondern gerade **im** alltäglichen Leben unsere Spiritualität entfalten. Ludwig sagte einmal ganz am Anfang unserer Bekanntschaft: „Ich erlaube Dir zu uns zu kommen, aber das wäre ein Scheitern!" Die Vorstellung, es irgendwo sonst besser umsetzen zu können, ist falsch. Wir nehmen uns selbst überall hin mit. Keine Chance uns zu entkommen. Gerade in unserem nächsten Umfeld entfaltet sich unsere karmische Aufgabe und der Ansporn für unser Wachstum. Aber wie Du auch sagst, Adaptierungen sind notwendig (und in der Regel möglich). Deine Lage bezüglich der Möglichkeiten für die spirituelle Praxis ist schwierig, wie es scheint, aber ich verstehe immer noch nicht ganz. Ist Deine Frau gänzlich gegen Deine Bemühungen? Du solltest doch andernfalls einen Rückzugsort in Eurem Haus finden und einrichten können. Kirchen sind ja recht akzeptable Orte für Meditationen. Aber nicht so leicht erreichbar, wie das eigene Schlafzimmer oder so. Bei der Arbeit zu üben, ist vielleicht nicht sooo verkehrt. Immerhin bewirkst Du dort vor Ort auch etwas in der – nun, nennen wir es „Atmosphäre". Das kann durchaus auch gut für andere sein!

Soviel für heute. Mehr zum Thema dann wohl morgen. Ich freue mich, dass es Dir gut geht!

Liebe Grüße,

Clemens (oder Mitch, wie es beliebt! Viele Freunde nennen mich Mitch, einige bleiben aber auch bewusst bei Clemens – zur Genese des Spitznamens vielleicht gelegentlich ein paar Worte...)

24.9.13

Lieber Jonas,

die Zufluchtsformeln schätzt Du ganz richtig ein. Machtvolle Elementale! Großartige weiße Magie! Ein unüberhörbarer Ruf an die Eine Spirituelle Gemeinschaft! Und ich bin wirklich immer noch begeistert davon, um die ESG zu wissen. Ich habe zwar schon vor etlichen Jahren davon gehört, aber es hat sich mir erst nach und nach in der ganzen Tragweite erschlossen. Die Lehre von der bzw. das Wissen um die ESG ist übrigens in dieser Klarheit etwas gänzlich Einzigartiges. Nach Ludwig ist es erst jetzt so weit, diese Informationen in ganzer Klarheit auch nach ganz außen zu tragen.

Da die ESG praktisch überall ist, zieht sie auch überall die spirituell Strebenden zu sich heran. Noch – also solange das Wissen um die ESG noch nicht allgemein verbreitet ist – ist

ein gutes Kriterium, nach dem man Ausschau halten kann, ob andere Schüler und Lehrer des Weges sich zur ESG bekennen. Theoretisch ist die ESG auch in verschiedenen spirituellen und auch religiösen Organisationen vertreten. So auch in anderen Stylianos Atteshlis-Kreisen.

Die Sehnsucht nach der ESG ist allerdings weit verbreitet. Sie ist die Grundlage vieler Sekten und Gruppen - die aber oft in erschreckendem Maße alles pervertieren, wofür die ESG steht!

Du fragst: „Kommt die ESG bei Erreichen eines gewissen Entwicklungsgrades auf uns zu oder müssen wir hier aktiv werden und versuchen, Kontakt zu bekommen?" Sowohl als auch. Und das eine ist das andere. Durch die sog. „Geschicktheit der Mittel" kommt die ESG die ganze Zeit auf Dich zu. Du wirst sie nur nicht unbedingt erkennen. Du kennst den Satz: „Wenn der Schüler bereit ist, ist der Meister schon da!" Die ESG ist der eigentliche Kern aller geoffenbarten Spiritualität. Selbst auf niedrigen Stufen der Entwicklung werden wir durch die ESG geschult. Die einfache, natürliche, praktisch durch den Karmaprozess vorbestimmte Annäherung an die ESG kann von unserer Seite dadurch deutlich beschleunigt werden, dass wir aktiv unsere Entwicklung angehen, uns klar ausrichten und eben auch zum Beispiel die Zufluchtsformeln verwenden. Darin liegt unsere Möglichkeit aktiv zu versuchen, Kontakt zu bekommen.

Bezüglich der Aufmerksamkeit der Meister verweise ich auf das Kapitel „Missverständnisse über spirituelle Meister" aus den Kreisgedanken. Natürlich sind wir im weitschweifenden Überblick des Meisters abgebildet, aber gewöhnlich herrscht wohl eine klare hierarchische Arbeitsteilung vor. Es kommt aber manchmal auch dazu, dass Hohe exponiert werden. Das wurde ja auch von Stylianos Atteshlis behauptet. Er hat sich demzufolge nicht gerne der Öffentlichkeit ausgesetzt.

Ludwig hingegen ist deutlich ein verborgener Meister.

Dass er auf mich zu gekommen ist, liegt wohl in meiner persönlichen Geschichte begründet, die, soweit sie sich mir erschließt oder wie ich den Andeutungen von Ludwig entnehmen konnte, eher kein Ruhmesblatt darstellt. Es besteht demzufolge eine engere karmische Verbindung zwischen ihm und mir, die aus einer vergangenen größeren Nähe zur ESG meinerseits resultiert. Verwicklungen und Verstrickungen in Vorinkarnationen haben mich zwar nicht entwicklungsmäßig fallen lassen (das gibt es nicht!), aber haben eine größere Distanz meinerseits zur ESG im Äußeren nach sich gezogen. Daher die persönliche Anteilnahme eines Hohen an meinem Schicksal. (Wenn man nicht davon ausgehen will - und viele APs würden das natürlich zu gerne - dass ich selbst schon einen so hohen Stand habe, dass Ludwig mein natürlicher Lehrer ist. Ich mache mir diese Art von Gedanken jedoch nicht, wie Du Dir denken kannst. Ich bin einfach froh und dankbar.)

Wir können die Hohen aus eigenem Wollen heraus eigentlich nicht erkennen. Sie uns schon! Ich stelle mir die geistige Hierarchie immer wie verschieden hohe Tische vor, auf deren Oberflächen diverse Dinge liegen. Die höheren Tische können natürlich von ihrer Oberfläche aus leicht nach unten schauen und genau sehen, was die kleineren Tische auf ihren Oberflächen liegen haben. Nach oben gesehen funktioniert das logischerweise nicht. Wir sehen nur, was die hohen Tische ganz am Rand abstellen - uns also sehen lassen wollen. Damit können sie sich sowohl offenbaren, als auch tarnen. Das liegt in ihrem Ermessen und kann von uns nicht erzwungen werden.

Schüler- und Lehrertum ist meines Wissens in den spirituellen Hierarchien selbstverständlich. Nicht lehren bedeutet karmisch gesehen nicht gelehrt werden. Schüler sein bedeutet Schüler haben. Allerdings sind diese beiden Stufen nicht klar getrennt. In der organisierten, ausgerichteten Schülerschaft sind wir oft auch einander Lehrer und Schüler zugleich.

Ich glaube, dass Du schon recht gut unterwegs bist. Schreite voran, ohne gehetzt zu sein, ohne hektisch Ausschau zu halten, ruhig, in der Gewissheit, dass alles schon recht nahe ist. Das Königreich der Himmel ist nahe gerückt! Einerseits ist es **in** Dir, im nahen Äußeren andererseits ist es die ESG. Erstaunlich, dass diese Erkenntnis sich nicht schon lange durchgesetzt hat oder zumindest weiter verbreitet ist. Eine Form von Betriebsblindheit vermute ich.

Liebe Grüße,
Clemens

26.9.13

Lieber Clemens!

Also Deine letzten beiden Nachrichten haben's wirklich in sich - danke für Deine aufschlussreichen, offenen und aufmunternden Worte. An meiner Ungeduld und meinem unbändigen Drang, vorwärts zu kommen, muss ich noch arbeiten. Andererseits helfen sie mir, richtig kanalisiert, meinen täglichen Übungen sehr leicht nachkommen zu können.

Vielleicht sollte ich die Dinge wirklich etwas entspannter betrachten und angehen.

Clemens, Du hast in Deiner letzten Nachricht zwei neue Begriffe verwendet, nämlich Sensibilität und Sensitivität. Da gibt's noch etwas, was ich dazu ergänzen möchte, da Du **in**

dieser Hinsicht nachgefragt bzw. Interesse bekundet hast. Ich bin mir grundsätzlich etwas unsicher, Dir diese Dinge weiterzugeben, da einerseits immer die Gefahr besteht, hier dem Egoismus auf den Leim zu gehen und Dingen zu viel Bedeutung zu geben, die eigentlich bedeutungslos sind, nur weil sich die AP als etwas Besonderes fühlen will oder von Dir entsprechende Aufmerksamkeit haben will. Wie bei dem Phänomen mit meiner Uhr (die übrigens seit dem Erlebnis einwandfrei funktioniert) gibt es hier eine Fülle von natürlichen Erklärungsmöglichkeiten, die mit meiner spirituellen Praxis überhaupt nichts zu tun haben. Andererseits weiß ich aufgrund meines derzeitigen Standes nicht, welche Dinge von Bedeutung sein können, sodass ich mich hier trotzdem mitteilen möchte:

Ich hatte in den letzten drei Jahren des Öfteren das Problem, dass ich Schmerzen von mir nahestehenden Personen am eigenen Leib erfahren habe. Ein Beispiel: Eine Person hat eine Mittelohrentzündung und ich habe ebenfalls Schmerzen in meinem Ohr. Gott sei Dank nicht in der Intensität, wie beim direkt Betroffenen, aber so stark, dass sie auch ganz schön unangenehm sind. Bei den ersten Malen habe ich mich darüber geärgert, da ich einerseits dadurch beeinträchtigt war und andererseits der direkt Betroffene offensichtlich keine Linderung dadurch erfahren hat, zumindest hatte ich nicht den Eindruck. Das Ganze war für mich also lästig und sinnlos. Ich habe mich zigmal gefragt, warum das bei mir auftritt, habe aber nie eine plausible Antwort gefunden. Einige Male konnte ich die Schmerzen an mir feststellen und habe erst im Nachhinein erfahren, wer davon eigentlich direkt betroffen war. Es handelte sich dabei jedoch immer um mit mir verwandte Personen. Das Ganze ist für mich aber insofern kein Problem mehr, da es seit mehreren Monaten nicht mehr erkennbar auftritt.

Du schreibst, dass Entwicklungsrückschritte und auch Stagnation nicht möglich sind. Aus einer höheren Perspektive heraus gesehen gebe ich Dir hier durchaus recht. Wenn ich meine eigene Entwicklung sehe, komme ich bei Betrachtung von kürzeren Zeiträumen und spezifischen Fähigkeiten/Fertigkeiten jedoch zu einem anderen Ergebnis. Da ist aus einer kurzfristigen Perspektive heraus auch ein - womöglich nur scheinbarer - Rückschritt möglich. Als Beleg möchte ich dazu noch ein Zitat aus Deinem Buch anführen, wo Du in Bezug auf den Prozess der Durchdringung der AP durch das HS schreibst, dass sich in manchen Fällen die Meister schweißgebadet auf ihren Lagern wälzen (ich kann's leider momentan nicht genau zitieren). Wenn kein Rückschritt und auch keine Stagnation möglich ist, warum machen die sich dann offensichtlich Sorgen, dass Schüler auf die AP Ebene zurückfallen könnten? Ich hatte in den letzten Jahren auch Phasen, wo ich mich monatelang spirituell überhaupt nicht betätigt habe und voll in der Materie aufgegangen bin. Ich bin heute der Ansicht, dass ich diese Zeit wesentlich besser hätte nutzen können. Dass ich mich dabei überhaupt nicht weiterentwickelt habe, kann ich aber auch nicht sagen, insofern stimme ich Deiner These auch hier zu. Ganz wohl fühle ich mich aber damit noch nicht.

Eine weitere Frage, die sich bei mir ergeben hat, betrifft die 95 %-Regel. Wie seid ihr hier gerade auf diese Zahl gekommen? Gibt es eine konkrete Basis oder entsprechende Phänomene, woraus man das ableiten kann? Oder ist das nur als Bereich aufzufassen. Wenn man die karmischen Reaktionen im positiven und gegengleich im nicht-positiven Bereich mit der 95 %-Regel verknüpft, würde sich das mit meinen persönlichen Erfahrungen im Großen und Ganzen decken. Dazu möchte ich noch anmerken, dass ich die Erfahrung gemacht habe, dass mit zunehmender Entwicklung die karmischen

Antworten immer unmittelbarer kommen, oft kommen sie sogar sofort. Das ist manchmal auch sehr unangenehm, wenn eigene Fehler sofort sichtbar werden, bewirkt aber meines Erachtens eine nicht zu unterschätzende Beschleunigung der eigenen Entwicklung.

Ich weiß, das sind wieder viele Fragen auf einmal.

Ich bitte Dich um Deine Rückantwort.

Alles Liebe
Jonas

Moin Jonas!

Die kurze Geschichte von dem Meister, der ein Glas mit Pflaumen etc. füllt und am Ende noch zwei Fläschchen Sake hinzufügt meint meiner Ansicht nach genau dies: Alles - von den Pflaumen bis zum Sand - lässt Platz für etwas Sake. Und der Sake steht für Entspannung und Spaß. Nicht dafür, dass man immer angeschickert oder gar trunken durchs Leben gehen soll. Wir sollen alles entspannt betrachten und angehen. Stylianos Atteshlis sagte dazu ja, dass dem Eiligen (zwanghaft erreichen Wollenden) scharfe Werkzeuge in den Weg gestellt seien. Demzufolge ist unentspanntes Streben nicht nur kontraproduktiv sondern sogar gefährlich.

Die Geschichte mit den Parallel-Schmerzen passt für mich ins Bild. Wenn man schon sensibel und sensitiv ist, dann ist Mit-Leiden programmiert! Und im Sinne von „Einer trage des anderen Kreuz" sicher auch sinnvoll. Über die Größe des Beitrages Aufschluss zu erhalten ist allerdings schwierig. Ich bin auch nicht sicher, ob man dieses „Können" grundsätzlich kultivieren muss. Versuche einfach im Einzelfall bei sehr nahestehenden Menschen aktiv einen Teil oder alles auf Dich zu nehmen und damit zu experimentieren. Das kommt ja in der Regel und hoffentlich nicht **zu** häufig vor. Wenn die Herkunft eines Mit-Leides unklar ist, sieht es ja ohnehin wie ein eigenes Leid aus, bis man die Gemeinsamkeit entdeckt. Ich glaube, dass es legitim ist, wenn man darum bittet (betet), dass man von solch zunächst unklarer Teilhabe befreit wird. Dafür entscheidet man sich eben für bewusstes Experimentieren. Du hast die Botschaft ja vernommen. Wenn es nun ohnehin nicht mehr vorkommt, halte Dich einfach innerlich bereit.

Rückschritte und Stagnation sind nicht möglich. Allerdings kann Entwicklung **sehr** langsam gehen. Auch kann man sich auf der gleichen Ebene von einer Sache entfernen. Auf niedrigere Ebenen sinken ist aber ausgeschlossen. Also diese östlichen Vorstellungen von Wiedergeburten als Hund oder Wurm zum Beispiel. Wenn wir uns auf einer Ebene entfernen, müssen wir uns auch erst wieder annähern. Das kostet unter Umständen Zeit und Mühe. Solch ein Umweg bringt aber auch Fortschritt in der Intensität der Entscheidung. Also entsteht Fortschritt selbst im Umweg auf einer Ebene. Das ist ein göttliches Prinzip. Sinngemäß stellt sich doch wohl Mephisto in Goethes „Faust" vor, indem er sagt: „Ich bin der Geist der stets verneint. Der das Böse will und doch das Gute wirkt!" (Kein Zitat! Ich habe es nur sinngemäß im Kopf.) Auch die Entfernung bewirkt Annäherung. Zudem sind wir auch nie **auf** nur einer Ebene. Wir sind eher senkrechte Linien, die eine undefinierte Anzahl von Ebenen durchdringen. Also „entwickeltere/bessere" Anteile und auch „schlechtere" haben. Dabei drücken wir manchmal unterschiedliche Ebenen unterschiedlich stark aus. So entstehen scheinbare Veränderungen, die aber nur Änderungen der Form und nicht des Inhaltes darstellen! Wirkliche Veränderung bewirkt einmal der Karmadruck oder aber mit weniger Leid verbunden, die bewusste spirituelle Aufmerksamkeit und Entwicklung. Diese beiden schieben sozusagen „die Linie insgesamt" langsamer oder schneller wie eine Nadel durch übereinanderliegende Tücher durch immer höhere Ebenen.

Die schweißgebadet sich wälzenden Meister sind einmal ein freundlicher Anstubser an Ludwig (wie auch die Geschichte vom Rattenfänger von Hameln namens Wiglud/wig-Lud aus „Kreisgedanken"), dann ein Dank für seine persönliche Anteilnahme und zuletzt auch kein Widerspruch. Es ist einfach ein Ausdruck der Menschlichkeit. Wir wünschen uns auch nicht, dass das Kind sich die Finger verbrennt, obwohl gerade und oft erst dieses das Kind lernen lässt, dass Feuer heiß ist.

Die 95%-Regel ist eine logische Annäherung und Vereinfachung. Sooo klar sind die Dinge erstmal grundsätzlich nicht und zudem gibt es Milliarden Variationen. Jeder Mensch befindet sich irgendwo „um" die 95%. Je entwickelter, desto niedriger die Zahl. Nach Ludwig werden wir ja auf der nächsten Entwicklungsstufe in einer 90%-Welt leben. Auch das sicher eine Annäherung und Benennung einer Tendenz. Meine Erfahrungen decken sich auch mit der 95%-Regel. Und die Beschleunigung der karmischen Antworten kann ich auch bestätigen. Teilweise ist dies sicher ein Resultat gesteigerter Aufmerksamkeit. Teils auch ein Teil der göttlichen Gnade, die wirken kann, weil wir aktiver voranschreiten. Eine Art Belohnung. Denn ein Zusammenhang zwischen Tat und Wirkung wird ja umso deutlicher gesehen, je enger sie zusammenliegen. Ein klassischer selbstverstärkender Prozess.

Ich schicke Dir anhängend mal eine Betrachtung mit, die ich bisher noch nicht allgemein in unseren Kreisen verteilt habe. Vielleicht gibt es Dir ja auch inhaltlich etwas.

Beste Grüße aus dem nun herbstlich abkühlenden Norden. Ich fahre schon mit Mütze und Handschuhen Fahrrad!
Clemens

2.10.13

Hallo Clemens!

Deine Worte haben mir gutgetan und mich wieder ein Stück besser ausgerichtet. Ich glaube, dass man (ich) die Wichtigkeit der Ausrichtung (und damit konkret auch Dich als meinen „Ausrichter" und Lehrer) als Entwicklungsmotor gar nicht hoch genug einschätzen kann.

Wesentlich dabei ist für mich, die Ausrichtung nicht nur intellektuell zu verstehen, sondern wie beim Herzensgebet in ihrer Gesamtheit, sozusagen in der Präsenz, auszudrücken und umzusetzen. Es ist wie eine unsichtbare Wolke, die einen umgibt und durchdringt, und die einen in der jeweiligen Situation richtig agieren und reagieren lässt. Sie gibt mir Führung! Leider gelingt mir das bislang nur ansatzweise und zeitlich begrenzt. Man wird allzu oft von den Dingen gefangen genommen, verliert sich darin, gleitet ab und verlässt damit die klare Ausrichtung. Ich bin mir aber sicher, dass das irgendwann einmal nicht mehr der Fall sein wird und eine durchgehende Präsenz möglich ist.

Danke für Deine Wertschätzung mir gegenüber und Deine Ausarbeitung zum Groken. Wenn ich das lese, wird mir wieder bewusst, dass ich mich entwicklungsmäßig immer noch auf sehr niedrigem Niveau befinde. Ich komme mir vor wie ein Zweijähriger, der gerade in den Kindergarten eingetreten ist, mit seiner Windelhose zwischen den älteren, spielenden Kindern herumläuft, neidisch auf deren tolle Spielsachen blickt und gerne mitspielen möchte. Hin und wieder gibt es auch Zuwendung von den Kindergartentanten, die einen liebevoll in die richtige Richtung weisen.

Ich habe mich gestern hingesetzt und eine gründliche Selbstanalyse durchgeführt, die für mich erstaunliche und auch teilweise erschreckende Erkenntnisse gebracht hat, welche ich Dir mitteilen möchte und auf Deine Sicht der Dinge gespannt bin.

Mir ist in letzter Zeit aufgefallen, dass meine privaten und auch beruflichen Angelegenheiten - flapsig ausgedrückt - wie am Schnürchen laufen und es kaum irgendwelche Schwierigkeiten gibt. Mir kommt das insofern verdächtig vor, als ich noch vor gar nicht allzu langer Zeit wirklich zu kämpfen hatte, da allerhand schief ging und ich dadurch in vielerlei Hinsicht zu leiden hatte. Meine vordergründige Erkenntnis war bis gestern so, dass ich mich persönlich in einigen Dingen verbessert habe und karmisch gesehen mir einige „Preise" zugefallen sind, wie es Stylianos Atteshlis einmal so schön ausgedrückt hat. Die ganze Sache war mir manchmal selbst schon etwas unheimlich, da Wünsche, die ich geäußert hatte, in sehr kurzer Zeit in Erfüllung gingen oder scheinbare Schwierigkeiten sich wie von Zauberhand in Wohlgefallen auflösten.

Gestern hatte ich aber zwei Erlebnisse, die mich dann wirklich stutzig werden ließen und zu einer grundlegenden Analyse veranlassten. Du musst wissen, dass ich in meiner Arbeit die Interessen meiner Mitarbeiter in vielfältiger Weise gegenüber den Entscheidungsträgern vertreten muss. Da ich aus Erfahrung weiß, dass bei den Verhandlungen teils erhebliche Kürzungen der Wünsche bzw. Investitionsvorhaben vorgenommen werden, habe ich vorsorglich übertrieben hohe Forderungen gestellt und diese mit Nachdruck vertreten. Ich habe dann nicht schlecht gestaunt, dass mir meine Vorgesetzten eigentlich in so gut wie allen Punkten recht gegeben haben und nun ernsthaft bemüht sind, fast **alle** meine Wünsche zu erfüllen. Dass das nicht nur meine eingeschränkte, subjektive Sicht der Dinge ist, hat das anschließende Gespräch mit meinem leitenden Mitarbeiter gezeigt. Er meinte, so viel Entgegenkommen hat es bislang noch nie gegeben und sich bei mir für mein Engagement bedankt (Balsam für meine AP ^^).

Am Abend habe ich die Vorkommnisse gründlich hinterfragt und für mich folgende Zusammenhänge festgestellt:

Die Erfüllung meiner Wünsche hängt eng mit meinem Bewusstseinszustand zusammen, in dem ich mich befinde, wenn ich die Wünsche äußere. Werden diese auf HS-Ebene geäußert, erfolgt die Umsetzung häufiger und unmittelbarer als auf AP-Ebene. Wünsche, die eigennützigen Zielen dienen, finden eigentlich kaum Umsetzung, jedenfalls nicht über den üblichen Rahmen hinaus. Ich bin jetzt so weit, dass ich eigene Dinge, die sich auch nach mehreren Versuchen nicht ergeben, gänzlich bleiben lasse und nicht weiter verfolge.

Wenn ich mich leidenschaftlich für eine Sache einsetze, registriere ich nach Beendigung meiner Rede, dass das Energieniveau meines ätherischen Doppels stark abgefallen ist. Das kann so weit gehen, dass ich mich danach erschöpft fühle und auch körperlich leicht zittere. Am ehesten lässt sich das mit dem Abfall des Zuckerspiegels bzw. einer Unterzuckerung vergleichen, so ähnlich empfinde ich das. Ich brauche ca. 1/4 bis 1/2 Stunde, um annähernd das ursprüngliche Energieniveau wieder zu erreichen. Ich habe in dieser Zeit Verlangen nach Wasser und

Nahrung. Seit ich meine Aufmerksamkeit vermehrt auf mein ätherisches Doppel richte, fällt mir das immer öfters auf. Meine Schlussfolgerung daraus wäre, dass ich beim leidenschaftlichen Sprechen starke Elementale bilde, die bei meinen Gesprächspartnern auch eine entsprechende Wirkung zeigen. Dies wäre eine Erklärung, warum viele Dinge so gut funktionieren. Das, was mich bei dieser Erkenntnis erschreckt hat und sehr verunsichert, ist die Tatsache, dass ich dadurch auf mein vis a vis hochgradig manipulativ einwirke! Ich habe dazu auch Deine Erläuterungen zum Thema Betriebsblindheit gelesen und mich darin wiedererkannt. Ein bisschen beruhigt mich dabei der Umstand, dass eindeutig eigennützige Dinge offensichtlich blockiert werden und ich dadurch weniger Schaden anrichten kann. Die Verantwortung dafür, was ich denke, fühle und vor allem ausspreche, hat sich für mich um Zehnerpotenzen erhöht! Ich werde in Zukunft stärker darauf achtgeben müssen, wie und zu welchem Zweck ich die mir anvertraute Geistsubstanz umsetze. Damit es mir nicht wie dem verlorenen Sohn geht, der sein Erbe verschleudert und vergeudet hat.

Zu der ganzen Sache passt auch ein Traum, den ich vor einiger Zeit hatte und der mir aufgrund der Klarheit wie kein anderer in Erinnerung geblieben ist: Irgendwo in Ägypten oder Mesopotamien, ich habe mich als eine Art Priester empfunden und in vorgebeugter Haltung eigenartige Formeln mit Inbrunst ausgesprochen. Die vielen „A" Laute in den Wörtern, die ich sehr langgezogen ausgesprochen habe, sind mir immer noch in lebhafter Erinnerung. Das war allerdings nichts Gutes, was ich da gemacht habe, das war rein aus egoistischen Motiven heraus, ich wollte jemandem damit schaden oder mir irgendwelche Vorteile verschaffen. Ich empfand dabei, wie sich eine schwarze Masse (wie schwarzes Licht) über meine Wirbelsäule am Hinterkopf/Schädeldach von mir in einem permanenten Strom löste.

Die Analogie zur spinalen Psychopraktik - wenn auch im negativen Sinn - wird mir erst jetzt bewusst und ist frappierend. Sollte das tatsächlich eine alte Erinnerung sein, wäre meine Weste nicht so weiß, wie ich mir das wünschen würde...

Was hältst Du von meinen Beobachtungen und Überlegungen, deckt sich das mit Deinen Erfahrungen oder überinterpretiere ich die Dinge schon wieder und sehe etwas, das gar nicht da ist?

Liebe Grüße zu Dir und Deinen Freunden nach Bremen!
Ich hoffe, es geht Euch allen gut.
Jonas

4.10.13

Moin Clemens!

Bei diesem Grußwort, das Du unlängst verwendet hast, habe ich erst nachgoogeln müssen und dabei festgestellt, dass das in Deiner Gegend doch recht gebräuchlich ist. Gefühlsmäßig hätte ich es eher mit „lieber" oder „werter" übersetzt, aber anscheinend heißt es doch nur in etwa „guten morgen" oder „hallo". Ich bin doch immer wieder erstaunt, dass die Sprachunterschiede in Anbetracht unserer räumlichen Distanz nicht wesentlich größer sind, abgesehen von typischen Mundartbegriffen, von denen sich interessanterweise einige nicht ins Hochdeutsche übersetzen lassen bzw. kein direktes Pendant haben. Grundsätzlich sprechen wir hier - ausgehend von der Besiedelung im 11./12. Jahrhundert - eine bayrisch-

fränkische ui-Mundart, die Kuh wird z.B. als Kui oder der Bub als Bui ausgesprochen. Diesen ursprünglichen Dialekt gebrauchen allerdings nur mehr wenige ältere Personen in Reinform, üblicher ist eine Mischung mit hochdeutschen Wörtern oder mit Wiener Dialektausdrücken.

Ich möchte mit dieser kurzen Betrachtung aber keineswegs Unterschiede zwischen uns herausarbeiten, sondern mein Glück darüber ausdrücken, diese Sprache als gemeinsame Basis mit Dir zu teilen.

Animiert durch Deine letzte Nachricht, versuche ich mich vermehrt im „Groken" und habe dabei festgestellt, dass fast alle Dinge, die im Laufe meines Arbeitstages an mich herangetragen werden, nicht-linear sind und einer grokenden Betrachtung bedürften - ein sehr weites Übungsfeld, das sich hier auftut!

Und ja, ich ziehe inhaltlich Einiges aus Deinen Nachrichten. Es ist aber nicht nur das, es ist die Schwingung oder Atmosphäre, die in Deinen Worten hinterlegt ist, die mich fast genau so beeindruckt. Ich kann das wieder einmal nicht besser beschreiben, aber ich glaube, Du weißt, was ich damit meine.

Beste Grüße an Dich und Deine Familie von Deinem Azubi (ich glaube, so nennt man das in Deutschland) und bis bald!
Jonas

Lieber Jonas,

eben habe ich eine „Megamail" in die Schweiz versandt und bin nun etwas leergetippt. Sobald ich wieder könnte, wollte ich mich ins vergnügliche Schreiben an Dich machen. Da ich nicht weiß, ob ich heute noch damit fertig werde, will ich Dir kurz für die Info danken, dass Du eine Woche offline bist.

„Moin" kommt vom plattdeutschen „Moien Dach" wobei moi einfach „schön" heißt. Moie Deern - schönes Mädchen. Moin ist also ein verschliffenes „Schönen Tag". Wird aber schon in Bremen vielfältig als „Morgen" im Sinne von „Guten Morgen" missverstanden. Demzufolge wundern sich diese Leute, wenn man ihnen am Abend „Moin" sagt. Du siehst, auch hier stirbt das mundartliche Erbe. Auf den Dörfern in Ostfriesland sprechen ein paar junge Leute noch ein wenig, aber warte 30 Jahre, und es wird vergessen sein.

Du hast recht, in der Schriftsprache gibt es wirklich keine Distanz zwischen uns. Im persönlichen Gespräch würden wir wohl einige regionale Einfärbungen bemerken. Aber selbst die wären wahrscheinlich marginal.

Ich wünsche Dir also hier nicht nur einen schönen Tag sondern sogar eine schöne Woche und werde mir mit meiner Antwort auf Deine vorletzte Mail extra viel Zeit lassen
Clemens

Lieber Jonas,

die Betrachtungen, die ich Dir heute früh schickte, sollten einerseits das lästige Warten auf meine aktuelle Mail überbrücken, andererseits sind sie wohl auch grundsätzlich von Interesse. Ich habe allerdings leider den Überblick verloren, welche ich Dir schon geschickt habe. Bei einer der drei weiß ich nicht genau, ob Du sie schon bekamst. Vielleicht sendest Du mir mal einen Screenshot oder eine selbstgemachte Liste der Dateien, die ich Dir schon zustellte. Dann kann ich Dich nach und nach mit weiteren Texten versehen und selbst eine Liste anlegen - was ich leider bisher versäumte.

Deine „Klagen" über die zeitlich begrenzten Zeiten klarer Ausrichtung und das Kindergartenniveau kann ich nachvollziehen. Ich bemühe mich aber, diese Perspektive abzulegen und das auch sprachlich im Umgang mit anderen Menschen immer mehr zu reduzieren. Wir sind es (kulturell?) gewohnt immer alles auf diese Weise wahrzunehmen und zu beschreiben. Die Perspektive der Weg-Arbeit ist aber eine andere und nach meinen Erfahrungen auch eine deutlich förderlichere: Wir akzeptieren, dass wir uns auf dem Weg befinden, schauen freudig und dankbar auf das, was wir schon erreicht haben, und sehen auch den vor uns liegenden Weg voller Vorfreude und in der Gewissheit, dass wir ihn zurücklegen werden. Im Umgang mit anderen Menschen sind die daraus resultierenden Elementale auch für sie besser und fördern Zufriedenheit selbst bei nicht spirituellen Menschen - und damit Friedfertigkeit und liebevollere Umgangsformen. Als Wahrheitsforscher und Weg-Arbeiter müssen wir tatsächlich überall unsere Verantwortung suchen. In allem gibt es Möglichkeiten ein spirituelleres Leben zu führen. In unserer Sprache, unserem

Konsumverhalten, der Grundhaltung unseren Mitmenschen gegenüber... man kann auch immer mehr ins Detail gehen und wird immer wieder neu fündig und überall sehen wir, dass wir Absolutheitsansprüchen nicht genügen, aber trotzdem graduelle Veränderungen vornehmen können. Das zu tun, ohne vor der Fülle an Möglichkeiten zu verzweifeln bedeutet Weg-Arbeit.

Dass Deine beruflichen und privaten Angelegenheiten im Gegensatz zu früher wie am Schnürchen laufen, freut mich, aber erstaunt mich nicht sehr. Ich habe häufig gesehen, dass Leute mit „dem Eintritt in den Strom" sofort ein Nachlassen des karmischen Druckes und umgekehrt einen entsprechenden Segen erfahren. Eintritt in den Strom bedeutet hier, dass man nicht mehr durch den karmischen Druck im Leben gelenkt wird, sondern dass man durch Aufmerksamkeit und Beobachtung sowohl nach außen als auch nach innen aktiv und selbstgestaltet lernt. Karmischer Druck ist immer die letzte Alternative, auf die Gott vertraut. Er ist durchaus gewillt, es einem bei schon geringem Bemühen angenehm und leicht zu machen. Davon bin ich fest überzeugt. Allerdings ist dies ebenfalls eine nichtlineare und multifaktorielle Wahrheit. Wir können uns auch unter dem reichhaltigsten Segen und dem ernsthaftesten Bemühen nicht hundertprozentig sicher sein, dass nicht subjektiv als unangenehm empfundene Dinge geschehen. Erfreuen wir uns also am Segen, aber hängen wir nicht daran und nehmen wir ihn nicht als selbstverständlich.

Deine Beobachtungen zum Erfüllen von Wünschen und auch zur Frage, wie weit wir quasi manipulativ auf andere Menschen einwirken dürfen, sind korrekt und auch Deine Schlussfolgerungen halte ich für richtig. Es gibt auch hier keine allgemeine Rechtleitung und jeder muss für sich den Weg finden, zwischen richtig und falsch, zwischen egoistisch motiviert und aus Nächstenliebe zum Wohle aller getan.

Und da muss ich nochmal an die Prinzipien der Weg-Arbeit erinnern. Immer nach einem absoluten Optimum zu streben und zu suchen nimmt das Spielerische aus dem Lernprozess und kann unentschlossen, bitter und kalt machen. Finden wir uns mit graduell egoistischen Bestandteilen ab, mit fehlerhaften Anteilen. Bemerken wir sie und lernen wir sie auszuhalten und zu erkennen. Dann machen wir es beim nächsten Mal spielerisch leicht besser. Irgendwann tanzen wir dann wie die Meister frei gegen uns selbst von Tat zu Tat. Bis dahin freuen wir uns darüber, immer mehr zu bemerken.

Mehr dann morgen, Jonas.
Liebe Grüße,
Clemens

15.10.13

Hallo Clemens!

Bitte verzeih mir, wenn ich mich in meiner Wortwahl vergriffen habe und mich in meiner Ausrichtung offensichtlich beratungsresistent zeige. Ich hab's jetzt verstanden, was Du meinst, und Du hast vollkommen recht mit Deiner Analyse meiner Fehleinstellung. Ja, die Leichtigkeit und das Spielerische ist mir in letzter Zeit wieder abhanden gekommen. Ich habe das besonders in der letzten Woche deutlich gemerkt, in der ich durch meine Erkältung eingeschränkt war und trotzdem für die Prüfung lernen musste. Meine AP hat die Gelegenheit beim Schopf gepackt und wieder kräftige

Lebenszeichen von sich gegeben, die in einem Aufbäumen am Samstag ihren Höhepunkt gefunden haben - das war nicht schön. Ich mache mir deshalb aber keine Vorwürfe, sondern sehe es als eine interessante Lektion, die ich lernen durfte. Die nächste Chance zur Bewährung kommt bestimmt … Es ist auch andererseits ein sehr schönes Gefühl, wenn man eine „Prüfung" besteht.

Ich finde das wirklich beeindruckend, wie klar Du die Dinge bei mir erkennst, mich bei der Hand nimmst und mich führst. Wie geduldig Du mir die Dinge immer wieder nahebringst. Die Ehre, die Du mir damit erweist, und das Glück, das ich dabei empfinde, lassen sich nur schwer in Worte fassen. Ich wünsche mir einfach nur, dass das möglichst lange so bleibt und dass Du mir den Weg weist, wie ich ein Kind der „Einen Spirituellen Gemeinschaft" werden kann. An Willen dazu soll es mir nicht mangeln! Vielleicht gibt es doch auch Möglichkeiten, wie ich mich aus der Ferne sinnvoll einbringen und der Gemeinschaft dienen kann.

Dies in aller Kürze zu Deiner Nachricht, die mich sehr bewegt hat.

Alles Liebe
Jonas

Lieber Jonas,

ich glaube, dass wir in der Regel nicht wirklich manipulativ auf andere Leute einwirken können. Wir können zwar ein mehr oder weniger machtvolles Elemental produzieren, aber Du kannst niemanden zwingen, auf ein Elemental zu reagieren. Es gibt diesen Spruch: „Du kannst ein Pferd zum Wasser führen, aber Du kannst es nicht zum Trinken zwingen!" In Wirklichkeit kannst Du es nicht einmal zum Wasser führen - wenn es nicht will. Die Leute, mit denen Du im beruflichen Umfeld konfrontiert bist, sind alles Leute, die aus eben diesem Umfeld kommen. Insofern könnte man sagen, dass sie einfach schon am Wasser sind. Ob sie sich auf Deine Argumentationen einlassen oder nicht, das liegt einfach in den Persönlichkeitsstrukturen begründet und auf **der** Ebene versucht in dieser Welt ohnehin immer einer vom anderen zu profitieren. Wenn Du zudem auch noch deutlich zwischen egoistischer Motivation und Gemeinwohl (so wie es sich Dir darstellt) unterscheidest, sehe ich kein wirkliches Problem. Aber, Du hast Recht, es ist ein Bereich, den Du im Auge behalten solltest.

Die Energieverluste bzw. der Verbrauch ist nachvollziehbar. Wenn Du Dich in energieverbrauchenden Situationen findest, dann versuche Dich daran zu erinnern, dass wir grundsätzlich von einem unerschöpflichen Energiefeld umgeben sind. Nur die subjektive Trennung (die man allerdings nicht wegdiskutieren kann) trennt uns davon. Stylianos Atteshlis sagte einmal, dass ein Heiler, der meine, er könne vom Energievorrat her nur drei Patienten am Tag und nur mit Hilfe eines Quarzkristalles heilen, genau dies durch seine Überzeugung wahr werden ließe. Grundsätzlich sei kein Kristall nötig und auch die Anzahl der zu Heilenden sei nicht auf diese Weise beschränkt. Wenn wir ein klarer, sauberer Kanal für die ätherischen Energien sind, dann fließt alles in Fülle.

Dein interessanter Traum ist natürlich nicht abschließend zuzuordnen. Du kannst aber aus den verschiedenen Annahmen Erkenntnisse ziehen. Sicher besteht die Möglichkeit, dass das eine klare Erinnerung an Vorinkarnationen war. Vielleicht waren auch nur Aspekte wahr. Vielleicht war der Traum banal. Vielleicht hast Du Banales mit realen Praktiken vermischt... All dies kannst Du sicher am besten selbst auflösen. Beim Wunsch nach einer weißen Weste sind wir wieder beim Thema von gestern. Nur soviel, Deine Weste ist mit Sicherheit nicht so weiß, wie Du Dir wünschen würdest. Das ist völlig normal und bei praktisch allen hier gleich. Dieses Faktum zu verleugnen, zu verdrängen oder zu beschönigen ist nichts als hinderlich. Wenn man ein einjähriges Kind in einen matschigen Sandkasten entlässt, was passiert dann wohl? Genau, die weiße Weste wird schmutzig. Da wird keiner mit dem Kind böse sein und unendlich häufiges Umziehen wird auch nichts am Verhalten des Kindes ändern. Man muss eine gewisse Reifung abwarten. Genauso steht Gott uns gegenüber.

„Verzeihung, beratungsresistent, vergriffen" sind harte Worte. Ich kann mit den Worten als Worte umgehen und verstehe, was Du meinst, aber meine innere Realität sieht anders aus. Doch ich glaube, das weißt Du schon. Ich musste es nur nochmal unterstreichen. Mir passieren letztlich genau die gleichen Dinge wie Dir. In individueller Konstellation, mit unterschiedlicher Gewichtung, in Einzelheiten abweichend. Ich komme auch mal an meine Grenzen. Das muss so sein, sonst würde ich sie nicht kennen und könnte sie auch nicht verschieben. Krankheit kann einem schnell vieles nehmen. Schmerz, Hunger etc. auch. Seien wir froh und dankbar über die Zeit, die wir hier dem enthoben leben dürfen, und sehen wir es als Verpflichtung zum spirituellen Leben. Jemand, der trotz schmerzender Füße 14 Stunden am Tag eine Rikscha ziehen muss, um drei Schalen Reis zusammenzuverdienen, der hat es schwer. Was haben wir im Vergleich zu großen Teilen der Menschheit an wirklichen Alltagssorgen? 95% Kunstprodukte würde ich sagen. Da bleibt viel Raum für Spiritualität.

Du dienst der Gemeinschaft schon aus der Ferne. Indem Du sie wahrnimmst, stärkst Du sie und sie stärkt hoffentlich im Gegenzug auch Dich. Du dienst ihr durch Deine Entwicklung. Du dienst auch mir - indem ich Dir dienen darf und indem Du mich Deine persönliche Perspektive teilweise teilen lässt und mir dadurch Erkenntnisgewinn ermöglichst. Wenn Du handfestere Dienste suchst, dann könnte ich beispielsweise das Schreiben von Betrachtungen empfehlen. Mir hat dies vor etlichen Jahren Ludwig empfohlen. Gleichzeitig sind solche Texte ja gut auch über große Distanzen weiterzureichen und man kann bei anderen Suchern etwas damit bewegen. Deine Überlegungen zur Raute beispielsweise fand ich sehr interessant. An der Form ließe sich leicht arbeiten und sie ist nur eine Frage der Übung. Du kannst Dich ja sehr eloquent ausdrücken. Die Frage wäre, ob Dich das anspricht. Du könntest aber auch thematische Ausarbeitungen machen - beispielsweise eine Untersuchung der verschiedenen Persönlichkeitsebenen im Stylianos Atteshlis-System zwischen AP und Theose. Ich habe über die Jahre schon ein paar gesehen und eigentlich waren sie alle mehr oder weniger unterschiedlich. Da ist Raum für Forschung...

Du kannst mir aber auch einfach 75.000 € überweisen, damit ich mir endlich einen fetten Mercedes kaufen kann. Das scheint ja der Traum vieler „Lehrender" zu sein. Müsste ich mal ausprobieren! ^^

Nein, im Ernst, ich denke, mit der schriftlichen Sache könntest Du ganz gut fahren. Schwierig allenfalls, dass ich Dich nicht zwingen will, noch mehr Zeit im Büro zu verbringen. Was für Möglichkeiten siehst Du denn?

Sorry, übrigens noch für mein spätes Schreiben! Ich habe heute mehrfach Mails mit Panayiota Theotoki-Atteshli ausgetauscht. Dem konnte ich mich nicht entziehen. Es ist tatsächlich beinahe tragisch. Panayiota Theotoki-Atteshli und ich können über einen Berg von Missverständnissen hinweg oft nur schwer zu einer Verständigung kommen. Früher habe ich da immer die Schuld bei mir gesehen. Heute habe ich in Vielem einen umgekehrten Eindruck. Das ist etwas, das ich dringend loslassen und loswerden will. Ich halte da selbst an Dingen fest, weil sie sehr wichtig für mich waren. Diese Art Rückwärtsgewandtheit halte ich grundsätzlich für falsch. In Liebe ziehen lassen! Das ist etwas, das wir in diesen (!) Leben immer wieder tun müssen. Wenn wir nicht ziehen lassen, können wir uns nicht neu begegnen. Und noch etwas: Ich preise den Herrn für einen Lehrer, der mit mir dieselbe Sprache teilt. Ein Riesenteil der Verständigungsprobleme mit Panayiota Theotoki-Atteshli resultiert aus unserer Kommunikation um drei Ecken (Deutsch/Englisch/Griechisch).

Du bist wohl schon aus dem Büro. Also liest Du dies erst morgen... (?)

Liebe Grüße,
Clemens

Hallo Clemens!

Ich war gestern wirklich nicht mehr im Büro, sodass ich Deine Nachricht erst heute in der Früh gelesen habe. Gestern musste ich ein verstopftes Abflussrohr bei uns im Haus frei machen. Eine ungustiöse Angelegenheit, in den Fäkalien anderer Leute herumzustirln (österr. Ausdruck für herumstochern, herumwühlen).

Witzigerweise ist mir dazu eine Analogie zu unseren schlechten Elementalen in den Sinn gekommen, die wir selbst ausdrücken oder mit denen wir im Umgang mit anderen Menschen konfrontiert werden. Auf ihrer angestammten Ebene betrachtet, sind die sicher genauso übelriechend und eklig anzusehen. Stylianos Atteshlis hat dazu ja einmal gemeint, es sei für die Menschen ein Segen, dass sie ihre Elementale nicht sehen könnten, so furchterregend und abstoßend wie die seien.

Und doch ist es ja auch so, dass in der Umwandlung von Ausscheidungen zu Humus erst der Nährboden für das Entstehen von Lebendigem geschaffen wird. Um den Kreis zu schließen, wäre das in Analogie dazu die sukzessive Verwandlung unserer unerwünschten Elementale in wünschenswertere, die noch dazu gute Früchte bringen.

Aber nun zu etwas bekömmlicheren Dingen, wie etwa der Honig, den meine lieben Stachelritter für mich produzieren. Mir geht es hier gar nicht um Ertragsmaximierung oder gar Gewinnmaximierung, ich freue mich, wenn er meinen Kunden schmeckt, und ich ihnen vermitteln kann, dass er artgerecht produziert wurde. Neben dem Verkauf gelingt es mir immer mehr, meinen Honig einfach gegen andere Dinge, die ich benötige, einzutauschen. Zuletzt habe ich eine große

Menge an Äpfeln, die ich für meine Familie so über den Winter brauche, gegen Honig und Erdäpfeln eingetauscht. Letztere produziere ich als Hobbylandwirt natürlich auch selbst, wobei ich hier besonders darauf achte, so gut wie keine Spritzmittel zu verwenden. Du darfst Dir aber nicht vorstellen, dass ich hier große Mengen herstelle, ich versorge damit eigentlich nur meine Familie im weiteren Sinne und ein paar Freunde. Ergänzt wird das ganze durch meinen großen Gemüsegarten, in dem ich alle erdenklichen Sorten anbaue und gemeinsam mit meiner Frau auch auf den Tisch bringe. Meine Kinder schauen zwar hie und da etwas schief, wenn's nicht so gut schmeckt, aber gesund ist es allemal. ^^

Mit der Prüfung, die ich Ende letzter Woche abgelegt habe, habe ich meine nebenberufliche Lehre beendet und bin sozusagen jetzt „Geselle". In früheren Zeiten bedeutete dies, dass man ausgelernt hatte, seinen Gesellenbrief bekam und auf die Walz gehen durfte. Ich weiß nicht, ob Du damit vertraut bist, es war ein mehrjähriges Wandern von einem Meister zum nächsten, wobei man bei jedem Meister neue Aspekte seiner Kunst hinzulernte. Irgendwann ist man dann wieder nach Hause zurückgekehrt, reich an Wissen und Können, und hat versucht, eine hübsche Meisterstochter zu heiraten, um selbst irgendwann den schwiegerelterlichen Betrieb zu übernehmen und letztendlich selbst Meister zu werden. (Das wäre auch einer tiefgehenden spirituellen Betrachtung wert.)

Dies hatte ich in etwa im Kopf, als ich mich als Azubi von Dir verabschiedete und dabei hoffte, dass Du den Ball aufnehmen wirst - ich habe mich nicht getäuscht. Eigentlich wollte ich damit ausdrücken, dass ich mich vordergründig in Hinblick auf meine Prüfung als auch tiefgründig gesehen Dir gegenüber als Lehrling empfinde. Als Drittes wollte ich damit den Bogen zum Betreff meiner Nachricht spannen, um so den Kreis zu schließen.

In Österreich wird das Wort „Azubi-Auszubildender" überhaupt nicht verwendet, die Leute sprechen hier immer vom Lehrling oder eher abfällig betriebsintern von den „Lehrhaxn". Warum der Lehrling in diesem Wort auf seine Beine reduziert wird, weiß ich eigentlich nicht. Die Kombination mit -haxn ist aber immer abfällig und geringschätzend gemeint.

Die Verwendung kräftiger, plakativer Ausdrücke (wie etwa Kuttenbrunser - wird bei uns eher als Kuttenbrunzer ausgesprochen), um damit die Dinge eindeutig beim Namen zu nennen, ist eine Eigenheit, die ich an Dir besonders schätze. Ich bin ja selbst in meiner Wortwahl in manchen Belangen nicht gerade zimperlich und überschreite manchmal Grenzen, was ich im Nachhinein betrachtet bedaure. Da ich den Eindruck hatte, dies getan zu haben, wollte ich mich in aller Form bei Dir entschuldigen. Wie ich Deiner Rückantwort entnehme, lag ich mit meiner Selbsteinschätzung offensichtlich falsch, sodass das wahrscheinlich etwas befremdlich auf Dich gewirkt hat. Wie dem auch sei, ich finde man sollte mit seinen Mitmenschen so ehrlich wie nur möglich kommunizieren, ohne allerdings verletzend zu sein oder den guten Ton zu verlieren. Entsprechend dargestellt, nämlich auf eine wertschätzende, nicht-kritisierende und nicht verurteilende Art, kann man meiner Meinung nach auch unangenehme Wahrheiten so transportieren, dass sie vom vis a vis halbwegs angenommen, zumindest nicht kategorisch zurückgewiesen werden. Ich verstehe eigentlich nicht, warum spirituelle Wahrheiten hier eine Ausnahme sein sollten. In rosaroter Plüschesoterik zu schwelgen, wird den Suchenden meines Erachtens nach nur begrenzt weiterbringen. Ich möchte damit den Weg der liebevollen Hingabe nicht schmälern oder schlechtreden, sondern darauf hindeuten, dass erst die gesunde Mischung der Wege – wie Du ja auch in Deinen Betrachtungen ausführst – für mich zielführend ist. Sich schwerpunktmäßig einem Weg zu verschreiben, ist für mich kein Widerspruch. Du weißt ja, dass ich die Dinge eher vom Verstehen her angehe und sehr stark in meinen Gedanken lebe. Die Kultivierung meiner Gefühle (Herz) und Emotionen (Bauch) gestaltet sich trotzdem spannend. Als ich vor kurzem an einem katholischen Gottesdienst teilnahm (was ich länger nicht getan hatte), wurde ich von einem Liedtext so gerührt, dass ich weinen musste. Einige haben mich unverständig angesehen und nicht gewusst, was geschehen war. Ich glaube, dass die Bedeutung der Stelle, die mir bislang unbekannt war, wenn überhaupt, nur sehr wenige Messbesucher verstanden haben.

Weiters wurde mir bei diesem „Gottesdienst" wieder einmal bewusst, wie fern die Leute Gott sein können, wenn sie sich ihm in „seinem" Haus ganz nahe wähnen. Und wie nahe Gott sein kann, wenn man seinem Egoismus-Selbst fern ist.

Ja, wir können uns unendlich glücklich schätzen, nicht in einen Überlebenskampf verstrickt zu sein und mit den lebensnotwendigen Dingen bestens versorgt zu sein. Die Chance, die jedem von uns damit zur Weiterentwicklung gewährt wird, entspringt der großen Gnade, die uns in diesen Zeiten gewährt wird. Die Verantwortung und die Verpflichtung, die uns daraus erwächst, ist sicher nur den wenigsten wirklich bewusst. Der Census der Boni ist eigentlich der logische Abschluss daraus. Ich glaube, es dauert nicht mehr lange bis zur Zeugnisverteilung. Ob die dann genau so positiv ausfällt, wie bei meiner Prüfung letzter Woche, wird sich zeigen. Ich bin allerdings guter Dinge und freue mich, auf dem richtigen Weg zu sein. Wo und wie es dann weitergeht, wird sich zeigen.

Aus meinen Zyklusbetrachtungen heraus rechne ich mit den großen Umweltumwälzungen gegen Ende dieses Jahrzehnts hin. Ich glaube, das wird ein recht holpriger Ritt werden, wo wir darauf achten müssen, nicht aus dem Sattel geworfen zu werden. Menschlichkeit und Zusammenhalt wird glaube ich besonders wichtig sein, um zu bestehen. Es ist zwar nicht gestattet, den Tag oder die Stunde zu kennen, aber der grobe Zeitrahmen ist meiner Meinung nach bereits abgesteckt. Wenn man unsere Gesellschaft und vor allem unsere Wirtschaft kritisch betrachtet braucht man kein Hellseher zu sein, um zu begreifen, dass das keine Jahrzehnte mehr dauern wird.

Wenn's mit 75.000 € getan ist und ich dadurch meine Eintrittskarte in die „Eine Spirituelle Gemeinschaft" erhalte - hey, warum gibst Du mir nicht Deine Kontonummer? ^^ Wenns nur so einfach wäre!

Liebe Grüße zu Dir und Deinen Lieben nach Bremen!
„Wie wird man eigentlich Volontär?" fragt sich Dein
Lehrling/Azubi/Wissbegieriger
Jonas

17.10.13

Hallo Clemens!

Ich möchte auf Deinen Vorschlag zurückkommen, mich an der Ausarbeitung von Betrachtungen zu versuchen. Ich bin mir sicher, dass ich davon profitieren würde, ob allerdings meine Brüder und Schwestern im Wahrheitsforscherkreis etwas davon hätten, möchte ich eher bezweifeln. Ich gehe einmal davon aus, dass ich einer der jüngsten in der Runde bin und von meinem Wissensstand her den anderen gegenüber weit hinterherhinke. Wie Du meinen bisherigen Nachrichten unschwer entnehmen konntest, versuche ich bislang Deine Betrachtungen aufzunehmen, mit meinem bisherigen Wissen

133

abzugleichen und dann die Essenz daraus zu verankern. Man könnte es auch bildlich als „Wiederkauen" sehen. Das, was ich damit ausdrücken möchte, ist, dass ich Euch eigentlich nichts wirklich Neues bieten kann, im besten Fall lediglich einzelne Aspekte aus meiner Erfahrung heraus ergänzen kann. Ob das dann für die Anderen so gewinnbringend ist, sei einmal dahingestellt. Wie Du bereits richtig bei mir bemerkt hast, kommt hier wieder mein Hang zum Perfektionismus durch, der sich in meinem bisherigen Leben oft als Hindernis dargestellt hat. Dieses erkennend und gegenwirkend werde ich mich jetzt an die Arbeit machen! Beim Thema bin ich mir noch etwas unschlüssig, aber die Bibel bietet hier jede Menge an gutem Material, das betrachtet werden will.

Die Umlegung der AP-Ebene bis hin zur Theose auf das Stylianos Atteshlis System ist mir als Einstieg etwas zu komplex. Beim Seminar mit Panayiota Theotoki-Atteshli habe ich bei ihr nachgefragt, wie denn die Zuordnung der AP und des HS zu verstehen wäre. Sie hat es zwar zu erklären versucht, aber ganz habe ich es nicht verstanden. Irgendwo bei den Begriffen permanente Persönlichkeit und Seelen-Selbst habe ich mich dann verfranst und den Überblick verloren. Die permanente Persönlichkeit ist ja der Ausdruck der Seele in den Welten der Trennung, die Seele selbst reicht ja schon in höhere Ebenen hinein - oder so ähnlich.

So, ich fahre jetzt zu meinem Schwiegervater, der mich heute zum Schnitzelessen eingeladen hat. So ein (ritueller) Fleischverzehr tut der AP in Anbetracht der Schmackhaftigkeit ganz gut. Wie hast Du das ausgedrückt: Man muss die Balance im Umgang mit seiner AP finden und auch manchmal großzügig zu ihr sein, damit sie sich dann umso geschmeidiger führen lässt.

Alles Liebe bis zum nächsten Mal, Jonas

Liebe edle Freunde,

einigen habe ich es schon angekündigt und zuletzt dann auch im Circle bekannt gegeben. Ich wollte es in einer geschlosseneren Runde tun, aber wir waren seit Wochen nicht vollzählig. Darum also jetzt als offizieller Akt:

Wir begrüßen ein neues externes Mitglied im Studienkreis. Jonas aus Österreich. Da für ihn die sonntägliche Anreise zum Circle nicht zumutbar ist, blieb nichts anderes, als ihm die Diasporamitgliedschaft anzutragen. Für uns bedeutet das, dass wir im Hinterkopf behalten, dass einer im Geiste an unseren Treffen teilnimmt. Vielleicht meinte Stylianos Atteshlis auch so etwas, als er einmal darauf hinwies, dass mehr Wesen an den Studienkreisen teilnehmen, als wir wahrnehmen können. ^^

Ich werde Jonas neben der persönlichen Kommunikation (also der von ihm und mir) auch noch in die Mailingliste aufnehmen und zumindest die maßgeblichen Mails auch an ihn senden. Also Mails mit Betrachtungen, bedeutenderen Protokollen und sonstigen wichtigen Infos. Er taucht ab heute demzufolge in den nicht verborgenen Empfängern auf und ihr seid auch für ihn sichtbar. Vielleicht bekomme ich gelegentlich mal ein aktuelles Foto von ihm für uns, so dass wir ihn auch „visualisieren" können. (ups, da falle ich jetzt bei Jonas mit der Tür ins Haus...)

In welcher Weise er sich hier im Kreis einbringen kann, damit experimentieren wir noch ein wenig. Aber ich bin sicher, dass es sich finden wird.

Im Anhang ein Text eines anderen Externen, den ihr schon kennt. Leider nur extern und nicht Mitglied. Dafür Bruder im Geiste und immer noch taoistischer Kung-Fu-Meister, der umgekehrt nach wie vor jeden Willigen zum Training

mit ihm einlädt. Wer sich also von ihm erleuchtungsfördernd durch den Bürgerpark boxen lassen möchte - ich kann den Kontakt herstellen!

Beste Grüße,
Clemens

18.10.13

Lieber Clemens, liebe Wahrheitsforscher!

Ihr macht mir damit eine riesen Freude und ich fühle mich sehr geehrt, in Euren edlen Kreis als Externer aufgenommen zu werden. Da ich in Österreich wohne und somit fast 1000 km physisch von Euch entfernt bin, tue ich mir mit den all-sonntäglichen Treffen etwas schwer. ^^ Ich hoffe aber, dass sich in absehbarer Zeit die Gelegenheit ergeben wird, Euch alle persönlich kennenlernen zu dürfen. Bis dahin möchte ich - wenn Clemens das gestattet - versuchen, mich mit schriftlich ausgearbeiteten Betrachtungen in den Circle einzubringen. Vielleicht schaffe ich es ja, Euch mit dem einen oder anderen neuen Aspekt zu bekannten Themen zu überraschen.

Ein aktuelles Foto von mir lässt sich sicher kurzfristig auftreiben.

Vielen Dank für Euer Vertrauen
und liebe Grüße aus Österreich
Jonas

Lieber Jonas,

Deine Mail vom 16. hat mich streckenweise sehr erheitert. Die „Stachelritter" haben es mir besonders angetan. Schön auch Deine erklärte Neigung zu gelegentlichen, plakativen Kraftausdrücken. Ich finde, wenn man bereit ist, sie auch jederzeit gutmütig gegen sich selbst einzusetzen, spricht das einen auch frei vom Verbot, sie hin und wieder auf andere zu beziehen. Darüber hinaus stutzt das alles irgendwie wieder auf einen menschlichen Rahmen zurück. Man kann bekennen: Keiner ist ohne Fehler, aber scheiß drauf - machen wir was draus!

Faszinierend auch Dein Status als Hobbylandwirt mit selbstversorgerischen Tendenzen. Mehr als ein Naschobstgarten mit Kräuterbeet und einigen Kleingemüsen (gibt es das Wort?) ist bei mir bisher noch nicht rausgekommen. Lediglich bei der letztjährigen gewaltigen Apfelernte in unserem alten Meditationsgarten, bei der wir etwa eine Tonne Äpfel von nur einem Baum ernteten, hat uns eine Mosterei für lange Zeit mit eigenem Apfelsaft versorgt. Ein höchst leckerer Saft zudem...

Du schriebst auch von der ungustiösen Angelegenheit, in den Fäkalien anderer Leute herumzustirln. Mich schreckt das nicht besonders, und einleitend und erklärend zitiere ich mich einfach mal selbst aus einem anderen Schriftstück. Zudem macht es meine Person noch etwas transparenter:

„Meine „erwerbsmäßige Lebenssituation" ist bescheiden, aber zeitlich auf spezifische Weise fordernd. Ich habe schon früh einen Hang zu einfacher, überschaubarer Arbeit gehabt. Als junger Mann arbeitete ich beispielsweise im Tagelohn im Bremer Hafen, in einem Sägewerk oder auch in einer Bierbrauerei. In der 12. Klasse brach ich das Gymnasium ab und wollte eine Krankenpflegelehre machen. Bekam aber kurzfristig keine Stelle und hatte dann die Bundeswehr im Nacken. Daraufhin ging ich wieder zur Schule und machte mein Abitur. Danach dann kurz Zivildienst, bis ich es schaffte, mich dem zu entziehen. Das tat ich, weil Zivildienstler in Deutschland damals im Kriegsfalle ebenfalls einberufen werden sollten. Sie sollten dann „waffenfern“ eingesetzt werden. Beispielsweise als Minenräumer oder Brückenbauer etc. Damit war Zivildienst für mich keine Alternative.

Ich begann dann zu studieren. Parallel arbeitete ich in Psychiatrien in Bremen und Hamburg als sogenannter „Pflegehelfer“. Damit finanzierte ich teilweise meinen Unterhalt. Später wechselte ich sowohl mein Studienfach, als auch meinen Broterwerb. Ich begann in Bremer Kneipen zu putzen. Langer Rede kurzer Sinn - das ganze uferte aus. Zuletzt arbeitete ich mit bis zu acht Leuten und reinigte in Museen, Tenniscentern, Saunas, Gastronomiebetrieben. Vor etlichen Jahren dämmte ich das Ganze massiv ein. Ich beendete mein Studium und meldete ein offizielles Gewerbe an. Seitdem arbeite ich alleine und mache im Wesentlichen immer noch dasselbe - wenn auch Lagerverwaltung, Einkauf und so nominell dazugehören. Mittlerweile arbeite ich nur noch in drei Kneipen - nachdem ich eine Eigentumswohnung praktisch abbezahlt hatte. Und alle Läden müssen täglich fürs Öffnen vorbereitet werden. Ich bin alle Tage zwischen vier und sieben Stunden beschäftigt und somit nicht für Reisen und Seminare verfügbar. Das wird wohl auch eine Weile so bleiben, da ich keine für mich praktikable Alternative sehe.“

Zitat Ende. Du siehst, Körperausscheidungen anderer Leute können für mich kein großes Problem sein, sonst hätte ich als Pfleger und Gastroservice-Mann wirklich Schwierigkeiten. Besonders im pflegerischen Bereich habe ich schon früh eine Abhärtung erfahren. Ich habe dort oft Nachtwachen gemacht.

Morgens bei der Übergabe an die Frühschicht frühstückten wir dann teilweise gemeinsam und besprachen beim Essen teils recht heikle Vorfälle der Nacht und Notwendigkeiten des Morgens. Es beeindruckte mich immer, wenn kleine, zierliche Krankenschwestern beispielsweise vom nächtlichen, manuellen „Ausräumen" des Dickdarms eines Patienten berichteten, während sie sich ein Nutella-Brötchen schmierten. Der Humor dieser Berufsgruppe ist erwartungsgemäß ätzend, für Außenstehende hart. Aber gerade dies befähigt sie, in Krisensituationen besonnen das Richtige zu tun.

Deine Zyklusbetrachtungen, wie Du es nennst, sind auch stark mein Thema. Ich habe nicht so sehr die terminliche Gewissheit wie Du, aber ich bin voller Befürchtungen. Manchmal frage ich mich, wie konnte ich nur ein Kind zeugen? Aber das Ganze ist ein dermaßen weites Feld, darauf gehe ich heute nicht weiter ein.

Abschließend noch Deine Frage: „Wie wird man Volontär?" Du hast ja gelesen, dass man in der Regel das Volontariat angeboten bekommt. Es ist auf eine bestimmte Weise ein Gnadenakt, mit dem man Schülern des Weges **durch** das Angebot klarmacht, dass sie in ihrem Leben eine klare Entscheidung treffen sollten. Manchen wird dies erst nach Jahrzehnten angeboten. Eigentlich sollte (oder könnte) ein Schüler sich über die Entscheidung schon von selbst klar werden. Aber das Ego scheut lange, lange vor den Konsequenzen zurück. Neben dem reinen Akt des Angebotes ist das Volontariat ein deutliches Bekenntnis zum spirituellen Weg - unabhängig von äußeren Formen und Gruppen. Ich will es mal so sagen: Zwar sollte das Volontariat angeboten werden, aber wenn ein Schüler die Notwendigkeit für sich sieht, dann kann er wohl durchaus das Angebot erbitten/fordern.

Ich bin wieder in einem Megamailzyklus und beende für heute...

Liebe Grüße,
Clemens

PS: Gut und richtig, dass Du sofort an alle (zwei Mitglieder waren nicht auf meiner Liste; einen hatte ich vergessen, der andere ist gerade erst in den Einsteigerkreis gekommen und ich habe die Mailadresse nicht) Kreismitglieder geschrieben hast. Ein guter Einstand!

21.10.13

Hallo Clemens!

Mich hat gerade Deine Nachricht erreicht, bevor ich meine noch wegschicken konnte. Bei mir war heute viel los, sodass ich immer nur kurze Zeitabschnitte hatte, daran zu schreiben. Das Ganze wirkt dadurch etwas zerfleddert, ich bitte um Deine Nachsicht.

Ich habe mich wahnsinnig über Deine Nachricht vom Freitag gefreut, jetzt offiziell in den Kreis aufgenommen zu sein und dazuzugehören. Ich kann's gar nicht beschreiben, wie glücklich ich bin, damit endlich eine neue spirituelle Heimat gefunden zu haben. Obwohl ich die anderen nicht persönlich kenne, fühle ich mich auf eine Art und Weise mit ihnen verbunden, die ich nicht in Worte fassen kann. Das fühlt sich irgendwie an, als wenn man nach vielen Jahren der Wanderschaft nach Hause kommt und alle Lieben versammelt da sind, um einen zu empfangen. Vielen Dank für Deine Worte - sie haben mich tief bewegt. M. hat mir auch einige sehr nette Zeilen geschrieben, ich habe mich darüber sehr gefreut.

Nun, da habe ich bei meiner Rückantwort am Freitag meinen Mund in Bezug auf die Betrachtungen ja sehr voll genommen. ^^ Beim Lesen der „Kochrezepte" von Michael habe ich wieder gesehen, wie tiefgehend so Betrachtungen sein können und auf welch hohem Niveau sich meine Mitbrüder/-schwestern befinden. Ich hoffe hier auf ihre wohlwollende Nachsicht mir als Anfänger gegenüber.

Die Ausarbeitung von Michael hat mich ob meiner eigenen Gedankenlastigkeit sehr angesprochen! Ein reizvoller Gedanke, die Gedanken (ups, das sind jetzt viele Wortwiederholungen, man sieht meinen Schwerpunkt...) nur mehr wie ein Instrument gelegentlich zu benutzen und auf eine konzeptionelle, gedankenlose Ebene überzugehen. Das ist aber ein weiter Weg dahin, jedenfalls für mich. Ich bin schon froh, wenn ich gelegentlich mein lineares Denken verlasse und versuche, die Dinge überblickend als Bild zu schauen, welches ich mir noch dazu in Einzelüberlegungen wie ein Puzzle zusammenfügen muss. Du bezeichnest das, wenn ich das richtig in Erinnerung habe, „den Geist in verschiedene Richtungen auswerfen". Manchmal gelingt es mir, auch größere Teilfelder mit einem Blick zu erfassen - das ist sehr erbauend und motivierend für mich. Zu einer guten Ausrichtung gehören aber auch Ziele, wie sie in Michaels Arbeit dargestellt sind, man muss wissen, wo man hin will.

Um auf die Möglichkeiten meiner Mitarbeit im Circle zurückzukommen, möchte ich Dir neben der Ausarbeitung von Betrachtungen anbieten, sämtliche meiner bisherigen Nachrichten, vollständig oder auszugsweise auch den anderen Mitgliedern zur Verfügung zu stellen, wenn denn brauchbare Dinge darin enthalten sind, die für die anderen von Interesse sind. Vielleicht steckt in meinen Nachrichten doch das eine oder andere Körnchen „Wahrheit" oder meine Erfahrungen können einem anderen Mitglied von Nutzen sein. Um das einschätzen zu können, fehlt mir leider das Wissen um das Niveau der Anderen, ich möchte es Dir dennoch anbieten. Was meinst Du dazu?

Ich habe Deinen Ratschlag befolgt und versucht, das Leid eines mir nahestehenden Menschen zu übernehmen. Vor drei Wochen hat sich dazu die Gelegenheit ergeben, als sich eine Verwandte eine Erkältung einfing. Das Ergebnis war vorderhand, dass ich selbst krank wurde, bis heute den Husten noch nicht wegbrachte und es meiner Verwandten sehr rasch besser ging. So weit – so gut. Das Resultat meines Versuches ist aber dennoch nicht aussagekräftig, da ich vorher schon gesundheitlich angeschlagen war, also Eigenanteile in nicht quantifizierbarem Umfang dabei waren. Ich komme aber immer mehr zur Erkenntnis, dass jedes Mal in irgendeiner Form eigenes Verschulden mit dabei ist. Durch Krankheiten von Personen, mit denen ich karmisch verbunden bin, wird das irgendwie ausgelöst. Ich werde hier weiter experimentieren und Dir dann berichten.

Clemens, du hast den Durchbruch (das Wort Erleuchtung habe ich nicht so gern) damit definiert, dass darunter die Ablöse der AP als bewusstseinsvermittelndes Konstrukt durch das HS zu verstehen ist. Ich habe damit länger nichts anfangen können, beginne aber anhand meiner Erfahrungen langsam zu verstehen. Ich bemerke zusehends, dass sich gewisse Grundansichten, Einstellungen, alte Vorurteile etc. sukzessive auflösen und ich die Dinge auf einer breiteren Basis sehe. Früher war es bei mir so, dass ich z.B. gegenüber bestimmten Religionen oder religiösen Strömungen doch bedeutende Vorbehalte in verschiedener Hinsicht hatte. Diese Vorbehalte sind zwar jetzt nicht unbedingt weg, aber ich sehe nun auch viele Aspekte, die diesen Religionen positiv anzurechnen sind. Auf der anderen Seite zeigen Dinge, die ich vorher sehr positiv gesehen habe, ihr negatives Gesicht. Das Bild, das vorher sehr eingeschränkt war, wird jetzt breiter und durch verschiedene Gesichtspunkte erweitert. Die Beurteilung erfolgt jedes Mal aufs Neue, auch das ist anders. Aufgefallen ist mir das auch unlängst im österreichischen Wahlkampf, wo ich feststellen musste, dass eigentlich alle Parteien in Teilbereichen ganz gute Ansätze haben, die überlegenswert erscheinen. Andererseits erscheinen diese Gruppierungen oft so, wie Du in Deiner Betrachtung mit der Gurke im Hintern sehr treffend dargestellt hast, - und noch viel schlimmer. Es ist irgendwie so, als ob man gewohnte Bahnen verlässt und ergebnisoffen Dinge betrachtet, über die man sich vorher schon eine fixe Meinung gebildet hat. Würdest Du dem so zustimmen, oder ist das lediglich ein Nebenaspekt der Entwicklung?

Das mit dem Volontär habe ich immer noch nicht verstanden, was sind denn die Konsequenzen, die das Ego scheut - die eigene Ego-Auflösung? Wenn's denn wirklich Jahrzehnte dauern sollte, so ist das sicherlich nicht ohne Grund so. Erleben sollte man's halt noch. Ich denke, dass das eigene Entwicklungsniveau hier sicher eine nicht unbedeutende Rolle spielt. Eine Entscheidung habe ich bereits getroffen, nämlich meine spirituelle Entwicklung als Priorität Nr. 1 bis zu meinem irdischen Ableben in aller Ruhe aber mit Konsequenz fortzusetzen. Kompromisse hinsichtlich meiner Lieben sind sicher zu machen, ich möchte schließlich niemanden verletzen. Und für ein wenig Genuss und Lebensfreude ist auch noch Platz. ^^ Ich denke, das wird auch für einen Volontär gelten.

Bitte mach Dir keinen Stress mit Deiner Antwort. Ich weiß, ich schreibe momentan wieder einmal sehr viel, da mich viel bewegt. Es ist die Freude über meine offizielle Aufnahme, die mich anspornt.

Danke und alles Liebe zur Dir nach Bremen!
Jonas

Lieber Jonas,

ich möchte heute nur kurz ein paar Anmerkungen machen. Wichtigstes vielleicht zuerst. Du hast ganz recht, das Ego scheut (gänzlich unbegründet) die Auflösung, wenn es um die Frage des Volontariats geht. Bestenfalls wird ihm nach und nach die Hauptrolle bei der Bewusstseinsvermittlung abgenommen – wie Du ebenfalls richtig bemerkst und auch richtig nachzuvollziehen beginnst. Bezüglich des Volontariats habe ich mich aber wohl zu schwammig ausgedrückt. Wenn Du von mir fordern würdest oder mich bätest, Dir das Volontariat anzubieten, würde ich es in Deinem Falle tun, denn ich sehe nichts, was dem entgegenstünde. Anders herum ausgedrückt, meines Erachtens hast Du es schon! Deine Ausrichtung ist – soweit ich dies per Email und per Einfühlungsvermögen sagen kann – schon die eines Volontärs. Also bitte mich, und ich biete Dir an, was Du eigentlich schon hast.

Deine Hochschätzung des Kreises hier und des Entwicklungsniveaus der Mitglieder kann ich einerseits bestätigen und muss ich andererseits etwas bremsen. Es sind einige Durchbrüchler darunter, praktisch alle sind gut auf dem Weg, die meisten haben das angebotene Volontariat angenommen und die damit einhergehende Beschleunigung erfahren, aber im Alltag, bei den Kreistreffen menschelt es auch manchmal ganz schön. Immerhin haben wir über die Jahre gelernt, das auszuhalten und als Ansporn zu benutzen. Der Kreis ist nicht mit der ESG zu verwechseln. Wir bewegen uns nur entschieden in diese Richtung.

Eine Aussage aus dem gnostischen Philippusevangelium über die spirituelle Gemeinschaft steht eingeschnitzt in einem

Deckenbalken eines Meditationshauses der ESG, das ich einmal besuchen durfte. Als ich sie nach Jahren verstand, rührte sie mich zutiefst:

„Die Kinder des Brautgemachs haben einen einzigen Namen:
Ruhe herrscht.
Einander brauchen sie keine andere Form,
denn sie haben die Schau.“

Davon ist unser Kreis noch weit entfernt. Trotzdem sehe ich hier im Umfeld nichts, was die spirituelle Ausrichtung so deutlich repräsentiert, wie unser Kreis. Abgesehen von der ESG selbst. Du bist in unserer Runde durchaus gut aufgehoben und keineswegs ein kleines Licht.

Mehr so bald wie möglich,
Clemens

23.10.13

Hi Jonas,

da hatte ich mit einer schnellen Anfrage nach einem Volontärsposten gerechnet, aber offensichtlich habe ich Dich bezüglich unseres Kreises nachhaltig frustriert.:-) Nein, im Ernst, ich bin ja ganz froh, wenn ich tatsächlich nochmal auf Deine zurückliegenden Mails eingehen kann.

Was macht übrigens der Erkältungsrest nach „Übernahme“ des Schnupfens Deiner Verwandten? Ich hatte es kaum gelesen, da hatte ich die ersten Erkältungssymptome. Jetzt läuft seit zwei Tagen sporadisch meine Nase und es ist eine

ungewöhnliche Erkältung, die nicht recht zum Ausbruch kommt. Sollte ich Dir helfen, Dein Kreuz zu tragen, das Du von Deiner Verwandten hast? So würde ja wirklich die Last der Reihe nach immer kleiner. Wenn es Dir also seit zwei Tagen wieder bestens geht...

Dass Du in das Schreiben von Betrachtungen einsteigst, finde ich gut. Die Rahmenvorgaben sind Dir ja bekannt. Mach Dir aber keinen Druck, lasse es einfach geschehen. Noch interessanter finde ich Dein Angebot bezüglich Deiner Briefe. Ich hatte letzte Woche mit Ludwig über unseren Briefwechsel gesprochen (gemailt). Auszüge davon hatte ich ihm zukommen lassen - weniger um Dich vorzuführen, als um meine Antworten begutachten zu lassen und eventuelle Kritik einzustecken. Lehrer-Schüler-Verhältnisse fordern manchmal solcherlei „Indiskretionen", aber der Kreis ist natürlich darüber hinaus geschlossen. Bestenfalls würde wohl Ludwig **seine** Antworten von **seinem** Lehrer durchsehen lassen. Lustige Vorstellung. Und dann immer weiter rauf bis zu Gott persönlich. Da würde mich brennend die konkrete Zahl der Zwischenstufen interessieren!

Jedenfalls hatte Ludwig festgestellt, dass der Briefwechsel es in sich habe und auch allgemein lesenswert sei. Ob ich nicht mit Dir besprechen könne, ob und wie sich Veröffentlichung machen ließe. Ich habe einige Tage darüber nachgedacht und wollte Dir dann schon meine Überlegungen mitteilen, da bist Du mir mit Deinem Vorschlag zuvorgekommen. Jedenfalls finden ich und „mein Chef" die Idee gut. Allerdings würde ich in jedem Fall eine Überarbeitung des Gesamttextes empfehlen. Dabei denke ich an eine mehr oder weniger starke Anonymisierung. Für den Studienkreis würde ich lediglich einige private Details entfernen. Für eine öffentlichere Nutzung würde ich drastischer vorgehen. Ich könnte mir sogar vorstellen, so etwas in Buchform zu veröffentlichen, da viele spirituell existenzielle Punkte angesprochen werden. Was meinst Du dazu?

Deine Beobachtungen zum Durchbruch kann ich nur bestätigen. Es geht ganz in die richtige Richtung mit Dir. Darüber freue ich mich sehr. Persönlich und auch für Dich. Der Begriff „Durchbruch" ist in der ESG der übliche Begriff. Ich habe mich temporär auf den Begriff „Erleuchtung" fixiert, da ich einiges zu den mit dem Wort verbundenen Vorurteilen und Missverständnissen richtigstellen wollte. Unabhängig davon bleibt der Begriff aber assoziativ aufgebläht. Durchbruch trifft es durchaus besser.

Wir haben hier seit Tagen ein seltsames Spätsommerwetter, nachdem es schon arschkalt gewesen war. Manchmal sehr warme Sonne, öfter aber bedeckt und schwül bei zwischendurch über 20 Grad. Unpassendes Wetter für eine Erkältung eigentlich! Um nochmal darauf zurückzukommen. ^^

Liebe Grüße,
Clemens

23.10.13

Lieber Clemens!

Mich hat es eigentlich schon in den Fingern gejuckt, Dich um das Angebot des Volontärpostens zu bitten, ich habe mich jedoch - das wird Dich vielleicht überraschen - nach einiger Überlegung anders entschieden. Soweit ich das verstanden habe, ist das Anbot zum Volontär ein Mittel, das dem

Lehrenden zur Verfügung steht, den Schüler zu einer bewussten Entscheidung zum Beschreiten des spirituellen Weges zu bringen. Aus unserem Verhältnis heraus steht es mir eigentlich gar nicht zu, eine wie auch immer geartete Forderung (oder verlangende Bitte) an Dich zu richten, da Du ja mein Lehrer und Freund bist, der mich und meine Entwicklung kennt, mir weiterhilft und mich unterstützt. Ich würde dadurch Deine Urteilsfähigkeit und Deine Führung in Frage stellen und das möchte ich nicht. Du weißt sicher am besten, wann der richtige Zeitpunkt dafür ist. Wenn Du mir das Volontariat anbieten würdest, würde ich selbstverständlich mit Freuden ja sagen. Ich möchte mich hierbei also auf Dein Urteilsvermögen verlassen und auf dein Angebot warten - Jahrzehnte werden's hoffentlich nicht werden. ^^ Ein Nebenaspekt ist meine Dir bereits bekannte Ungeduld in spirituellen Angelegenheiten - ich möchte hier auch gezielt entgegenwirken und mich Deiner Einschätzung unterwerfen.

Wenn mit dem Volontariat die Verpflichtung zum Lehren verbunden ist, ist das für mich kein Problem, ich stehe hier auch jetzt schon gerne und vollumfänglich im Rahmen meiner Möglichkeiten zur Verfügung. Sollte es weitere Aspekte geben, wie etwa die von Dir angesprochene Entwicklungsbeschleunigung, die ich noch nicht 100% nachvollziehen kann, oder andere Dinge, die mir derzeit nicht bekannt sind, würde ich Dich dazu um Aufklärung bitten.

Wow, jetzt bin ich aber sprachlos, dass sich sogar ein Meister mit meinen Nachrichten beschäftigt, mein AP Ego hebt gleich ab. ^^ Ich wäre wirklich neugierig darauf, Ludwig einmal kennenzulernen.

Ich habe ja als Neokreismitglied noch einen Persilschein für Ungereimtheiten und Unzulänglichkeiten und hoffe hier auf seine und Deine Großzügigkeit. Ob das bei Dir auch der

Fall ist, weiß ich nicht, ich hoffe jedenfalls, dass Dein Urteil nicht zu hart ausgefallen ist. ^^ Falls Ludwig so nachsichtig ist wie Du mir gegenüber - wovon ich ausgehe -, mache ich mir da jedenfalls keine Sorgen.

An eine echte Veröffentlichung der Texte hatte ich eigentlich noch gar nicht gedacht - aber warum eigentlich nicht? Wenn sogar Meister Ludwig das positiv sieht, bin ich hier selbstverständlich einverstanden. Wie gehen wir das konkret an? Sollten auch die weiteren, noch folgenden Nachrichten darin einfließen? Oh, jetzt bin ich bei Dir mit der Tür ins Haus gefallen - ich bin einfach davon ausgegangen und hoffe darauf, dass wir unseren Dialog fortsetzen werden.

Danke für die Darstellung Deiner beruflichen Tätigkeit. Auch ich möchte Dir gegenüber transparenter werden und werde Dir deshalb in meiner nächsten Nachricht einmal grob darstellen, was ich in den letzten vier Jahrzehnten so getrieben habe. Ich glaube jetzt schon, dass ich Dich damit etwas überraschen kann.

Bis dahin alles Liebe
Jonas

24.10.13

Hallo Clemens!

Entschuldige bitte, ich habe Dir in einer Sache Deiner letzten Nachricht noch keine Antwort gegeben. Offenbar habe ich Dich irgendwie mit meinem Schnupfenvirus angesteckt!

Mir geht es im Vergleich zu Sonntag deutlich besser. Danke! Hast Du hier aktiv experimentiert oder ist das eher eine zufällige zeitliche Koinzidenz? Das Nicht-Ausbrechen der Krankheit, wie du ausführst, würde eher für die Übernahme meines Leides sprechen.

Ich kann das mittlerweile einigermaßen unterscheiden, ob ich selbst krank bin oder Anteile von Krankheiten von mit mir karmisch verbundenen Personen übernehme. Charakteristisch für letzteres ist, dass die Krankheit meist nicht wirklich ausbricht, sondern in einem „steckt" (wie offenbar derzeit bei Dir). Das bedeutet aber nicht - wie ich das letzte Mal bereits ausgeführt habe - dass nicht doch auch Eigenanteile dabei sind. Aufgrund meiner letzten Experimente und damit verbundenen Beobachtungen gehe ich sogar davon aus, dass eigentlich immer eigene Anteile in unterschiedlichem Ausmaß mit dabei sind. Ich habe für mich sogar die These aufgestellt, dass die Übernahme von Leid ohne eigene Vorbelastung gar nicht möglich ist. Ich denke, dass man damit auch eigene „Schuld" abbaut, die Krankheit des nächsten dies irgendwie katalysiert.

Wichtig ist hier noch anzumerken, dass in Abhängigkeit der Art des Mitleidens die Symptome zeitweise verschwinden, man ist also nicht vollzeitig davon beeinträchtigt. Beispiel dafür wäre der Achillessehnenanriss einer „geliebten" Verwandten, den ich nur zeitweise verspürte. Wenn man seine Aufmerksamkeit darauf richtet und in den Schmerz hineingeht, wird's besser. Aber ich glaube, das ist bei jeder Erkrankung so.

Ich möchte zum Thema Krankheitsübernahme/Mitleid auch auf eine ganz andere Erklärungsmöglichkeit hinweisen, nämlich dass ich hier auf subtile Art und Weise meiner AP auf den Leim gehe, die mir suggeriert, dass ich diese „Fähigkeit" besitze. Vielleicht steckt da irgendwie der Wunsch dahinter, etwas Besonderes zu sein oder bei Dir Aufmerksamkeit zu erregen. Ich werde da wachsam und kritisch bleiben.

Ich hoffe, ich habe Dich mit meiner gestrigen Nachricht nicht aus dem Konzept gebracht.

Alles Gute und vor allem gute Besserung!
Jonas

25.10.13

Hi Jonas,

sehe ich das eigentlich richtig, dass Dich meine Nachrichten nur während Deiner Arbeitszeiten erreichen? Zuhause nutzt Du das Internet nicht für unsere Kommunikation? Ich bin heute leider knapp mit meiner Zeit und habe doch andererseits verschiedene Dinge, die ich gerne ansprechen würde. Damit Du aber „was zu lesen“ hast, schicke ich Dir wenigstens eine Betrachtung im Anhang.

Liebe Grüße erstmal,
Clemens

28.10.13

Hallo Clemens!

Ich habe die gestrige Geburtstagsfeier meiner Tochter dazu genutzt, mich von ihr fotografieren zu lassen - das Ergebnis siehst Du anbei. Ist leider etwas undeutlich geworden (da kommt wenigstens nicht so deutlich heraus, dass ich nicht rasiert bin ^^) - ich schicke Dir bei Gelegenheit ein besseres.

Für's Rasieren ist es sich leider nicht mehr ausgegangen, da ich das Wochenende so ziemlich durchgearbeitet habe. Die Bauarbeiter haben nicht schlecht gestaunt, dass ich als Auftraggeber bei den Pflasterarbeiten in meinem Hof mitgearbeitet habe. Obwohl ich mir einen Muskelkater eingefangen habe, hat es mir gut getan, den Kopf wieder etwas frei zu bekommen.

Bis bald und alles Liebe
Jonas

28.10.13

Lieber Jonas,

das Thema Krankheitsübernahme ist interessant und ich stimme Dir bezüglich Deiner Beobachtungen zu. Ich selbst hatte nicht die Absicht, Deine Schnupfensymptome auf mich zu ziehen und will auch gar nicht behaupten, dass es so

gewesen sei. Tatsache war lediglich, dass ich - kaum hatte ich von Deinem Unwohlsein gehört - eine laufende Nase bekam. Innerhalb von drei Tagen war es wieder vorbei und insgesamt nicht sehr ausgeprägt. All das in der Tat klassische Übernahmezeichen. Ob aber immer eigene Anteile sein müssen? In letzter Konsequenz hieße das, dass ein Hoher ohne eigene Anteile entweder nicht auf diese Weise zur Heilung beitragen könnte, oder selbst bei ihm eigene Anteile vorhanden wären. Das werden wir wohl noch eingehender untersuchen müssen.

Danke nebenbei für Dein während meines Schreibens eingegangenes Foto. Ich sehe Dich dadurch nicht sehr viel deutlicher, aber den Kreislern wird es als unrasierter Ersteindruck willkommen sein. Ich leite es dann mal an alle weiter, okay?

Die Sache mit dem Volontariat ist für mich in Deinem Fall nicht ganz einfach. Naja, einfach ist es damit wohl nie, aber ich habe mich bisher nicht mit der Sache in Verbindung mit einer „Brieffreundschaft" beschäftigt. Ein Lernfeld für mich, bei dem ich mit ganz neuen Fragen konfrontiert werde. Vieles deutet für mich klar darauf hin, dass Du bereit bist und alle Voraussetzungen erfüllt. Allerdings ist unsere Bekanntschaft schon anders, als bei Menschen, mit denen ich unmittelbareren Kontakt habe. In Deinem Fall kann ich mich nur auf Einfühlung und Intuition verlassen, wo ich bei anderen die Dinge direkter wahrnehmen kann. Es ist ja mit dem Wissen und den nachweislich richtigen Fragen so, dass sie sich auf verschiedenen Ebenen verwirklichen. Ich erinnere an die Reihe: „Wissen bedeutet: wissen was, wissen wie, das Tun und die Verinnerlichung der Resultate des Tuns." Wir behaupten aber voller Inbrunst schon auf der ersten Stufe: „Ja, ich weiß." Die dritte und vierte Stufe lassen sich in der Teilhabe am Leben des anderen - und sei es auch nur einmal die Woche bei einem Kreistreffen – sehr deutlich herauslesen. Im Austausch von Emails ist das nicht so leicht.

Ferner ist es auch so, dass wir auch in diesen Graden der Annäherung auf verschiedenen Stufen stehen. Abhängig von Tagesform etc. Auch das ist im direkten Eindruck leichter zu bewerten. Ich werde tatsächlich so vorgehen, dass ich meinen Eindruck von Dir noch etwas vertiefen werde. Will sagen, ich warte noch etwas ab. Immerhin sind wir noch nicht einmal vier Monate im Kontakt. Erstaunlich, wie intensiv wir in der kurzen Zeit schon miteinander gearbeitet haben.

Die von Dir angesprochene Entwicklungsbeschleunigung tritt bei zögerlichen Menschen auf, die sich der Tragweite ihres Tuns nicht richtig bewusst sind bzw. sich im Grunde dieser Einsicht entziehen und dabei stagnieren. Man kann da manchmal lange auf klare Signale für ein Volontariatsangebot warten. Entweder verschiebt man das immer wieder, oder man entscheidet sich irgendwann „auf Teufel komm raus" für das Angebot. Sicher muss es hier „auf Erzengel komm raus" oder „auf HS komm raus" heißen, aber ansonsten stimmt es. Man wagt etwas, um etwas zu bewirken. Manche rennen dann los wie ein Rennpferd beim Schatten der Peitsche... Und schreien vor Glück! Andere sind weniger aufgedreht, manche verweigern! Bei Dir sehe ich diese Beschleunigung vom persönlichen Bemühen her nicht, weil Du ohnehin gut unterwegs bist. Was Dir vielleicht (noch) entgeht, ist der **Segen**, der aus der nominellen Annäherung an die ESG erwächst. Aber es wäre doch eigentlich auch da zu billig, wenn Segen und ESG solch einen Verwaltungsakt benötigten. Der Unterschied ist also bestenfalls graduell und Dir entgeht damit nicht viel.

Ludwig ist in der Tat sehr nachsichtig mit mir, allerdings liegt gerade darin auch ein diffuser Schrecken. Ich kann das nicht richtig erklären. Vielleicht kannst Du etwas davon aus der anhängenden Betrachtung herauslesen. Ebenfalls die Betrachtung „Die Welt über der Welt" aus „Kreisgedanken" atmet etwas davon. Ludwig ist dieses Jahr mit etwa dreißig seiner Leute nach Kalifornien gegangen. Er war in den letzten Jahren schon häufiger und länger dort und in Vietnam. Soweit ich weiß, ist er irgendwie an einem Projekt beteiligt, bei dem es um karmischen Ausgleich zwischen den USA und Vietnam geht. Erstmal für etwa 5 Jahre ist er mit etwa der Hälfte seiner Leute (der Gruppe innerhalb der ESG in der er lebt) fort aus Deutschland. Ich sehe das natürlich mit einem weinenden Auge und mit einem (nein, nicht lachenden) unbeeindruckten Auge. Meine innere Nähe zu ihm trägt gewöhnlich diese „Trennung".

Unseren (Deinen und meinen) Dialog werden wir sicher fortsetzen. Zumindest von meiner Seite steht dem nichts entgegen. Vielleicht oder wahrscheinlich werden wir mit der Zeit nicht mehr ganz so „überhitzt" die Tastaturen rauchen lassen, denn in einigem vollzieht sich die Verwirklichung langsam und muss dann irgendwann nicht mehr immer wieder bestätigt oder aufgestachelt werden. Dafür ist es dann um so befriedigender, die Reifung zu beobachten und **wenigstens** zu diesem Zweck werden wir Kontakt halten. Darüber hinaus entwickelt man sich ja auch auf den niedrigeren Wissensebenen und da bleibt ebenfalls Platz für Austausch und Abgleich!

Die Möglichkeiten zur Veröffentlichung sind über den Kreis hinaus entweder auf der Webseite und/oder per Buch. Wenn wir eine literarisch ansprechende Form hinkriegen würden, könnte man sogar versuchen, einen Verlag zu interessieren (was vor allem wegen des dann weiteren Wirkungskreises fein sein könnte).

Deine Informationen über die Bienen haben mich umgehauen. Das habe ich alles nicht gewusst! Es ist wirklich alles ungemein bunt und erstaunlich in dieser Welt.

...und Deinen „Lebenslauf" erwarte ich auch schon mit einiger Spannung! ^^

Hier zieht gerade ein Orkan auf. Den ganzen Tag schon schwere Böen. Heute Nacht und morgen könnte es sehr heftig werden. Aber die Akustik ist toll! Und die Bäume vorm Haus sind auch ein eindrucksvoller Anblick.

Beste Grüße,
Clemens

29.10.13

Lieber Clemens!

Ich hoffe, dass Du vom Orkan nicht direkt betroffen bist und sich die Schäden in Deinem Umfeld in Grenzen halten. Ich war gerade auf einer Arbeitstagung unseres Landes-Zivilschutzverbandes, wo auch der Orkan in Norddeutschland ein Thema war. Das war der Auslöser, Dir heute noch kurz zu schreiben.

Mein Alltag hat mich wieder fest im Griff, durch die momentane Arbeitsbelastung wurden mir besonders am Wochenende wieder meine Grenzen und Mängel deutlich vor Augen geführt. Da ist noch viel Arbeit an mir zu tun, so viele Dinge, die aufgelöst und losgelassen werden müssen...

Wenn man einmal den Weg der Erkenntnis gegangen ist und dann auf den Karmaweg zurückgebracht wird, tut das weh. Aber ich vertraue hier auf die göttliche Führung, Gott weiß sicher am besten, was für mich gut ist. Du bist gut für mich. Nicht nur gut, sondern das Beste, was mir in meinem bisherigen Leben passiert ist.

Ich leide darunter, derzeit keine Möglichkeit zu haben, einfach einmal zu Dir zu fahren und an einem sonntäglichen Treffen teilzunehmen. Meine Mitbrüder und Mitschwestern endlich kennenzulernen. Das ist es, was mir wirklich weh tut, nicht die karmischen Konsequenzen für mein törichtes Verhalten, denn die habe ich verdient. Du sagst ja auch, dass Du Dir mit meiner Beurteilung schwer tust - was ich ja voll verstehe. Dazu kommt noch meine hintergründige Angst, Deinen Vorstellungen von mir, die ja zwangsläufig im Rahmen unserer Korrespondenz entstehen, nicht zu entsprechen. Körperliche Mängel, wie etwa meine leichte Augenfehlstellung, machen es mir auch nicht leicht, ein Bild zu finden, wo ich halbwegs gerade dreinschaue.

Ich mache mir Vorwürfe, Deine Zeit und Aufmerksamkeit so häufig in Anspruch zu nehmen, obwohl ich genau merke, dass Du selbst viele Verpflichtungen hast und Deine zeitlichen Möglichkeiten begrenzt sind. Ich weiß, dass Du mir gerne antwortest, aber ich weiß auch, dass das sehr schnell zur Last werden kann, und das möchte ich nicht. Es ist halt sehr verführerisch für mich, Dein gewaltiges Wissen „anzuzapfen".

Es beschämt mich, wenn ich mir dieses Wissen und die vielen Hinweise und Ratschläge von Dir vor Augen führe, die Du mir gegeben hast, und wie wenig ich davon bisher umgesetzt und verinnerlicht habe. Ich sollte hier viel mehr an mir arbeiten und Dir weniger Löcher in den Bauch fragen. Andererseits spornen die kleinen Erfolge, die ich bisher gehabt habe, ungeheuer an und es tauchen halt auch immer wieder ergänzende Fragen dazu auf.

Es tut mir weh, in meinem Umfeld nicht zumindest im bescheidenen Umfang mein Wissen weitergeben zu können. Wie Du in Deinem Buch richtig ausführst, muss es hier einen karmischen Ausgleich geben, Ungleichgewichte in dieser Hinsicht können längerfristig nicht bestehen bleiben. Der Belehrte muss irgendwann zum Lehrenden werden, wenn auch auf niedrigem Niveau. Hast Du eine konkrete Aufgabe für mich, die ich bearbeiten kann?

So, jetzt bin ich immer noch nicht zum angekündigten Lebenslauf gekommen und es ist schon spät geworden. Ich hol's nach, versprochen.

Ich wünsche Dir eine gute und vor allem ruhige Nacht
Jonas

30.10.13

Lieber Jonas,

danke für Deine guten Wünsche. Ich bin vom Orkan verschont worden – auch im weitesten Umfeld.

Heute zwischen Tür und Angel nur eine Sache, die ich für besonders wichtig halte: Die aus dem Lernen erwachsende Lehrverpflichtung musst Du in einem viel weiteren Sinne verstehen. Sicher ist eine Art, intellektuelle Informationen weiterzugeben. Dies ist klassisches Schülerlehrertum in Reinform. Auch stärker verwirklichte Wissensformen verbal weiterzugeben ist eine Möglichkeit. Lehrerschülertum in Reinform! Gewöhnlich denken wir immer an diese Art zu lehren. Und ich kann verstehen, dass es Dich frustriert, dass es in Deinem Umfeld keinen gibt, dem Du auf diese Weise weiterhelfen kannst. Aber in dem Fall trifft Dich keine Schuld und die Bereitschaft zur Wissensweitergabe wird Dir schon im vollen Umfang als Tat angerechnet. Du bist damit

praktisch ein spiritueller „Schläfer", der sich für mögliche Einsätze bereithält. Es gibt aber eine Form der Wissensweitergabe, von der manche sagen, dass sie unter dem Strich sogar effektiver sei als das Lehrgespräch.

Wir wirken beständig in unserer Umwelt und auf unsere Umwelt. Nonverbale Kommunikation spielt sogar im Lehrgespräch eine große Rolle. Unsere wichtigste Aufgabe ist die Verwandlung unserer AP, da wir durch sie die ganze Zeit lehren. Noch stärker auf die Spitze getrieben ist die Wahrheit, auf die ich hinaus will, in dem Satz ausgedrückt: „Verändere Dich selbst und Du hast die Welt verändert!" Da denkt man dann: Ja, dadurch, dass ich meine Wahrnehmung der Welt verändere, verändere ich **für mich** die Welt. Aber das ist zu kurz gedacht, obwohl auch das richtig ist. Darüber hinaus verändern wir tatsächlich die Welt. Auf eine bestimmte Weise ist die Trennung zwischen Individuum und Umwelt künstlich. Das eine resultiert wechselseitig aus dem anderen.

Was ich also kurz gefasst sagen will: Wenn Du lehren willst, dann arbeite einfach weiter so bewusst wie möglich an Dir selbst. Missioniere nicht ungefragt mit Worten, sondern wirke, ja überzeuge durch Dein **Sein** und Dein beständiges, fortgesetztes Werden. Wenn Du ein Schüler des Weges geworden bist, bist Du als solcher niemals ohne Wirkung, denn ein ausgerichteter Mensch wirkt (und lehrt damit) immer bedeutend stärker als die Menschen um uns herum, die nur von ihren Zu- und Abneigungen gebeutelt durchs Leben irren! Also gräme Dich nicht unnötig und nimm Dir damit nicht Kraft. Alles ist gut.

Und arbeite nicht zu viel!

Sehr entspannte Grüße,
Clemens

Lieber Jonas,

ja, einfach mal Sonntag zum Circle kommen ist wirklich in Deinem Fall nicht drin. Aber ich denke, dass wir uns im Laufe der Zeit auch irgendwie mal physisch näher kommen. Im nächsten Jahr fährt beispielsweise unsere Österreicherin M. mit ihrem Partner Simon. (der ebenfalls im Kreis ist) wieder zu Besuch zu ihren Eltern. Da die nur einen Steinwurf von Dir entfernt leben, bin ich sicher, dass ihr Euch treffen werdet – wenn Du Zeit und Lust hast. Die beiden waren die letzten Jahre jährlich dort. Nur dieses Jahr ist es wegen beruflichen Anforderungen bei M. nicht zu einer Reise gekommen. Sonst hättest Du dieses Jahr schon zwei oder drei von uns kennenlernen können (falls Simon. seine Tochter P. mit auf die Reise genommen hätte). P. ist übrigens unsere Jüngste und mit „Sondergenehmigung" schon mit 17 zum Studienkreis gekommen. Die Glückliche!

Dein Leiden unter dem „Rückfall" vom Pfad der Erkenntnis auf den Karmapfad ist verständlich. Ich verweise aber auf die Betrachtung „Der schmale Pfad und die breite Straße" aus „Kreisgedanken". Behalte den Begriff der Wegarbeit dazu im Kopf. Wir ändern die Dinge und uns immer graduell – nie absolut. Warum also über Sachverhalte traurig sein, die so sind wie sie sind? Es gibt einen schönen Spruch bezüglich des permanenten Auf und Abs. Er heißt: „Das Gehen vollzieht sich im Heben und Senken der Füße." Einem Entwicklungsschub und einem Heben folgt immer ein Aufsetzen auf dem Boden der Tatsachen. Allerdings mit einem „Fortschritt", der erhalten bleibt. Das Aufsetzen ist nötig, damit wir eine realistische Einschätzung unseres Stand- bzw. Ausgangspunktes nicht verlieren. Es ist eine Form von Stagnation, wenn eine Person an einer Stelle einen Fuß hebt - vielleicht auch sehr hoch und dazu noch elegant - und dann nicht mehr senkt, um den nächsten Schritt zu machen. Ich möchte lieber weiter gehen, als für eine Lebenszeit vom Heben eines Fußes zu zehren!

Konkrete Aufgaben hätte ich für Dich. Die eine ist die Sache mit der spirituellen Praxis. Ich fände es gut, wenn Du einen Praxisplan erstellen würdest - bzw. Du mir Deinen aktuellen Plan mitteilen würdest. Der Plan muss gar nicht viele Übungen und viel Zeit umfassen. 15 Minuten täglich wären ein Anfang. Auch die konkrete Art der Übung wüsste ich gerne. Übungen, für die Du Dich entschieden hast, solltest Du dann zumindest für etwa drei Wochen durchhalten, bevor Du sie wechselst. Schwierigkeiten und Hindernisse bei den Übungen teile mir bitte mit.

Die andere wäre neben Deinen selbstgewählten (nicht eiligen) Verpflichtungen, dass Du unseren Briefwechsel bearbeiten könntest. Ich habe selbst schon damit begonnen und eine zusammengefasste Datei produziert. Dann habe ich mit der Korrektur begonnen und setze da auf eine einheitliche Rechtschreibung und ein entsprechendes Schriftbild. Über Unterschiede zwischen der österreichischen Schreibweise und der deutschen weiß ich nichts, daher kann ich nur nach meinem eigenen Wissen vorgehen. Ich bin aber selbstverständlich für Belehrungen und Kompromisse zugänglich. Was das Schriftbild betrifft, so würde ich beispielsweise unübliche Formen zu meiden versuchen. Beispielsweise zwischen einem Satzende und einem Frage- oder Ausrufungszeichen ein Spatium einzufügen. Auch da bin ich belehrbar und für Sonderregelungen und -wünsche offen. Ich bearbeite aber den Text erstmal nach meinen Vorstellungen - einfach um anzufangen. Die Herausnahme oder Überarbeitung und Unkenntlichmachung ZU persönlicher Informationen aus Deinen Briefen könntest Du dann beginnen und natürlich auch meine

Entgegnungen darauf entfernen oder mildern. Ich würde dann daraufhin meine Schreiben durchgehen und nach und nach nähern wir uns so einer vorläufigen Endfassung. Oder siehst Du andere Möglichkeiten oder Notwendigkeiten?

Warum bist Du denn zur Zeit beruflich so stark eingespannt? Und worin konkret bestanden denn Deine Erlebnisse, die Dir Deine Grenzen und Mängel vorführten? Allgemein ausgedrückt!

Für heute liebe Grüße und meine besten,
unterstützenden Wünsche,
Clemens

4.11.13

Lieber Clemens!

Deine Nachrichten haben mir ob meines derzeit etwas ruppigen Lebensganges sehr gutgetan - danke.

Ja, es ist immer ein Auf und ein Ab, mit dem ich konfrontiert bin. Ich glaube, diese Wellenbewegung ist grundlegend für unser Lernen und unsere Entwicklung, sie ist meines Erachtens sogar zwingend, um das Erlernte zu verinnerlichen und zu festigen. Meine These dazu: Je wichtiger und je weitreichender der konkrete Entwicklungsschritt ist, umso länger ist die Erstwelle, sowohl hinsichtlich der Amplitude als auch der Wellenlänge. Alle weiteren Wellen nehmen hinsichtlich des Ausschlages und der Länge hin ab, bis wir uns stabilisieren und die Errungenschaft in Fleisch und Blut übergeht. Der schein-

bare Rückschritt ist kein echter Rückschritt, sondern zur Festigung offenbar notwendig. Eine Sinusschwingung, die nach der ersten Welle in den negativen Bereich geht, schreitet ja auch voran. Das scheinbare Abtauchen ist also von einer höheren Warte aus gesehen auch Fortschritt und kein Rückschritt.

Um meine Argumentation zu veranschaulichen, fällt mir dazu Deine Betrachtung „681" ein, wo dies in wunderbarer Weise dargestellt ist: „Erst drei Monate später entdeckte er ... den Spruch 681...; Drei Tage schwebte er auf Wolke sieben. Drei Stunden stürzte er ab. Drei Minuten fing er sich. Drei Sekunden verschafften ihm einen festen Stand.".

Der Auslöser der Welle wäre demnach der Meister durch die Mitteilung der Zahl 681. In meiner Veranschaulichung würde dies z.B. einem Seebeben entsprechen, das die Welle auslöst. Die drei Monate Zeit, bis er den Spruch entdeckt hat, wäre die Welle bereits vorhanden, aber nicht sichtbar, wellenmechanisch ist sie unter der Meeresoberfläche. Dann, mit dem Erkennen entfaltet sie ihre volle Mächtigkeit, um dann nach Erreichen des Zenits wieder im Meer zu verschwinden - der Absturz. Alle weiteren Wellenbewegungen werden immer kleiner und sanfter und führen letztendlich zur Stabilisierung. - Das Auslaufen der Welle auf dem Festland.

Die den Schüler quälende Frage könnte man in diesem Zusammenhang als die verspannten Erdschichten des Meeresbodens sehen, die Grundvoraussetzung für das Beben, das vom Meister ausgelöst wird. Ist es nicht die Kunst des Meisters, diese „Verspannungen" bei den Schülern zu sehen und dann zu „triggern"? Entwicklungswellen auszulösen? Reife Knospen zum Aufspringen zu bringen?

Mein heftiger Rücksetzer vom letzten Wochenende und in abgemilderter Form auch dieses Wochenende hat mich wieder auf den Boden der Tatsachen zurückgeholt. Es war wie ein Aufbäumen meines Egoismus, er hat mich in eine Kette von äußeren und inneren Bedingungen gebracht, wo meine alten Verhaltensmuster von Ärger, Gereiztheit, Ablehnung, Spaltung, Unzufriedenheit wieder deutlich durchgekommen sind. Das schlimme dabei war, dass **Ich** das zumindest teilweise live miterlebt habe, wie ich mich verhalten habe. Ich habe mich zwar von meinen negativen Gedanken und Gefühlen distanziert, wie ich es früher immer gemacht habe, aber ich war einfach nicht stark genug, meine negativen Gefühle loszuwerden. Mein Ärger ist einfach nicht weggegangen. Die Spaltung wurde langsam für mich unerträglich. Das Ganze gipfelte dann am Nachmittag, wo ich mir gedacht habe, dass **Ich** das mit mir bis zum Abend so nicht aushalten kann.

Als ich dann meinen Sohn zur Geburtstagsfeier bei seinem Freund abgeliefert hatte, kam dann endlich die Erlösung. Ein kurzer Blick in die kristallklaren Augen eines kleinen Kindes, das hat gereicht, und alle negativen Gefühle und Gedanken waren mit einem Schlag weg. Ich fühlte mich leicht und unbeschwert, das Dunkle, Schwere war weg. Tief empfundene Demut stellte sich dann ein - gepaart mit einer Klarheit an Bewusstsein, wie ich es lange schon nicht mehr hatte. Wie nach einem reinigenden Gewitter.

Wenn ich mir die 95%-Regel vor Augen führe, habe ich an diesem Tag wohl mein Gnadenvolumen der letzten Monate verbraucht. ^^ In abgemilderter Form folgte das Ganze dann noch zwei Mal, vor allem am Wochenende. Auslöser der ganzen Dinge war meine hohe Arbeitsbelastung, sowohl in beruflicher als auch privater Hinsicht. Vermeintliche Überforderung ist ein Lebenselixier für mein Ego, es blüht hier im negativen Sinne voll auf. Ich habe mir schon überlegt, wie ich die Belastung reduzieren kann. Beruflich ist das nur sehr eingeschränkt möglich, im privaten Bereich sehe ich hier Möglichkeiten. Die kritische Schwelle ist immer dann erreicht, wenn ich auch am Wochenende durcharbeiten muss.

Ich werde in Zukunft versuchen, das zu vermeiden und mir eine Portion Zeit für mich selbst reservieren. Am besten entspanne ich - wie wäre es anders möglich - beim Meditieren oder kontemplativen Lesen. Ich bin im Übrigen draufgekommen, dass in den Betrachtungen, wo die AP sagt: "Ah, das kenne ich schon - nichts Neues", die wichtigsten Informationen enthalten sind. Man darf die Schlauheit und Hinterlistigkeit seiner Ego-AP nicht unterschätzen.

Basis meiner Übungen stellt die spinale Psychopraktik dar, die ich bereits seit gut drei Monaten umsetze. Ich übe hier täglich in liegender Position im Bett, vor dem Einschlafen. Da ich oft schon in der Früh vor dem Wecker aufwache, nutze ich auch diese Möglichkeit zum Üben. So komme ich pro Tag auf ein bis zwei Übungen à`10 min. Der Nachteil dabei ist, dass ich manchmal vor dem Ende der Übung einschlafe, witzigerweise meistens bei der gleichen Stelle (Blockade).

Bemerkenswert finde ich, dass die Übung jedes Mal anders abläuft. Manchmal komme ich nur langsam mit der Aufmerksamkeit die Wirbelsäule hoch, manchmal auch recht zügig ohne nennenswerte Hindernisse. Blockaden haben sich bisher an zwei Stellen gezeigt: Im Kreuzbein und im Schulterbereich, wobei ich letztere sehr häufig wahrnehme. Ich versuche, die Stelle sanft zu bearbeiten. Um einen Vergleich zu wagen, fühlt sich die Blockade so an, wie nach einer Betäubungsinjektion beim Zahnarzt. Das Überspringen des Blockadebereiches ist dabei ohne weiteres möglich. Manchmal gehe ich mit meiner bewussten Wahrnehmung auch abwechselnd auf beide Seiten der Blockade, um diese durchgängiger zu bekommen. Obwohl ich die Übung bereits relativ lange durchführe, habe ich immer noch Probleme mit der anhaltenden Visualisierung des strahlend hellen Raumes voll ätherischer Energie, der mich umgibt. Schwierigkeiten bereiten mir manchmal auch sich entwickelnde Gedankenketten, die meine Konzentration unterbrechen. Das Abgleiten ist aber nur kurzzeitig, ich kann dann ohne weitere Probleme die Übung fortsetzen.

Am Wochenende gönne ich mir auch längere Meditationen, wie etwa die, wo man stehend ätherische Ströme durch den Körper lenkt. Ich glaube, ich habe hierzu auch eine Zeichnung auf der Weg-Arbeit Homepage gesehen, weiß aber nicht mehr, in welchem Kapitel. Neben der Aufrechterhaltung der Gesamtvisualisation ist es für mich wichtig, die Lichtströme tatsächlich körperlich zu fühlen, auch außerhalb meines Körpers. Das gelingt mir - je nach Tagesverfassung - nur teilweise.

Was ich noch öfters (alle paar Tage) praktiziere, ist einfach nur still sitzen und mich nicht zu bewegen. Ich fühle dann intensiv in meinen Körper hinein und spüre den Ätherströmen nach, wie sie sich im Körper entfalten.

Nachdem meine Frau am Abend gerne fernsieht, setze ich mich dazu und nutze dies manchmal zu folgender Übung: Ich versuche, mich so lange wie möglich nicht mit der gezeigten Handlung zu identifizieren und innerlich Abstand zu bewahren. Dabei beobachte ich meine Gefühle und Gedanken, die im Zuge des Filmes in mir auftauchen. Es ist wirklich schwer, sich nicht in der Handlung zu verlieren!

Erst in den letzten Wochen hat sich bei mir fast zufällig eine Übung ergeben, die ich sehr genieße: Als Beifahrer hat man beim Autofahren nicht wirklich viel zu tun, außer vielleicht den Fahrer etwas zu unterhalten. Ich nutze die Zeit, meinen Geist, meine Aufmerksamkeit, mein Empfinden (was eigentlich wirklich??) in die umgebende Landschaft auszuschicken und auszubreiten. Ich bemühe mich dabei, nicht nur die sichtbaren Landschaftsteile zu erfassen, sondern auch die Bereiche, die ich nicht im direkten Blickfeld habe, z.B. beim Fahren auf der Autobahn also nicht nur die Straße vor mir, sondern auch hinter mir. Ich empfinde das als unheimlich

entspannend. Obwohl ich dabei eigentlich nichts mache, vergeht die Zeit sehr schnell. Ich habe festgestellt, dass mit dem Ausbreiten - Weit werden - die Gedanken rasch zur Ruhe kommen und ich in längere Phasen (Minuten) der Gedankenstille eintreten kann. Ich möchte diese Übung in Zukunft häufiger durchführen - was meinst Du dazu? Gibt es hier eine Entsprechung in Deiner Meditationserfahrung?

Neben diesen echten Übungen bemühe ich mich tagsüber, so oft wie möglich ins HS Bewusstsein zu kommen. Ich bin mir allerdings immer noch nicht ganz sicher, ob es das wirklich ist, oder ich hier einem Trick meiner AP aufsitze. Ich kann das nicht klar feststellen, da mir der Vergleich fehlt. Wie auch immer, mir gelingt es derzeit, in Abhängigkeit meiner Tagesverfassung so ca. 10 bis 30 Mal pro Tag in diesen Bewusstseinszustand einzusteigen. Das „Einschlummern", also der schleichende Abfall des Grades an Bewusstheit, geht meistens sehr rasch vor sich, oft bereits nach wenigen Minuten. Alleine während des Schreibens dieser Nachricht bin ich ca. vier Mal hin- und hergependelt. In letzter Zeit habe ich bemerkt, dass es nicht nur schwarz-weiß, sondern auch eine Menge Zwischenstufen des Grades an Bewusstsein gibt. Auch nach oben ist, wie ich festgestellt habe, eine Steigerung möglich. Dies ist eigentlich meine längste „Übung", der ich nachgehe. Das geht jetzt schon Jahre so, Tendenz steigend, also besser werdend.

Auf der materiellen Ebene bearbeite ich gerade intensiv meinen animalischen Bereich. Erste Erfolge stellen sich ein: Das gelegentliche Rauchen habe ich komplett eingestellt. Alkohol trinke ich nur mehr selten und wenn, dann in geringen Mengen. Ich habe eigentlich gar kein Bedürfnis danach.

Ich achte derzeit sehr auf meine Ernährung, verzichte auf Mahlzeiten und habe mein Gewicht um ca. 5 kg reduziert. Im nächsten Schritt möchte ich auf Kaffee vollständig verzichten - schau ma mal, wie es mir damit geht - ich werde Dir berichten.

So, ich hoffe, ich habe Dir einen aktuellen Einblick in meine Bemühungen verschaffen können. Was meinst Du dazu, gibt es hier Bereiche, die ich noch nicht abdecke? Fehlt es mir an reiner Meditation(szeit)? Ist etwas übergewichtet, ist es insgesamt zu wenig? Ist es zu wenig strukturiert, fehlt die Regelmäßigkeit? Irgendwie habe ich die Sehnsucht, Gott etwas näher zu kommen, aber wie?

Ich bin gespannt auf Deine Erläuterungen und Anregungen.

Auf die anderen Punkte gehe ich, wenn Du gestattest, das nächste Mal ein, es wird sonst zu lang.

Bis dahin beste Grüße von Deinem Österreicher
Jonas

5.11.13

Hallo Clemens!

Ich habe es gestern leider nicht mehr geschafft, mich nochmals bei Dir zu melden, da es in der Arbeit wieder einmal sehr spät geworden ist.

Als es bei der Besprechung schon auf Mitternacht zuging und ich müde wurde, versuchte ich, ätherische Vitalität aufzunehmen, um meinen Schlaf zu vertreiben. Das funktionierte erstaunlich gut. Ich bediente mich dabei der „Porenatmung", eine Technik, die ich mir im Zuge meiner Arbeiten mit den

Werken von Franz Bardon vor vielen Jahren aneignete. In Daskalos Systembegriffen ausgedrückt, würde ich sagen, dass man dabei sein ätherisches Doppel ausdehnt und zusammenzieht („atmet"). Ein kleines Detail, das mir gestern dabei noch auffiel: Das direkte Hineinatmen von ätherischer Vitalität in die Wirbelsäule wirkt besonders belebend.

Ich freue mich schon darauf, die drei aus dem Studienkreis kennenzulernen! Mit M. hatte ich ja schon schriftlichen Kontakt, sie hat mir freundlicherweise ein paar nette Willkommensworte auf meine kurze Vorstellung zurückgeschrieben. Ich hoffe, dass sie sich mit mir treffen wollen. Wärst Du mir hier behilflich und könntest einmal nachfragen, ob ein solches Treffen möglich wäre bzw. ob sie dies auch wollen? Manchmal ist so was schon rein aus organisatorischer/zeitlicher Hinsicht schwer unterzubringen.

Ich hatte M. schon vorher im dringenden „Verdacht", das von Dir angedeutete Kreismitglied aus meiner Gegend in Österreich zu sein. Ich finde unsere räumlich nahe Herkunft und die gleichzeitige Mitgliedschaft im Bremer Kreis bemerkenswert.

Du hast zwar freundlicherweise einmal zu mir gesagt, dass ich „eloquent" wäre - Tatsache für mich ist allerdings, dass es mit meinen Deutschkenntnissen nicht allzu weit her ist. Ich glaube, das merkt man auch, wenn man meine Nachrichten liest. Da wimmelt es nur so von Rechtschreibfehlern, Beistrichfehlern und Wortwiederholungen. Auch mit den Zeiten nehme ich es nicht so genau, ich springe hier oft hin und her. Ich möchte daher in einem ersten Schritt versuchen, diese Dinge in meinen Schreiben zu korrigieren und möglicherweise parallel dazu auch gleich Inhaltliches ändern. Wie weit, denkst Du, kann ich hier gehen? Kann ich auch inhaltlich stärker verändern/ergänzen/Überflüssiges weglassen, oder sollte das Schreiben im Großen und Ganzen so erhalten bleiben? Vielleicht wäre es gut, dies anhand einer Nachricht einmal zu probieren, Dir zu schicken und dann Deine Meinung dazu einzuholen. Bitte spare dabei nicht mit Kritik, ich bin durchaus belastungsfähig.

Wie Du aus meiner gestrigen Mail am Beispiel meiner Wellenbeschreibung wieder einmal sehen kannst, schaffe ich es immer noch nicht, Dinge, die ich aus einer vermeintlich überblickenden Ebene vor mir sehe, in klare Worte zu fassen. Ich habe den Eindruck, dass - wenn ich den Gegenstand meiner Betrachtung mittels Beispielen veranschaulichen möchte es für den Leser nur noch verwirrender wird. Es fällt mir unglaublich schwer, mehrdimensionale Dinge sprachlich so darzustellen, dass ein Leser dies umfassend nachvollziehen kann. Ich werde mir das einmal ganz bewusst anschauen, wie Du in Deinen Betrachtungen diesen Spagat hinbekommst. Gibt es da einen Trick oder eine allgemeine Vorgangsweise, wie man so was schafft?

Wie schön wäre es, seinem Vis-à-vis gedanklich einfach ein Bild zu schicken, da wäre alles viel einfacher!

Alles Liebe zu Dir und den Deinen nach Bremen,
Jonas

6.11.13

Hallo Clemens!

Ich benutze heute zu Beginn die lateinische Bezeichnung im Betreff als Reminiszenz an meine alte Lehrerin, die sich mit uns Schülern 6 Jahre lang abmühte, uns diese alte Sprache

näher zu bringen. Womit ich eigentlich schon beim heutigen Thema wäre, das ich Dir schon des Öfteren avisiert habe – mein Lebenslauf. Das Ganze wird Dir streckenweise düster und dunkel erscheinen, was es natürlich so nicht war. Es gab auch viele schöne Momente, aber ich möchte in der Darstellung die Rahmenbedingungen und Ereignisse herausschälen, die in weiterer Folge für mich prägend waren. Ich habe vor allem im letzten Jahr viele Dinge aufgearbeitet und unter verschiedenen Gesichtspunkten betrachtet. In einem persönlichen Gespräch darüber könntest Du unschwer feststellen, dass ich die meisten Ereignisse verarbeitet habe. Ich sehe es mittlerweile so, dass eigentlich alles, was passierte, für meine Entwicklung in irgend einer Form **notwendig** war. Nichts war umsonst oder sinnlos, ich würde heute nicht dort stehen, wo ich jetzt bin. So, los geht's:

Schon als Kleinkind habe ich meiner Mutter große Sorgen bereitet. Obwohl man mir das jetzt nicht mehr ansieht, war ich in den ersten Lebensjahren schwach und kränklich. Langzeithusten, Schnupfen, Nebenhöhlenentzündungen bis hin zur Lungenentzündung, die ich im letzten Jahr hatte, sind bis heute meine ständigen Begleiter. Da ich als Baby so gut wie alle stoffliche Nahrung verweigerte oder ausspuckte, war lange nicht klar, ob ich überhaupt überleben würde. Lediglich Karotten habe ich einigermaßen akzeptiert, ich wurde zeitweise fast ausschließlich damit ernährt.

Über meine früheste Jugend, die von Ausgrenzung, Trauer und wirtschaftlichen Härten durch den frühen Tod meines Vaters geprägt war, habe ich Dir bereits Anfang August erzählt („Angst" vom 8. August). Falls es so etwas wie Familienkarma gibt – und ich gehe aufgrund meiner Beobachtungen davon aus – dann hat sich das in diesen Zeiten massiv entfaltet. Meine Analysen zu den damals und teilweise auch heute noch auftretenden Ereignissen in meinem weiteren Familienkreis lassen den Schluss zu, dass die karmischen Reaktionen vor allem auf eine Charaktergrundhaltung zurückzuführen sind, nämlich Stolz und Überheblichkeit. Diese Eigenschaften bedingten offenbar viele Ereignisse, deren Folge Demütigungen sowohl in wirtschaftlicher als auch gesellschaftlicher Hinsicht waren. Es würde zu weit führen, einzelne Ereignisse im Detail anzuführen.

Ohne das Vorbild und den Schutz des Vaters aufzuwachsen und auch sonst keine männliche Bezugsperson zu haben, führte bei mir dazu, dass Demütigungen am laufenden Band auftraten. Für einen jungen Menschen ist es wichtig, jemanden zu haben, auf den er stolz (da wären wir schon wieder) sein kann, der Vorbild ist, ihm Führung und Schutz in vielerlei Hinsicht gibt. All das wurde mir durch den Tod meines Vaters verwehrt. Selbstzweifel, Minderwertigkeitsgefühle und mangelndes Selbstvertrauen stellten sich ein und prägten nachhaltig mein Leben. Auch körperliche Mängel trugen zusätzlich zu dieser negativen Grundeinstellung bei. Suizidäre Gedanken drängten sich auf.

Das blieb natürlich auch in Hinblick auf die Frauenwelt nicht ohne Auswirkung. Ich konnte mich noch so sehr bemühen, ich schaffte es einfach nicht, eine feste Freundin zu bekommen. Da ich zu Hause nie sah, wie Eltern miteinander umgehen, machte ich so ziemlich alles falsch, was man in einer Beziehung nur falsch machen kann. Frustration und seelische Verletzungen beiderseits waren das Resultat.

Da ich in der Volksschule sehr gute Noten hatte, überzeugte meine Lehrerin meine Mutter, mich ins Gymnasium zu schicken. Ich fand dort einigermaßen Anschluss, fühlte mich aber nie so richtig wohl. Das antiquierte, starre Lehrsystem mit den überholten Inhalten war mir als freiheitsliebender Mensch zutiefst zuwider. Da meine Mutter nur einen Pflichtschulabschluss hatte, konnte sie mir in schulischen Angelegenheiten eigentlich nicht helfen. Ich kann mich nicht erinnern, dass sie jemals eine Hausübung von mir kontrolliert hätte oder mich vor einer Prüfung abgefragt hätte. Nur über die schulischen Erfolge/Misserfolge musste ich ihr von Zeit zu Zeit Bericht erstatten. Ich habe die Mittelschule als notwendiges Übel betrachtet und letztendlich mit mäßigem Erfolg abgeschlossen. Da es in Österreich keinen Numerus Clausus gibt, waren mir die Noten im Maturazeugnis (in Deutschland Abitur) nicht besonders wichtig. Parallel zur Schule musste ich von Anfang an zu Hause bei den schweren Arbeiten mithelfen. Brennholz für den Ofen musste im Wald geschlagen und aufgearbeitet werden. Maurerarbeiten am alten Haus mussten erledigt werden. Grundsätzlich ließ mir meine Mutter in den meisten Dingen freie Hand, ich konnte mit meinen Freunden fortgehen solange ich wollte und auch meine Freizeit nach meinem Geschmack gestalten. Freiheit, wie ich sie mir wünschte. Lediglich die schulischen und hausinternen Vorgaben mussten einigermaßen erfüllt werden.

Um etwas Geld zu verdienen, arbeitete ich in den Ferien am Bau oder als Erntehelfer bei den umliegenden Bauern.

In meiner Familie war es üblich, ausschließlich den Militärdienst abzuleisten, Zivildienst wurde nicht akzeptiert. Bedingt durch meine Orientierungslosigkeit, überlegte ich sogar eine Zeit lang, beim Bundesheer eine Offizierslaufbahn zu beschreiten. Mein Urgroßvater war Spieß (eine alte Unteroffiziersbezeichnung) in der K&K Armee, zwei Brüder meiner Großmutter waren Offiziere in der Wehrmacht, auch mein Vater wurde noch als Jugendlicher zum Kriegsdienst eingezogen. Trotz dieser militärischen Ausrichtung meiner Familie war die Abneigung gegenüber den Nationalsozialisten groß. Mein Großvater, der öffentlich dagegen auftrat, wurde kurzerhand an die Front geschickt. Meine Großmutter engagierte sich während des Krieges für verfolgte Menschen und versteckte flüchtige Soldaten und Juden in unserem Haus. Von ihr lernte ich, was es heißt, Zivilcourage zu haben und auch unbequeme Wahrheiten auszusprechen. Sie erkannte mit scharfem Blick, wenn etwas bei mir aus dem Ruder lief und redete mir ins Gewissen. Nachdem meine Mutter aufgrund des Todes meines Vaters arbeiten gehen musste, wuchs ich eigentlich bei ihr auf. Ich habe sie sehr verehrt, sie war eine ausgesprochen starke Frau. Ihr Todeskampf, den ich in tiefer Verzweiflung, ihr nicht helfen zu können, mit ansehen musste, hat mich tief verletzt und geprägt.

Ich ging also nach der Matura zum Militär und durchlebte damit die schlimmste Zeit in meinem Leben. Drill, Schikane, Schlafentzug, Demütigung und das Erreichen der psychischen und physischen Grenzen waren allgegenwärtig. Ich verweigerte die mir angebotene Beförderung und verzichtete gerne auf das Geld, das damit verbunden war. Mein letzter Tag bei dieser Institution war eine echte Erlösung, im wahrsten Sinne des Wortes.

Danach war es endlich soweit - ich kam auf die Universität. Ich fand in Wien zwar nur eine 28 qm große Substandardwohnung mit Wasser und Klo am Gang - aber egal, meine ersten eigenen vier Wände zu einem Preis, den ich bezahlen konnte. Das Geld dazu trieb ich durch Gelegenheitsarbeiten am Wochenende auf, ich arbeitete unter anderem öfters als Aushilfskellner in einem Gasthaus. Auch meine Mutter und meine Großmutter griffen mir finanziell etwas unter die Arme, sodass ich mit dem Wenigen, das ich hatte, das Auslangen fand. Anspruchsvoll war ich eigentlich nie, mein altes, abgetragenes Gewand störte mich nicht. Etwas neidisch blickte ich trotzdem auf meine gut versorgten Kollegen, die sich auf Partys und Feiern volllaufen ließen.

Freie Zeiteinteilung, freie Studienwahl, keine wirklichen Zwänge, ein Leben, so wie ich es mir immer gewünscht hatte! Ich fühlte mich pudelwohl und fand rasch Freunde unter meinen Kommilitonen. Nachdem ich im Gegensatz zu vielen meiner Kollegen selbständiges Arbeiten gewohnt war, kam ich im Studium mit guten Noten rasch voran. Da ich von klein auf oft im Wald war, fühlte ich mich dazu hingezogen und wählte das Studium der Forstwirtschaft. Nach einigen Semestern stellte sich jedoch in Anbetracht der altmodischen Lehrinhalte, die auf die Ausbeutung der Natur abzielten, sowie der schlechten Berufsmöglichkeiten, Ernüchterung ein. Ich stieg deshalb um, machte meinen Abschluss und bekam einen Job in einem Industriebetrieb. Damals war ich bereits mit meiner Frau liiert und wir fassten den Entschluss, zu heiraten. Unser Sohn kam kurz darauf auf die Welt und das Familienglück war vollkommen. Meine Tochter kam dann zwei Jahre später zu uns.

Es gibt noch ein bemerkenswertes Detail zu meinem Lebenslauf, das mir erst vor kurzem so richtig bewusst wurde.

Wenn wir neu inkarnieren, nehmen wir ja gewisse Neigungen, Talente, Fertigkeiten aus unseren Vorleben mit, die sich dann in Form von Interessen, Zu- und Abneigungen mehr oder weniger deutlich zeigen. Auch unbewusst wirkt sich unser Elementalcocktail, den wir beherbergen, insofern aus, als wir uns dem Gesetz der Anziehung und Resonanz entsprechend zu Personen hingezogen fühlen, die ebenfalls einzelne oder mehrere dieser dominanten Elementale beherbergen oder auch aktiv ausdrücken. In meinem Fall tritt deutlich hervor, dass die Personen, zu denen ich engeren Kontakt hatte bzw. bei denen ich mich wohl fühlte, einen starken religiös-spirituellen Hintergrund hatten, obwohl sich das oft erst später offen zeigte. Ein Beispiel dazu aus meiner Mittelschulzeit betreffend meiner beiden Sitznachbarn (unsere Schultische waren in geschlossenen Reihen aufgestellt): Auf der gemeinsamen Schulbank links von mir Michaela, ihr Vater ein Theologe. Direkt rechts neben mir saß Peter, der nach der Matura zum Schrecken seiner Eltern ins Priesterseminar eintrat. Diese Beispiele könnte ich noch weiter fortsetzen.

Bemerkenswert dabei ist, dass es bei mir mehr als dreißig Jahre gedauert hat, bis ich ernsthaft begonnen habe, mich mit spirituellen Dingen zu beschäftigen. Engstirnig betrachtet, könnte man fast sagen, was für eine Verschwendung von Lebenszeit. Oder in den Worten von Paul Skorpen ausgedrückt: Warum dauert denn das so lange? Heute weiß ich natürlich, dass **alles** notwendig und richtig war, auch wenn sich mir viele Dinge noch nicht erschließen. Das einzige, das ich dabei wirklich bedauere, sind die vielen Verletzungen, die ich meinen Mitmenschen im Zuge meines Lernprozesses aus Dummheit teilweise absichtlich zugefügt habe. Da waren wirklich hässliche Dinge dabei. Ich hoffe hier auf die Vergebung der Betroffenen... Ich selbst trage niemandem mehr etwas nach. Das ist nicht nur so dahingesagt, sondern ich empfinde das tief und authentisch.

Ich hoffe, Dir durch meine Darstellungen etwas transparenter geworden zu sein, und Du dadurch in der Lage bist, manche Eigenheiten von mir besser zu verstehen. Das Ganze wäre zwar in einem persönlichen Gespräch besser eingebettet gewesen als in einer schriftlichen Darstellung. Ich denke aber, dass trotzdem gerade die Schwerpunkte meiner Erzählung einige Rückschlüsse auf mich zulassen.

Ich bin schon gespannt auf Deine Reaktion auf mein Geschreibsel. Ergänzend und abrundend dazu möchte ich Dir eine Fotokollage von mir zusammenstellen, die mich in den unterschiedlichsten Altersstufen zeigt. Ich muss dazu noch meine Mutter besuchen und die Fotos aus den Archiven „ausgraben". Folgt in den nächsten Tagen.

Bis dahin alles Liebe
Jonas

Lieber Jonas,

danke für Deine letzten drei aufschlussreichen Mails. Ich habe bisher leider nicht die Zeit gefunden, Dir angemessen zu antworten. Habe etwas zu viel um die Ohren. Sobald ich Zeit finde, schreibe ich Dir mehr. Wolltest Du nicht diesen Monat die ignatianischen Exerzitien auf Dich nehmen? Wann wird das sein?

Im Anhang findest Du die erste korrigierte Version unseres Briefwechsels als Open Office Dokument. Ich arbeite mit dem kostenlosen und Microsoft Word ebenbürtigen Programm. Ich könnte Dir den Text auch als Word Dokument zukommen lassen oder in reinem Textformat... Was für Dich geeignet ist. Vielleicht nimmst Du diesen Text als Grundlage für weitere Arbeiten?

Für heute leider erstmal tschüss...
Clemens

PS: Die anhängenden PDFs aus dem System zur Erforschung der Wahrheit interessieren Dich vielleicht.

Moin Jonas,

zumindest was unsere beiden Personen betrifft, stimmen die Klischees vom strebsamen, pflichterfüllenden Preußen und dem gemütlichen, mit Provisorien zufriedenen (Ost-) Österreicher offensichtlich nicht. So straight wie Du bin ich definitiv nie gewesen. Insgesamt scheinen mir ohnehin die OST-Friesen und die OST-Ösis mehr Parallelen zu haben. Die Ostfriesen sind auch nie wirklich Preußen gewesen, wenn sie als Region auch mal zum preußischen Staatsgebiet gehörten. Du weißt vielleicht, dass die Niederlande eine Provinz namens Friesland haben. Östlich davon leben die Ost-Friesen. Daher das seltsame Phänomen, dass die Ost-Friesen ganz im **Westen** Deutschlands leben. Preußen hingegen lag ja ursprünglich ganz im **Osten** Deutschlands - bzw. der deutschen Lande oder Länder - ähnlich weit von Österreich entfernt wie von Ostfriesland. Eigentlich sogar **näher** an Österreich. ^^ Vielleicht scheinst **Du** daher viel eher die Tugenden von Pflichterfüllung, Fleiß etc. zu verkörpern :-)

Deine erste Mail an mich habe ich nach dem Erhalt (ohne private Informationen wie Name und Emailadresse) an die Kreismitglieder gesandt, um mal wieder eine positive Reaktion auf die Inhalte unserer Studien zu zeigen. M. hatte spontan den Wunsch, dich zu besuchen und auch Simon fand Deine Mail sehr interessant und teilte M.s Wunsch. Du stehst also schon von Deiner ersten Mail an auf ihrer Liste. Da sollte es doch klappen mit einem Treffen. Ich bin selber schon ganz gespannt, was ich von Euch darüber hören werde.

„Vermeintliche" Überforderung als „Lebenselixier" für das Ego kenne ich. Ich glaube, auf dem Wege lassen sich praktisch alle Menschen an ihre Grenzen bringen. Allerdings gehört zu den Tugenden eines entwickelten Unterscheidungsvermögens auch, zwischen vermeintlicher Überforderung und **tatsächlicher** Überforderung unterscheiden zu lernen. Ich bin der Ansicht, dass tatsächliche Überforderung etwas Zerstörerisches ist und man viele Energien einfach sinnvollerweise in andere Aktivitäten stecken sollte, als 16 Stunden täglich zu arbeiten. Das haben wir hier zum Glück nicht nötig und es stellt letztlich auch eine Art von Flucht dar. Ein nicht mit sich selber konfrontiert sein wollen... Ich begrüße Deine Versuche etwas kürzer zu treten voll und ganz. Auch das erscheint mir ein gutes Zeichen dafür, dass Du gut unterwegs bist.

Deine Beobachtung, dass die AP gerne behauptet: „Ja, das kenne ich schon!", kreuzt genau die Beschreibung von den verschiedenen Wissensstufen (wissen was, wissen wie, tun und Verinnerlichung der Erfahrung), die ich Dir neulich zusandte. Die AP scheint sich manchmal auf genau die Weise zu sträuben/"schützen". Sie behauptet: „Weiß ich!" und will dann schnell das Thema wechseln. Das ist auch so eine Sache, die einerseits sicher dramatisch ist, aber wenn man der AP erstmal auf die Schliche gekommen ist, kann man das mit einem liebevollen, geneigten Lächeln beobachten, der AP das Köpfchen kraulen, jajaja sagen und weitermachen, ohne auf den Ablenkungsversuch einzugehen.

Zu Deiner spirituellen Praxis ist nicht viel zu sagen. Sie ist gut so, wie sie ist. Nicht zu viel, nicht zu wenig, eigene Auseinandersetzung und Interpretation ist erkennbar. Letzteres geht nicht zu weit. Spinale Psychopraktik im Liegen ist ungewöhnlich - im Sitzen schläft man nicht so leicht ein. Aber wenn es anders schwer geht und wenn es so funktioniert? Okay! In der Heilungsarbeit liegt der „Patient" übrigens auch dabei. Nur eine Formulierung fiel mir auf: „Das Überspringen des Blockadebereiches ist dabei ohne weiteres möglich." Blockaden überspringen solltest Du niemals. Du schreibst ja auch nicht, dass Du es tust, nur dass es möglich ist. Ja, möglich ist es, tun sollte man es nicht. Das Bearbeiten der Blockade von beiden Seiten halte ich hingegen für eine kreative Lösung. Gehört habe ich davon noch nicht, aber es scheint mir nicht falsch zu sein. Habe es schon bei mir selber probiert. Interessanter Ansatz!

Kurzzeitiges Abgleiten, Gedankenketten - alles ganz normal. Einfach bemerken, benennen und zurückkehren zum gewollten Tun.

Meine „Dauerbrenner" unter den Daskalos-Meditationen sind die Pyramidenmeditation mit vorangehender Lichtkugelmeditation und als kürzere Übung die Lichthüllenmeditation.

Stilles Sitzen ist auch eine von mir sehr geliebte Übung. Versuche doch dabei auch mal, von den drei Körpern abzusehen. Körpergefühl zwar bemerken, wenn es sich aufdrängt, aber dann davon absehen, Emotionen ebenso, Gedanken ebenso... Dieses Nicht-aufhören-zu-sein, wenn man nicht auf diese drei Ebenen einsteigt, finde ich zutiefst beglückend! Ich sehe hier auch die Parallele zu Deiner Automeditation. Ein anderer Einstieg, aber ähnliche Resultate. Versuche es aber doch auch einmal ohne die Notwendigkeit auf dem Beifahrersitz zu sitzen. Ausweiten geht auch stationär.

Fernsehmeditation! ^^ Auch super! Und Deine Frau sitzt zufrieden neben Dir und ängstigt sich nicht, dass Du seltsames Meditationszeug treibst, weil sie nichts mitbekommt. Kreative Lösung auch das!

Soviel erstmal für heute. Liebe Grüße von Deinem Piefke,
Clemens

Lieber Jonas,

ich überlege schon, ob ich meine Antworten auf Deine Briefe nicht einfach auf mein Diktiergerät spreche und Dir dann die mp3-Dateien einfach als Emailanhang zukommen lasse. Da könnte ich zumindest einigermaßen mit Deinem fleißigen Schreiben mithalten... ^^

Auch Deinen Beobachtungen bezüglich des Bewusstseinszustands kann ich nur zustimmen. A - es gibt viele Zwischenstufen und B - nach oben ist eine Steigerung möglich. Beobachte das Ganze einfach weiter und bleibe dabei spielerisch und geduldig. Ich bin sicher, dass sich nach und nach Fortschritte in Grad und Dauer des Wachseins einstellen werden. Es ist aber auch gut, hin und wieder als Übung zu versuchen, einfach den höchstmöglichen Bewusstseinszustand zu halten und beim Abgleiten möglichst immer wieder zu ihm zurückzukehren.

Zu Deinen Erfolgen im „animalischen Bereich" gratuliere ich einfach. Es lässt sich da häufig eine Menge erreichen - auch einfach über die Gewohnheitsprozesse. Gewohnheiten sind praktisch Hintertüren zur AP. Wie Daskalos sagte - mache einfach drei Wochen lang dies oder das und Du hast es schon als Gewohnheit innerhalb der AP etabliert. Dies gilt freilich nur für Dinge, die man sich nicht inhaltlich erarbeiten muss. Die Arbeit mit Gewohnheiten ist also praktisch nur ein Nebenweg der spirituellen Praxis. Trink trotzdem einmal ein paar Wochen grünen Tee statt Kaffee und Du hast gute Chancen, dass Du dabei bleiben kannst, ohne dass es Dich zu Rückfällen treibt. Lass der AP aber ein paar kleine Sünden - Du weißt ja, dass sie dann flauschiger bleibt. Anders herum: ich halte es für unrealistisch, irgendwann (zumindest erstmal für lange Zeit) davon auszugehen, man habe alles erreicht. Ich vermute, man hat dann nur erreicht, dass man die Augen vor den Realitäten verschließt. Ersparen wir der AP den Krampf und den Aspekten des HS innerhalb der AP (oder auch oberhalb, je nach Perspektive) den Kampf.

Deine Praxis als zu wenig strukturiert zu bezeichnen, käme mir nicht in den Sinn. Es ist okay, wenn Du in einer Experimentierphase bist. Vielleicht kommst Du bald in eine ruhigere Phase. Dann weißt Du genau, was zur Zeit für Dich wichtig ist. Schauen wir mal später. Im übrigen meine ich: Du kommst Gott die ganze Zeit näher... Oder sagen wir besser: Du merkst immer mehr, wie nah er Dir ist. Im Buddhismus gibt es ein Bild, das ich recht schön finde und das sich nahtlos auf Gott oder die Meister übertragen lässt: „Buddha ist die ganze Zeit da. Er steht die ganze Zeit vor Dir - mit seiner Nasenspitze an Deiner Nasenspitze!"

Über Deine Schreibkünste brauchst Du Dir keine Sorgen machen. Es gibt auch in unserem Kreise einige, die Dir entweder im Vermögen oder in der Sorgfalt deutlich nachstehen. Das Wichtigste ist ohnehin, dass man transportieren kann, was man meint. Bei der Überarbeitung Deiner (und meiner) Briefe lasse Unwichtiges und zu Privates weg. Das kannst Du schon am besten beurteilen, denke ich.

Der Trick bei den Betrachtungen ist, dass man beginnt, sie zu schreiben. Ich habe auch etliche geschrieben, mit denen ich nicht zufrieden war. Entweder habe ich sie immer wieder überarbeitet, bis ich sie fertig hatte, oder ich habe das Thema gewechselt. Manche gehen einem dafür wiederum recht glatt von der mentalen Zunge. Du hast recht, mehrdimensionale Dinge schriftlich darzustellen, ist schwierig. Aber ich glaube, gerade darauf hin zielt die Übung. Bewusstwerdung und Transport. Es ist aber vor Beginn einer Betrachtung zumindest für mich hilfreich, wenn ich das Thema vor der schriftlichen Form innerlich betrachte, drehe und von verschiedenen

Seiten anschaue. Einige Aspekte ergeben sich aber oft tatsächlich erst beim Schreiben.

Den Mitmenschen einfach Bilder in den Kopf zu projizieren ist eine verlockende Vorstellung. ^^ Bis dahin müssen wir aber wohl noch etwas arbeiten, was?

Dein Lebenslauf ist interessant und hat Dich mir in der Tat sehr viel transparenter gemacht. Danke dafür! Ich hatte mich aber gedanklich auf einige extremere Aspekte eingestellt. Fünf Jahre Mitglied in einem Rockerclub - Chapter Wien. Taschendieb im Auftrag rumänischer Mafia. Mehrjähriges Noviziat bei den Trappisten - mit anschließender Flucht über die Klostermauer... So etwas. ^^ Mit dem Bundesheer ist aber möglicherweise auch nicht zu spaßen. Scheint Dir ja auch recht nah gegangen zu sein. Ich konnte mich glücklicherweise der Bundeswehr und dem Zivildienst entziehen, ohne mir den damals hier für Totalverweigerung fälligen Gefängnisaufenthalt einzuhandeln. Da wäre ich sicher auch nicht glücklich geworden.

Auch auf meinem Weg hat es Durststrecken gegeben. Ich sehe das im Nachhinein genau wie Du. Man kann es sich nicht wegwünschen, da man dann Teile seines Weges wegwünschen würde und damit Teile dessen, was man heute ist. Bestenfalls kann man für die Zukunft wünschen, dass einem die Erkenntnisse und Erfahrungen dann auf eine liebevollere und sanftere Art nahegebracht werden - und dass man dann bereit ist, sie auf diese Art anzunehmen!

Dass Deine Omi solch eine Alltagsheldin war und Juden und flüchtige Soldaten versteckte - alle Achtung!

Auf Deine aktuelle Mail gehe ich im nächsten Schreiben ein.

Liebe Grüße Richtung Äquator,
Clemens

13.11.13

Hi Jonas,

bezüglich Jägers Aussagen stimme ich weitgehend mit Dir und, was gelebte Spiritualität betrifft, etwas weniger weitgehend mit Willigis überein. Scharfe Kritik an Jäger findest Du in den beiden anhängenden Texten, mit denen ich trotz meiner Entwicklungsnähe zu anderen Vertretern des Dark-Zen inhaltlich nichts zu tun habe und denen ich aus meiner Sicht ebenfalls ein mangelndes Verständnis von Spiritualität nachsagen würde. Im Grunde ist diese ewige Positioniererei (auch mein eigene hier) wahnsinnig ermüdend... aber leider nicht überflüssig! Jägers Bedürfnis nach „Autorisierung" halte ich aber definitiv für einen Missgriff, mit dem er sich aber kompatibel für die religiösen (nicht spirituellen) Sucher gemacht hat. Nun denn...

Mit Zen-Grüßen,
Clemens

14.11.13

Lieber Clemens!

Vielen Dank für Deine Antworten auf meine Mails.
Nachdem ich seit Tagen von Kopfschmerzen und Übelkeit gequält werde, glaube ich mittlerweile zu verstehen, was mir mein Körper mitteilen möchte: ich sollte etwas kürzer treten

und die Tastatur – wie Du einmal treffend formuliert hast – nicht mehr rauchen lassen. Vielleicht tut mir da auch mein Aufenthalt bei den Jesuiten ganz gut. Laptops, Handys und auch Bücher sind dort nämlich nicht erlaubt. Ist schon ein etwas seltsames Gefühl, für eine ganze Woche unerreichbar zu sein und auf sämtliche Medien zu verzichten. Meine Exerzitien bieten auch Dir die Möglichkeit, Dich von Deinem sicherlich bei weitem anstrengendsten Schüler etwas erholen zu können. Sollte auch ich einst Schüler haben, liegt damit die Latte für mich sehr hoch. Ich hoffe, das auch einmal so gut hinzubekommen, wie Du das machst.

Ich möchte dass Du weißt, wie tief ich mich Dir und den Kreismitgliedern verbunden fühle. Eine Verbindung, die ich als sehr stark erlebe und die mich auch in schwierigen Situationen trägt.

Spiritualität und Weg-Arbeit ist für mich das bestimmende Element in meinem Leben geworden, auch mein Alltag wird immer mehr davon durchdrungen. Ich preise Gott für die Gnade, die er mir damit erweist, und für die Hilfe, die er mir durch Dich gewährt und die ich ergreifen möchte. Dass das für Dich mitunter sehr anstrengend ist, ist mir bewusst, ich gehe allerdings davon aus, dass Du es gerne tust. Nichtsdestotrotz werde ich mich in Zukunft etwas zurücknehmen und mich stärker auf die Umsetzung konzentrieren.

Um es einmal militärisch auszudrücken, melde ich mich hiermit für die nächsten 1 ½ Wochen bei Dir ab und schicke Dir liebe Grüße nach Bremen
Jonas

Lieber Jonas,

da erwischt Du mich ja eiskalt. Ich dachte, dass Du noch bis incl. Freitag da bist. Bezüglich meiner relativen „Zähigkeit und Ausdauer" kannst Du Dir sicher sein, dass ich Dich gerne unterstütze so gut ich kann und dass ich mich freue, dass „wir uns über den Weg gelaufen sind". Ohnehin ist es so, wie ich schon ganz am Anfang unserer „Brieffreundschaft" sagte. Unsere Korrespondenz ist keine Einbahnstraße. Ich profitiere davon genauso. Du wirst das sicher eines Tages auch selber erfahren und auch, dass die Freude auf beiden Seiten gleich groß ist. Möglicherweise ist sie sogar auf meiner Seite größer, da ich vielleicht noch in Einigem eine etwas weitere Tragweite der spirituellen Verbindungen sehe.

Meine kritische Haltung gegenüber den Jesuiten ist sicher nicht ganz unbegründet, aber sie beruht doch eigentlich auf einer Art Zwischenträgerei, da ich nicht über unmittelbare Erfahrungen verfüge. Mache bitte während der Exerzitienwoche ganz eigene Erfahrungen. Ich wünsche Dir, dass Du dort auf Deinem ganz eigenen Weg weiterkommst und dies auf Basis möglichst guter Erlebnisse und Eindrücke. Wenn denn die ESG überall ist, so ist nicht ausgeschlossen, dass sie auch dort ist. (Ich meine nicht nur durch Dich ^^). Ich wünsche Dir Durchbrüche über Durchbrüche und die „Wolke des Nichtwissens" ist gewiss eine gute Vorbereitung für Deine Klausur - zumindest für die Zeit, in der Du nicht durch die ignatianischen Exerzitien gescheucht wirst. Ich freue mich schon sehr auf Deinen Bericht!

Danke auch für Deine schöne Fotosammlung. Als „Gegenleistung" ein Foto von mir von 1977 als ich 14 oder 15 Jahre alt war... Deutlich ein Kind der Siebziger!

Herzliche Grüße, Clemens

Lieber Jonas,

mich hat heute die senile Bettflucht erwischt - will sagen, ich bin noch etwas früher erwacht als üblich. Es ist kurz nach halb vier und damit habe ich Gelegenheit, noch einen wichtigen Punkt nachzuschieben, bevor ich zur Arbeit fahre: Ich wünsche Dir bezüglich Deiner Kopfschmerzen und Übelkeit gute Besserung! Beides Leiden, die einem so richtig gut deutlich machen, dass ohne ein gewisses Maß an Gesundheit und Wohlsein beinahe alles andere im Leben nicht viel wert ist. Vor allem hoffe ich, dass es Dir während Deiner Exerzitienwoche physisch gut geht. Ich werde - Deine Erlaubnis vorausgesetzt - Dich in meine Visualisationsübungen über das übliche Maß mit einbeziehen. Normalerweise visualisiere ich die Kreismitglieder einmal wöchentlich und sehe sie dabei heiter, entspannt, gesund vor meinem inneren Auge. Ein Kreismitglied visualisiere ich zur Zeit möglichst täglich in einer „äußeren spinalen Psychopraktik". Ich führe die Übung also von außen gesehen durch und verbinde mit meinem Tun positive Wünsche. Dasselbe möchte ich auch bei Dir von heute an zumindest bis zu Deiner Rückkehr aus Deiner Klausur tun.

Dank Deiner gestrigen Angaben konnte ich mir im Internet das Exerzitien-Haus ansehen und dort auch entnehmen, dass Deine Exerzitienwoche erst am Sonntag beginnt. So kann ich hoffen, dass Dich meine Mails bis dahin noch erreichen.

Nochmals gute Besserung und liebe Grüße,
Clemens

Lieber Jonas!

Die Aussage, dass „man" erst mit den beiden Beinen Christentum und Buddhismus richtig gehen kann, ist sicher teilweise mit Vorsicht zu genießen. Ersetze „man" durch ich (Clemens) und schon ist es eher ein Modell meiner persönlichen Entwicklungsgeschichte. Jemand anderes mag Sufismus und Taoismus als der Weisheit letzten Schluss empfinden. Über die persönliche Geschichte hinaus ist diese Aussage vor allem als Einstig in eine tiefergehende Argumentation gedacht. Es gibt nach meiner eigenen Erfahrung - und über diesen Schatten lässt sich einfach nicht springen, auch wenn logisch klar ist, dass letztlich alle Wege zum Ziel führen - neben dem von Dir erwähnten Reinkarnationsaspekt und der Analyse der AP auch noch verschiedene andere sinnvolle Ergänzungen des Buddhismus zum Christentum und auch zum Daskalos-System, welches ja auch nicht eben klassisches Christentum darstellt. Darüber hinaus sehe ich wohl meine kulturkreisresultierende Prägung durch einen im weitesten Sinne christlich-abendländischen Hintergrund, aber faktisch nehme ich mich gar nicht mehr als Christ (oder auch in Ablehnung dessen als Buddhist) wahr. Als spirituell orientierter Sucher und Wahrheitsforscher brauche ich die Formgebung (und damit Einengung) durch die Religionen nicht wirklich. Im Umkehrschluss kann man sich aus dieser Freiheit heraus aber auch genauso dieser Religionen bedienen und innerhalb von ihnen wirken.

In meinem Rechner schlummern tatsächlich noch einige Perlen... Wenn nächstes Jahr M. und Simon zu Dir fahren, werde ich Ihnen vielleicht mal eine externe Festplatte für Dich mitgeben. Dann könnte ich Dir einen Haufen Arbeitsmaterialien zukommen lassen. Möchtest Du denn Texte, Audiomaterialien und Filme bekommen?

Meine relativ ausgeprägte synergetische Schau ist gewiss durch jahrzehntelange Schulung zustande gekommen. Wahrscheinlich ist sie auch eine mitgebrachte Fähigkeit, die durch weiteres Üben gewachsen ist. Ich nehme in der Tat an, dass wir alle diese Fähigkeit zur Schau entwickeln werden, aber es gibt daneben andere zu entwickelnde Fähigkeiten und die Schulung in einem Bereich kostet Kapazitäten in anderen Bereichen, auf die man sich dann dementsprechend weniger oder sogar **nicht** konzentrieren kann. Ich würde grundsätzlich eine ausgewogene Entwicklung befürworten, aber völlig glatt sind wir als Individuen eben nicht. Das macht uns ja auch interessant füreinander. So können wir einander erst „Lehrer und Schüler zugleich" sein. Nicht ohne Grund ist das eine Basisanleitung für das Miteinander in der spirituellen Gemeinschaft.

Deine Beschreibung des „Spülbohrens" durch Blockaden ist schlüssig. (Mit technischen Begriffen habe ich übrigens kein Problem, also nur weiter so. Technische Begriffe sind zumindest präzise!) Nicht ohne Grund haben wir auch das fröhlich fließende Wasser als Audiobackground für die Spinale Psychopraktik gewählt. Etwas eigenwillig vielleicht die Auf- und Abbewegung. Aber auch das ist nicht ganz aus der Luft gegriffen, denn nach Anleitung der ESG lässt sich die Übung auch absteigend vom Kopf zum Steißbein üben. Also kann die Abwärtsbewegung nicht grundsätzlich falsch sein. Es spricht nichts gegen Experimente. Schaue auf die Resultate und vergleiche einfach, was bessere Wirkungen zeigt.

Zu den akustischen (und sonstigen) Begleiterscheinungen von spiritueller Praxis jeder Art habe ich zwei gegenläufige Informationen, die man, wie nicht anders zu erwarten, meiner Meinung nach beide im Kopf behalten und immer im

Einzelfall schauen muss, welche man zur Anwendung bringt. Es gibt verschiedene Daskalos-Meditationen, bei denen wir aktiv auf Nebeneffekte achten sollen. Wenn wir zum Beispiel mit weißem Licht visualisierend auf dem Boden zeichnen, sollen wir auf begleitende Geräusche achten. Das kann man sicher verallgemeinern. In der buddhistischen Praxis gibt es ein spezielles Wort, das mir gerade entfallen ist, das sich auf Begleiteffekte und Meditationsstörungen bezieht. Es tauchen bei stillen und anderen Meditationen regelmäßig visuelle, akustische, olfaktorische und jegliche andere Eindrücke auf. Speziell die Zen-Schulen sagen klipp und klar: das ist nicht Ziel und Inhalt der Meditation, also ist es eine Störung, die wir loslassen müssen. Es ist einfach unerwünscht. Klar, auch wenn wir eine weiße Lichthülle visualisieren wollen und wir sehen einen roten Nebel, riechen Veilchen und hören Engel singen, dann ist das vielleicht interessant, aber man kann es als Widerstand der AP gegen eine gewollte Übung interpretieren. Also schaue im Einzelfall. Manche Effekte - wie das Hören des Herzschlages - können ja auch durchaus hilfreich sein. Vorausgesetzt es ist tatsächlich Dein Puls. Da reicht ja ein Fühlen mit dem Finger... Sind die Phänomene nützlich - gut. Sind sie ablenkend - schlecht. Registrieren und dann ignorieren, wie Du es tust, ist sicher in vielen Fällen die beste Herangehensweise! Ich habe den Eindruck, dass Du sehr gut in Deinem etwas isolierten Zustand arbeitest. Es ist ja auch hier bei uns letztlich nicht viel anders. Ein Großteil der spirituellen Arbeit vollziehen wir alleine und eingebettet in den Alltag. Das Fehlen der sonntäglichen Treffen ersetzen wir ganz gut durch unsere Korrespondenz.

Eine Webseite mit einer Fülle von buddhistischen Materialien mit der ich schon „ewig" arbeite ist: http://www.palikanon.com

Dort kann man in viele für uns heute teils etwas sperrige

Originaltexte hineinschauen und auch einige Sekundärliteratur finden.

Griaß Di, babatschi, oder was schreibt der Österreicher als Abschiedsgruß? ^^
Clemens

15.11.13

Hallo Clemens!

Vielen Dank für Deine Genesungswünsche, mir geht es tatsächlich schon wieder einigermaßen gut. Ich weiß nicht, was ich mir da eingefangen habe, aber es scheint dank Deiner Hilfe jetzt besser zu werden. Obwohl Krankheiten physisch meist sehr unangenehm sind, lösen sie – zumindest bei mir – eine tiefe Demut aus. Ich versuche dann zu ergründen, welche meiner Verhaltensweisen oder Einstellungen die Ursache dafür war und was ich an mir verändern muss. Jesus hat ja auch oft nach einer Heilung gesagt „Geh hin und sündige nicht mehr", der Zusammenhang zwischen (permanentem) Fehlverhalten und Krankheit scheint mir zwingend zu sein. Gemäß der 95%-Regel müssen wir schon oft danebenhauen, damit eine Krankheit offen ausbricht. Leider ist es meistens nicht so einfach dahinterzukommen, was nun wirklich die karmische Ursache für die Erkrankung war. Die Art der Krankheit gibt hier natürlich Hinweise. Meine häufig auftretenden Erkältungskrankheiten seit meiner frühen Kindheit sind mir aber immer noch ein Rätsel…

Ich bin Dir dankbar und freue mich darüber, dass Du mich in Deine Visualisationsübungen miteinbeziehst. Ich weiß, wie stark und mächtig bewusst erschaffene Elementale sein können, besonders wenn sie rhythmisch wiederholt werden, oder wie Franz Bardon sagt, „dynamisiert" werden. Wenn Du es mir gestattest, würde ich es in der nächsten Woche auch gerne versuchen, ich würde mich dabei an die Anleitungen von Daskalos halten.

Nochmals danke für Deine guten Wünsche und bis bald!
Jonas

15.11.13

Hi Jonas,

habe gerade an Dich gemailt und sitze noch vorm Rechner. Nur eine kurze Anmerkung zu den Erkältungskrankheiten: Thorwald Dethlefsen sagte glaube ich in „Krankheit als Weg" sinngemäß etwas wie: Erkältungskrankheiten = die Nase voll haben. Von etwas, von verschiedenen Dingen, vielleicht vom unerleuchtet durch die Inkarnationen streifen? ^^ Thorwald ist nicht grundsätzlich eine der großen spirituellen Leuchten für mich gewesen, nicht dass wir uns missverstehen. Könnte aber in dem Fall was dran sein, oder? Vor allem auf die letzte Vermutung bezogen!

LG, Clemens
P.S.: ... ach ja, ich gestatte! Schau, wie ich die Rechner glühen lasse!!! :-)

15.11.13

Hi Clemens!

Danke für die schnelle Antwort, Deine Nachricht ist so ziemlich zeitgleich bei mir angekommen - war also doch kein Zufall, dass es mich noch ins Büro gezogen hat.

In Österreich sagen die meisten beim Abschied „Pfiat Di (God)", eine Kurzform für „behüte Dich Gott"

Das wünsche ich auch Dir,
Jonas

25.11.13

Hallo Clemens!

Ich bin wieder da! Ich weiß gar nicht, wo ich anfangen soll zu erzählen, da in dieser Woche so viel passiert ist - das war streckenweise wirklich heftig! Vorweg möchte ich mich bei Dir für Deine geistige Unterstützung bedanken, die für mich spürbar war - Du warst mir eine große Hilfe. Hast Du eigentlich schon vorher gewusst oder geahnt, wie es mir ergehen wird?

Meine persönliche Betreuerin während der Woche war eine Schwester, die sehr einfühlsam in mich hineinspürte und in den Gesprächen rasch herausfand, welche Dinge in meinem Unterbewusstsein schlummerten und einer Betrachtung bedurften. Sie ist eine bemerkenswert offene und liebenswerte Person, die auch über einige Erfahrung in den Bereichen

Kontemplation und Zen-Meditation verfügt. Sie ist für eine Ordensfrau außergewöhnlich aufgeschlossen und spart auch nicht gerade mit Kritik an der Amtskirche.

Der Tagesablauf war straff organisiert mit fixen Essens- und Meditationszeiten, einem persönlichen Betreuungsgespräch und einer Messfeier als Tagesabschluss. Auch „niedere" Dienste, wie Reinigung des Meditationsraumes, Essen herrichten und den Abwasch erledigen, mussten von den Teilnehmern übernommen werden, was mich aber nicht störte und den Gemeinschaftsgeist förderte. Das Sprechen mit den anderen Teilnehmern, die hauptsächlich Priester, Nonnen, aber auch Wirtschaftstreibende waren, war grundsätzlich nicht erlaubt. Die Meditationszeiten konnte man sich teilweise frei einteilen, als Richtlinie waren in Summe 4 Stunden vorgegeben. Nicht kürzer als eine halbe Stunde und nicht viel länger als eine ganze Stunde. Am Abend wurde eine Stunde von allen Teilnehmern gemeinsam meditiert. Für mich persönlich war es eine Herausforderung, auf dem eher harten Stuhl die ganze Zeit lang ruhig zu sitzen. Zwischen den Meditationszeiten sollte man mit Hilfe von bewusstem Gehen oder auch längeren Spaziergängen wieder einen klaren Kopf bekommen. Auf freiwilliger Basis konnte vor der Morgenbetrachtung eine halbe Stunde bewusstes Körperempfinden unter Anleitung praktiziert werden. Ich staunte dabei nicht schlecht, als sie mit uns auch die spinale Psychopraktik, allerdings in vereinfachter Form, durchübte.

Ich habe die Woche intensiv dazu genutzt, diverse Visualisationsübungen zu machen. Die spinale Psychopraktik war hier natürlich ein fixer Bestandteil und hat in Kombination mit den Meditationen offenbar dazu geführt, dass einige nicht bewältigte, traumatische Erlebnisse aus meinem Unterbewusstsein wieder hochgekommen sind und sich Ausdruck verleihen konnten. Da waren sehr traurige Dinge dabei, die ich für längst aufgearbeitet betrachtet habe, was sie aber offensichtlich nicht waren. Ich wurde zeitweise von Weinkrämpfen nur so geschüttelt. Meine Betreuerin war mir dabei eine große Stütze und hat sich neben guten Ratschlägen sehr liebevoll um mich gekümmert. In Anbetracht der Fülle der Dinge, die bei mir hochgekommen sind, war sie dann doch etwas überfordert und hat mir zu professioneller Hilfe geraten. Was mir bislang selbst so nicht bewusst war, ist, dass meine Kindheit in manchen Aspekten wirklich schlimm war. Gegen Ende der Woche hin haben sich dann die Dinge entspannt und ich hatte am Schluss den Eindruck, dass ich die alten, sehr tiefsitzenden und verdrängten Elementale soweit im Griff habe, dass sie mir nichts mehr anhaben können. Ich fühlte mich befreit, gereinigt und auch körperlich unglaublich entspannt. Der Druck auf meiner Brust, der mir in Kombination mit Schmerzen in den Lungenflügeln bereits seit längerem zu schaffen machte, ist jetzt weg. Auch der „Knödel" im Hals, den man bei unterdrücktem Weinen fühlt und der mir des Öfteren bei der spinalen Psychopraktik auffiel, ist jetzt fast nicht mehr spürbar.

Auch im noetischen Bereich haben sich Fortschritte eingestellt, es ist mir teilweise schon sehr gut gelungen, die in mir aufkommenden Gedanken eindeutig der AP und HS Ebene zuordnen zu können. Auch die Phasen hoher emotionaler und gefühlsmäßiger Belastung haben mein Empfinden dahingehend verbessert. Auch einige Geschenke wurden mir von höherer Stelle aus gewährt, ich hatte bei einer Abendmesse zum ersten Mal die Empfindung, den dort vorgelesenen Text aus dem alten Testament in seiner vollen Tiefe erfasst zu haben - ein wunderbares Gefühl.

Wie stark ich meine AP in der vergangenen Woche demontierte, zeigte sich eindrucksvoll an meinem Traumgeschehen, das ich unglaublich intensiv erlebt habe. Eine Nacht lang hatte ich mehrere Traumsequenzen, die alle nur ein Gefühl zum

Thema hatten: Todesangst. Ich fand mich in den unterschied-lichsten Situationen wieder, wo mein „Leben“ bedroht war. Meine AP hatte wirklich Angst vor dem Sterben!! Leider habe ich es nicht geschafft, in den Träumen bewusst zu werden und dem entgegenzuwirken. Ich hatte früher nämlich schon mehrmals das Vergnügen, im Traum zu realisieren, dass ich träumte. Ich nutze dies immer dazu, bewusst die Naturgesetze auszuhebeln und z.B. über dem Boden zu schweben oder wie Superman eine Runde zu fliegen. Das Ganze ist dabei so real und fühlt sich so echt an, da ist fast nichts anderes damit vergleichbar.

Der Meditationsraum hatte eine Ausstrahlung von Ruhe und Kraft, wie ich es kaum in Worte fassen kann. Mir ist öfters in den Sinn gekommen, wie stark die Atmosphäre erst in den Räumen der ESG sein muss. Hattest Du schon einmal die Möglichkeit dort zu meditieren?

Die Schwester stellte bei mir sehr rasch zwei Dinge fest, die mich an Dich denken ließen und sich mit Deinen Aussagen teilweise bis ins Wort hinein decken: 1) Ich bin ein Empath und 2) ich sollte die Dinge wesentlich ruhiger und gelassener angehen.

Sie warnte mich weiters eindringlich davor, in das Leiden anderer Menschen zu stark hineinzugehen oder dieses gar zu übernehmen. Sie meinte, sie hätte mehrere Fälle im Jahr, wo Priester oder Sterbebegleiter den Beruf aufgeben müssen, da sie das Leiden der ihnen anvertrauten Menschen auch physisch übernehmen und dadurch langsam zu Grunde gehen.

Das größte Problem war für mich aber meine Frau, die meine Reise nach Wien aufs Schärfste ablehnte und mir vor-warf, „abartig überreligiös“ zu werden. Ich habe mehrfach versucht, mit ihr darüber zu sprechen um sie zu beruhigen - ohne Erfolg. Die Veränderung, die ich im letzten Jahr durchmachte und weiter durchmache, wirkt auf sie dermaßen bedrohend und verängstigend, dass ich langsam den Zugang zu ihr verliere. Ich habe natürlich viele Dinge meiner AP aufgelöst und mich dadurch stark verändert, jedoch wie ich meine, zum Positiven. Sie kann das nicht verstehen und empfindet das zumindest unterbewusst als Bedrohung, da sie es nicht benennen und fassen kann, was hier vorgeht. Wenn ich jetzt bewusst, so wie ein Schauspieler, alte Gewohnheiten und Verhaltensweisen an den Tag lege, habe ich den Eindruck, dass sie spürbar aufatmet und ruhiger wird. Ich möchte aber nicht wieder zu meiner alten AP werden. Ich frage mich, ob ich vielleicht zu rasch vorgegangen bin. Clemens, wie gibt's das, dass ich in wenigen Monaten solche Fortschritte mache, wo ich teilweise selbst fast nicht mitkomme. Ich trinke jetzt z.B. seit zwei Wochen keinen Kaffee mehr und habe damit kein Problem, das hätte ich früher niemals so leicht durchgehalten. Auch die Nahrungsmenge, die ich zu mir nehme, habe ich weiters deutlich reduziert, ohne Kampf. Das geht fast zu leicht. Was ist nur los mit mir? Ich fühle mich dabei aber so gut wie noch nie.

Lieber Clemens, ich muss für heute leider Schluss machen und komme nicht mehr dazu, den Text nochmals durchzulesen und zu korrigieren - bitte entschuldige die damit verbundenen Mängel. Mir war einfach wichtig, Dir zu berichten.

Danke nochmals für Deine Unterstützung und alles Liebe
Jonas

Hi Jonas, willkommen zurück!

Ich habe mit Deinem „Klosteraufenthalt" keine konkreten Erwartungen verbunden, aber aufgrund eigener „Retreat"-Erfahrungen bzw. Sesshins wusste ich um die Intensität dessen, was Dich erwartete. Dass da die ganze Spannbreite von Zusammenbruch bis Durchbruch möglich war, war klar. Ich habe selbstverständlich für Dich das Beste erhofft. Deinem Bericht zufolge ist es ja auch durchaus eine positive Erfahrung gewesen, wenn man einmal von reinigenden Krisen auf dem Wege dorthin absieht. In meinen visualisierten Spinalen Psychopraktiken für Dich hatte ich den Eindruck von starker Bewegung in den Blockaden. Das ist ungewöhnlich, aber situationsbedingt nachvollziehbar.

Ich bin traurig über Deine Schwierigkeiten mit Deiner Frau. Zwar sind diese veralteten Vorstellungen, dass einen zwangsläufig nur der Tod scheiden darf, keine Handlungsanleitung mehr, aber es spricht ja auch grundsätzlich nichts gegen dauerhafte Beziehungen. Besonders wenn noch aufwachsende Kinder im Spiel sind. Mag sein, dass Deine Frau in ihrer hauptsächlichen AP-Ausprägung Hylikerin oder Psychikerin ist, und da ist es für einen Pneumatiker wie Dich schwierig. Glücklich sind die Menschen, die mit ihrem Partner halbwegs auf der gleichen Ebene schwingen. Freilich hast Du Dich in den letzten Monaten ungewöhnlich schnell entwickelt - da hatte Deine Frau wenig Zeit mitzuziehen. Und sei es auch nur, halbwegs zu akzeptieren, was bei Dir vorgeht. Ich wundere mich auch immer wieder, dass Pneumatiker (wenn sie denn echte sind) Hyliker und Psychiker durchaus akzeptieren können. Umgekehrt geht das scheinbar nicht so oft (um nicht NIE zu sagen).

Ein Teil dessen, was wir als Schüler des Weges lernen, ist „die Geschicktheit der Mittel“ einzusetzen. Das geht zwar nicht von heute auf morgen, aber in Bezug auf Deine Beziehung scheint es, als müsstest Du recht schnell einen Umgang finden. Geschicktheit der Mittel auf eine Einzelperson bezogen bedeutet, dass man lernt, was man wie vermitteln kann und was sich nicht vermitteln lässt. Im letzteren Falle hält man sich zurück. Diese Art der Maskierung ist natürlich gerade in einer Beziehung problematisch, da sie entfremdet. Wenn man sie aber erstmal als vorübergehend betrachtet, kann man damit leben. Deine Erfahrungen deuten ja auch darauf hin, dass Deine Frau noch hin und wieder „alte“ Verhaltensweisen braucht, um sich sicher zu fühlen. Wenn diese nicht schädlich für Dich sind, dann brichst Du Dir keinen Zacken aus der Krone, wenn Du ihre Bedürfnisse bedienst. „Abartig überreligiös“ ist aber schon ein starkes Stück! Klingt viel Hilflosigkeit mit...

Ich wünsche, dass Du den für Euch alle besten Weg findest.

Leider bin ich heute nicht so frei, dass ich weiter schreiben könnte. Ich freute mich sehr, von Dir zu hören. Mehr von mir wahrscheinlich morgen.

Liebe Grüße,
Clemens

Hi Clemens!

Danke für Deine netten Willkommensworte und für Deine Sicht der Dinge. Ja, meine Beziehung zu meiner Frau macht mir derzeit wirklich zu schaffen und ist eine echte Herausforderung. Ich liebe sie jedoch sehr und hoffe, dass sich das Ganze in der nächsten Zeit wieder beruhigt.

Als Ergänzung zur gestrigen Nachricht schicke ich Dir noch zwei Fotos vom mir, die mich am Ende der Woche zeigen. Ein anderer Teilnehmer war so freundlich, mich kurzerhand mit der Handykamera zu fotografieren. Etwas abgemartert zwar, aber glücklich.

Bei uns ist es derzeit unangenehm kalt bei Temperaturen um die Null Grad, Wind und Schneefall. Ich genieße es immer, mich zuhause auf die Ofenbank zu setzen, dem Feuer zuzusehen und langsam meine Gedanken zu beruhigen.

Ich freue mich schon auf Deine nächste Nachricht.

Mit winterlichen Grüßen aus dem fernen Österreich
Dein Schüler Jonas

27.11.13

Lieber Jonas,

danke erstmal für Deine Fotos. Es ist immer nett, Dich zumindest so zeitverzögert mal zu sehen. Irgendwann kriege ich

sicher auch mal ein qualitativ hochwertiges (kontrastreicheres etc.) Foto von Dir, bei dem es sich „lohnt" einen Abzug davon zu machen, um es im Meditationshaus aufzuhängen. Es sei denn, das wäre Dir unangenehm. Ich sähe darin eine Erinnerung an alle, dass Du dazugehörst.

Dass übrigens nur M. sich bei Dir gemeldet hat, hatte ich schon erwartet. Sie ist eine ganz Herzliche, die dabei auch aus sich heraus geht. Zwar ist auch eine bayrische Landsmännin (? Landsfrau?) bei uns, die auch den süddeutschen Überschwang erkennen lässt, aber die hat vielleicht gerade viel um die Ohren gehabt. Ansonsten sind wir hier alle Nordlichter und man kann schon sagen, dass die Menschen hier im Erstkontakt etwas reservierter sind. Ich halte das aber für einen Formaspekt, der nicht zwingend auf den Inhalt schließen lässt (wie auch der süddeutsche Überschwang). Nehme also fehlende weitere Willkommensworte nicht persönlich. Ich kann Dir versichern, dass sich alle über Deinen Beitritt gefreut haben.

Der Bericht über Deine Erlebnisse während des „Schweigeseminars" ist wirklich eindrucksvoll und ich finde es auch schön, dass Du kompetenten und scheinbar durchaus spirituell orientierten Menschen begegnet bist. Wenn meine Lebenssituation nicht so wäre, wie sie ist, dann könnte ich mir durchaus vorstellen, dass wir diese Veranstaltung gemeinsam besucht hätten. Es wäre reizvoll gewesen, mit Dir eine Woche lang gemeinsam zu praktizieren und zu schweigen. Reizvoll sicherlich auch die persönlichen Gespräche danach!!!

Ich habe verschiedentlich die Möglichkeit gehabt, in Meditationsräumen der „Kirchhofengemeinschaft" zu meditieren. Allerdings habe ich schon die „normalen" Wohnhäuser als dermaßen frei und befreiend erlebt, dass die gemeinsamen Praxisräume lediglich eine Steigerung der gleichen Sache darstellten. Einmal bin ich in der Gegend von Würzburg an einem verborgenen Ort gewesen. Da ich mich dort nicht auskenne, während der Autofahrt vom Würzburger Bahnhof auf meine Hände schauen sollte und danach noch einen langen Fußmarsch im Dunkeln über Land vollziehen musste, habe ich keine Ahnung, wo es war. Jedenfalls gelangte man durch die Rückwand der Scheune eines Bauernhofes in eine Höhlenanlage, in der im Eingangsbereich scheinbar steinzeitliche Ritzungen sichtbar waren. Tiefer drinnen dann antik oder mittelalterlich bearbeitete Kammern und zuletzt dann ein wohl modernerer Höhlenraum. Dort durfte ich zusammen mit anderen Menschen, die auf anderen Wegen zu dem Hof gekommen waren und die ich erstmals in der Scheune sah, an einer spirituellen Zeremonie teilnehmen. Laut Ludwig war der Ort eine von alters her von der ESG genutzte Höhle. Seit tausenden von Jahren verborgen! Unter uns waren einige andere hoch entwickelte Meister. Unter anderem eine junge (19jährige) Frau aus Marokko (!). Das hat mich damals schon sehr bewegt.

Deine stürmische Entwicklung ist eindrucksvoll, aber es wird sicher auch immer wieder Phasen scheinbarer Stagnation geben. Darauf kannst Du Dich schon einmal einstellen. Es ist wichtig, weder das eine noch das andere mit allzu großer Verwunderung aufzunehmen. Aber ungeschmälert: Ich finde es toll, was sich alles bei Dir ergeben hat. Nur weiter so!

Die letzte Betrachtung über die Welle habe ich auf wochenlangen Druck von Ludwig hin überarbeitet und verschickt. Sie hat einige Unruhe im Kreis verursacht. Scheinbar ist es L. ein starkes Bedürfnis gewesen, auf den in der Betrachtung immer noch etwas verklausuliert dargestellten Sachverhalt hinzuweisen. Er hat sehr deutlich Aktivität bezüglich der Welle gefordert – vor allem aber Untersuchen und Erkennen. Wie ist der Text von Dir aufgenommen worden?

So, jetzt schicke ich aber die Mail ab, sonst bekommst Du sie heute nicht mehr. War heute erst recht spät zuhause, da ich in Angelegenheiten der Welle noch einen Gesprächstermin hatte.

Beste Grüße aus dem ebenfalls kalten, aber grau-nieseligen Bremen!
Clemens

28.11.13

Hallo Clemens!

Deine Ausarbeitung über die Welle hat mich in mehrerlei Hinsicht berührt und bewegt, sodass ich vorhabe, konkret einige Dinge bei mir zu verändern. Den Text finde ich eigentlich schon sehr klar und wenig verklausuliert dargestellt, was hat denn hier die große Unruhe bei den Anderen hervorgerufen? Inhaltlich gesehen, stellt Deine Ausarbeitung „666" vieles in Bezug auf das ungezügelte Wachstum eigentlich genauso unverblümt und direkt dar, wie in der Wellenbetrachtung.

Ich glaube, ich habe Dir im Zusammenhang mit dem Census der Boni schon einmal mitgeteilt, dass ich mich jahrelang mit der Analyse unseres Geldsystems und der Wirtschaft allgemein beschäftigte, weil ich bemerkte, dass hier etwas schief läuft. Die Conclusio aus meinem Forschen ist, dass in unserem modernen Wirtschaftssystem so viele systemimmanente Fehler eingebaut sind, sodass dieses in den nächsten Jahren schon aus rein finanzmathematischen Überlegungen heraus zusam-

menbrechen **muss**. Stichworte dazu wären (Zinses)zins, Geldmengenwachstum, Geldverteilung, Inflation etc. Vor allem durch das Schließen des Goldfensters im Jahr 1971 wurde der ungehemmten Geldvermehrung über die dadurch mögliche Inflationierung Tür und Tor geöffnet.

Der Zusammenbruch wird für weite Teile der Bevölkerung sehr bitter und schmerzhaft werden, vor allem für diejenigen, die nicht vorgesorgt haben und dem Staat blind vertrauen. Wir werden hier sehr gefordert sein, unseren Nächsten sowohl materiell als auch seelisch beizustehen. Menschen, die dem auf Wachstum aufgebauten System vertraut haben und plötzlich damit konfrontiert werden, dass die Früchte ihrer lebenslangen Arbeit mit einem Schlag weg sind, brauchen sicher unsere Zuwendung. Ich persönlich habe das System bereits vor vielen Jahren verlassen und damit die Konsequenzen gezogen. Eine Auswirkung davon war auch, mich mit Fertigkeiten und Wissen vertraut zu machen, um meine Lieben notfalls selbst versorgen zu können und meine Nächsten zur Selbsthilfe anleiten zu können. Ich bin in der glücklichen Situation, über kleine Ackerflächen und Waldstücke zu verfügen, sodass ich mich mit Lebensmittel und Brennholz versorgen kann.

Ich möchte Dir ein paar Beispiele bringen, wie wir als Familie Ressourcenschonung leben: Lebensmittel werden grundsätzlich nicht weggeworfen, sondern verbraucht. Bleibt z.B. beim Mittagessen etwas übrig oder sind Lebensmittel am Ablaufen, werden diese bevorzugt verzehrt. Das sollte eigentlich für alle selbstverständlich sein. Nicht mehr verwendete Dinge, wie etwa Bücher, Spiele oder Gewand, das noch in Ordnung ist, werden weiterverschenkt oder auf Flohmärkten weiterverkauft. Wir freuen uns auch immer, wenn wir Kinderkleidung geschenkt bekommen. Überraschenderweise gibt es hier keinen Widerstand meiner „Kleinen", die ziehen auch gebrauchte Sachen an. Falls wir für Freunde Geschenke brauchen, kaufen wir keine unnötigen Sachen, sondern verschenken meistens unsere selbst hergestellten Produkte wie Honig, Selchfleisch, Würste, Pasteten, Marmeladen, Trockenfrüchte oder Seife. Das sind zugegebenermaßen nur kleine Dinge, die wir hier versuchen umzusetzen.

Traditionellerweise heizen wir mit Holz aus unserem Wald, das wir selbst schlägern und aufarbeiten. Mir ist die Arbeit im Wald eine willkommene Abwechslung und es stärkt noch dazu das Zusammengehörigkeitsgefühl der Familienmitglieder. Der Wald wird von uns natürlich nachhaltig bewirtschaftet, das System hat sich seit mittlerweile 900 Jahren gut bewährt.

Bezüglich des Verzichts auf den Urlaub habe ich meine Frau leider noch nicht überzeugen können, meine Tochter wäre sofort dafür.

Ich persönlich gehe in meinen Bemühungen noch etwas weiter: Ich benutze in der warmen Jahreszeit so weit wie möglich mein Fahrrad, auch zur Fahrt in die Arbeit. Kleidung wird so lange getragen, bis sie Löcher bekommt und verschlissen ist. Mein Auto gehört eigentlich meinen Schwiegereltern, wir teilen es uns.

Ich möchte mich mit dieser etwas langatmigen Aufzählung in keiner Weise reinwaschen, sondern habe die Gelegenheit genutzt, wieder etwas mehr von mir zu erzählen, um Dir transparenter zu werden. Ich weiß, dass unsere Bemühungen bei Weitem nicht genug sind und ich noch sehr viel mehr tun kann. Die dargestellten Dinge laufen bei uns auch keinesfalls perfekt ab und werden nicht immer hundertprozentig eingehalten. Wichtig scheint mir bei der ganzen Sache jedoch zu sein, zumindest ernsthaftes Bemühen an den Tag zu legen. Auch sollten die Dinge nicht krampfhaft oder missionarisch betrieben werden. Leute, die sich teure Sportwägen kaufen, die neuesten Designerklamotten haben und an deren Handgelenk eine Rolex blitzt, kann ich trotzdem nicht verstehen. Ich möchte hier niemanden verurteilen, denn letztendlich muss ja jeder selbst mit den Konsequenzen leben.

Nachdem ich mich mit Wirtschaftskreisläufen wellenmäßig schon intensiv auseinandergesetzt habe, möchte ich mich nun in dieser Hinsicht verstärkt gesellschaftlichen Themen zuwenden. Auch hier findet man Vieles, das von ungehemmtem Wachstum, zügellosem Konsum und Ressourcenvergeudung geprägt ist. Bereiche, die mich dabei bewegen und die ich meditativ betrachten möchte, sind z.B. der Jugendwahn unserer Gesellschaft, das Abschieben der Alten in Heime, die Arbeitsbelastung der Menschen und die damit verbundenen Auswirkungen z.B. auf die Kinder, die Leistungsgesellschaft: Leistung als Maß aller Dinge, damit verbundene Probleme wie Altersarbeitslosigkeit, die Zerschlagung der traditionellen Familienverbände und deren Auswirkungen etc. Da es wie überall keine linearen Wahrheiten gibt, öffnet sich hier ein weites Tätigkeitsfeld. Sind das nicht alles Wellen, in denen wir uns bewegen, und die in den großen Wellen ungezügeltes Wachstum und Konsumrausch enthalten sind? Wären das die Wellen in Ludwigs Sinn, hat er das damit gemeint, sich damit auseinanderzusetzen? Oder übersehe ich hier weitere, anders geartete, wichtige Themen? Da würde ich Dich dann bitten, mir etwas auf die Sprünge zu helfen. Ich bilde hier bezüglich der Betriebsblindheit sicher keine Ausnahme. Hat sich Meister Ludwig zu der geforderten Aktivität noch näher geäußert?

Was ich immer noch nicht verstehe - wo haben denn die Anderen da eingehakt? Ich könnte mich natürlich auch in verschiedene Argumentationen hineinbegeben, wie etwa: Jeder muss doch heutzutage mobil sein. Oder: Der Zusammenhang zwischen Klimaerwärmung und Kohlendioxidausstoß ist wissenschaftlich nicht bewiesen - oder: die weltweite Durchschnittstemperatur ist seit 2006 wieder gefallen usw. Klar ist auf alle Fälle, dass die Emissionen aus der Verbrennung fossiler Rohstoffe nicht gut sind und die Ressourcen sukzessive verbraucht werden. Oder es technisch immer aufwändiger wird, diese zu gewinnen, sie somit weniger verfügbar werden.

Es ist ja nicht der Sinn, sich in solch einzelne Argumente zu verstricken, das große Ganze ist es, das unsere Aufmerksamkeit verdient. Also nicht der Wellenschaum, sondern die ganze Welle ist es, die wir sehen sollten.

Hier noch einige Gedanken zur Welle:

Das angenehme an ihr ist es ja, dass sie einen trägt und man in der Welle den Abstand zu seinen Nachbarn, die ebenfalls in der Welle mitschwimmen, eigentlich immer beibehält. Obwohl alle gleichzeitig in eine Richtung bewegt werden, hat man den Eindruck, sich selbst im Verhältnis zu den Anderen nicht zu bewegen. Das leichte Auf und Ab stört dabei nicht wirklich, denn der Wellenteilnehmer denkt, dass eine gewisse Individualität ja schließlich sein muss. Dieses relative Bezugssystem auf die Anderen dürfte auch der Grund sein, dass sich viele der Welle, in der sie sind, gar nicht bewusst sind. Anders sieht es aus, wenn man die Welle erkennt und versucht, aus dieser auszusteigen, z.B. indem man gegen die Gesamtwellenrichtung geht. Da sind dann Zusammenstöße mit anderen unvermeidbar. Oder man hat glücklicherweise jemanden, der einen von oben her aus der Welle herauszieht (unser HS).

Eigentlich sind wir ja in vielen Wellen gleichzeitig drinnen, die sich auch zu großen Wellen überlagern. Und es ist angenehm, mit den anderen Wellenteilnehmern zu sprechen und sich darin bestärken zu lassen, dass die Welle richtig, wichtig oder alternativlos ist, in der man sich befindet (Deine Betrachtung „Schnüffeln am Hintern" ist mir dazu noch in lebhafter Erinnerung!). Oder man mokiert sich über die andere Welle, die die eigene Welle stört und in Unordnung bringt. Oder der schlimmste Fall, dass man sich all dessen gar nicht bewusst ist, also dass man überhaupt nicht weiß, in einer Welle zu sein. Oder von Wellen generell gar nichts wissen will. Ein bewusst ausgeblendeter blinder Fleck also.

Solange die Welle nicht an einen Felsen aufläuft (abruptes Ende) oder am Strand bricht (langsames Auslaufen), werden viele gar nicht merken, dass sie darin waren. Die Auswirkungen werden aber alle ausnahmslos zu spüren bekommen. Einige werden schockiert sein, wenn sie plötzlich stillstehen, da sie ihr ganzes Leben in der Welle verbracht haben. Andere werden sich verwundert ansehen und heftig zu diskutieren anfangen, warum es nicht weiter geht und wieder Andere werden sich nach einer Ersatzwelle umschauen. Einige wenige aber werden auf den Felsen klettern und über die vielen Wellen hinwegblicken, die auf der Wasseroberfläche unterwegs sind. Sie werden versuchen, den Anderen zuzurufen, dass sie in einer Welle sind und ihnen ihre Hand als Hilfe zum Herausklettern anbieten. Klettern müssen diejenigen aber schon selbst.

Ich glaube, Meister Ludwig wollte uns zum Herausklettern auffordern.

Puh, das ist jetzt aber unbeabsichtigt lang geworden, ich hoffe, es stört Dich nicht. In der Schule wurde mir auch immer gepredigt, mich kurz zu halten. ^^

Wir hatten heute Nacht erstmals Frost mit ca. minus 5 Grad, in den Alpen hatten einige Orte bis minus 20 Grad. Etwas ungewöhnlich für November. Bei Dir am Meer ist es da sicher etwas kuscheliger und milder.

Liebe, frostige Grüße!
Dein Jonas

Lieber Jonas,

danke für Deine detaillierte, informative und anregungsreiche Mail vom 28sten. Ich sehe, dass Du die Sache mit der Welle klar erkennst und auch schon seit langem auf dem Weg bist. Selbst die spirituelle Komponente ist Dir offensichtlich schon klar gewesen. Ludwig hat mich, wie gesagt, schon seit längerem gedrängt, das Thema „Welle" im Kreis deutlich zu formulieren. Vor dem Verschicken der Betrachtung zum Thema wollte ich dieselbe durch einige Aussagen im Kreis vorbereiten und es hat sich neben Zustimmung teilweise auch Widerstand ergeben. Der Widerstand ist aus einem gewissen Nicht-Verstehen entstanden und wahrscheinlich ging es Ludwig wohl darum, dieses Nicht-Verstehen deutlich werden zu lassen und dagegen etwas zu unternehmen.

Kurz gesagt gab es zwei verschiedene Ansätze für Nicht-Verstehen. Das eine Missverständnis ist eines, das ich auch grundsätzlich an diversen spirituellen Gruppen kritisiere. Auch am Daskalos-System. Die Vorstellung, alles andere regele sich von selber, wenn man nur meditiere und seine Liebesfähigkeit (was immer das dann bedeutet) ausbaue. „Wieso darf ich nicht konsumieren, wenn ich ein guter Mensch geworden bin?" Das andere Missverständnis resultiert aus dem sich immer wieder einschleichenden Missverstehen von Weg-Arbeit und dem Formulieren hundertprozentiger Aussagen. Nur weil ich sage, dass wir aus spirituellen Gründen unsere Konsumhaltung und unseren Ressourcenverbrauch im Auge haben sollen, fühlen sich manche überfordert oder kritisiert, weil sie im Grunde meinen, sie müssten sofort alles aufgeben (denn eigentlich wissen sie, dass sie vieles falsch machen).

Ein von mir zur Lektüre empfohlenes nicht-spirituelles Buch von Harald Welzer namens „Selbst denken" sagt beispielsweise, dass Menschen dazu neigen, sobald sie nur irgendetwas tun, sich sofort als Teil der Lösung zu begreifen, statt zu erkennen, dass sie noch lange, lange vor allem ein Teil des Problems bleiben. So kurbelt man den Ressourcenverbrauch zunächst erst einmal zusätzlich an, wenn man seinen alten Benziner verkauft oder verschrottet und sich ein Elektroauto anschafft. Zumal ja auch der Strom nicht wertfrei aus der Steckdose kommt, sondern auch in irgendeinem Kraftwerk generiert wird - und das in der Regel nicht durch Wasser-, Wind- oder Solarenergie.

Als Weg-Arbeiter müssen wir auch auf den niedrigen Ebenen bereit sein, uns unseren Fehlern zu stellen, sie benennen zu lassen, ohne Rechtfertigungsimpulse übermäßig stark werden zu lassen, selber nach Fehlern Ausschau zu halten, bereit zu sein, blinde Flecken zu erkennen. Wir müssen und **dürfen** uns auch nicht sofort überfordert fühlen. Weg-Arbeit verlangt, dass wir uns **bewegen** ohne Geschwindigkeit zu definieren. Sie verlangt **nicht** (weil es auch einfach völlig unrealistisch ist), dass wir von jetzt auf gleich alles verwirklichen. Viele Dinge werden eben auch erst **auf dem Weg** erkennbar. Also ist das Beschreiten des Weges Voraussetzung für fortschreitendes Erkennen.

Als spirituelle Gruppe sind wir meiner Meinung nach auch immer verpflichtet, uns gegenseitig Anregungen zu geben. Das heißt ja nicht, dass wir sofortige Erfüllung erwarten dürfen. Wenn einer berichtet, er meditiere immer morgens eine halbe Stunde und ein anderer, er meditiere immer abends eine halbe Stunde, dann ist die Schlussfolgerung ja auch nicht, dass man morgens und abends je eine halbe Stunde meditieren muss. Man wird über Möglichkeiten informiert, angeregt. Und dann schaut man, wo man sich selber positionieren kann.

Mit Holz aus einem eigenen Wald mein Haus zu heizen, ist für mich beispielsweise eine tolle Vorstellung. Es ließe sich auch hier grundsätzlich angehen. Allerdings müsste ich dann aufs Land ziehen. Daraus ergäben sich für mich andere Schwierigkeiten. Beispielsweise habe ich in meinem Leben nur zweimal kurz ein Auto besessen - insgesamt etwa ein Jahr. Um vom Land zu meinem jetzigen Job zu kommen, würde ich aber erstmal eines brauchen. Auto und Benzinverbrauch würden dann zudem einen guten Teil meines recht begrenzten Einkommens verbrauchen. Ich müsste für diesen einen Punkt (Holzheizung) mein Leben ziemlich stark verändern. Da sind mir andere Dinge im Moment wichtiger. Diese Art von Widersprüchen muss man aushalten.

Andere Anregungen lassen sich jedoch umsetzen. Eine relative Kleinigkeit ist zum Beispiel, dass ich meine Bankverbindung geändert habe. Statt meine Finanzen weiter über eine konventionelle Bank laufen zu lassen, die dann mit meinem Geld auf völlig unkontrollierte Weise wirtschaftet (beispielsweise Rüstungskonzerne mit Krediten füttert oder Topmanager mit Fantasieboni beglückt), bin ich zur GLS-Bank gewechselt. Sie heißt Gemeinschaftsbank-Leihen-Schenken und unterscheidet sich wohltuend in vielen Bereichen von herkömmlichen Banken. Hier nicht mehr dazu, Du kannst ja einfach einen Blick ins Netz werfen. Auch an der Ernährung kann man einiges drehen. Ich habe mich in jungen Jahren länger vegetarisch ernährt. Milchprodukte allerdings nicht verschmäht. Auch gerne in Bioläden zugekauft. Später bin ich sog. moderater Vegetarier geworden - habe also nur wenig Fleisch zu mir genommen. Meine Frau arbeitet seit vielen Jahren als Bio-Fachverkäuferin und dadurch hat sich ebenfalls ein weites Wissensfeld für mich ergeben. Wir kaufen seitdem praktisch nur noch in Bioläden und möglichst nach den höchsten Normen. Die kürzlich erfolgte Lektüre von Karin Duves „Anständig essen" (leichte, lockere Lektüre) aber auch anderer Titel wie Foers „Tiere essen" oder zuletzt der „China Study" von Colin Campbell haben mich bewegt, zumindest einen Versuch zu starten, mich ganz ohne tierische Produkte zu ernähren (allerdings nicht vegan, denn Honig erlaube ich mir, obwohl er von kleinen Stachelrittern produziert wird ^^). Läuft jetzt seit zwei Wochen und bisher funktioniert es... Ich verlange dergleichen aber keineswegs von Anderen!

Deine Überlegungen zur Welle sind ganz richtig und nachvollziehbar. Schön, dass Du alles so klar siehst. Ich meine auch, dass Ludwig uns alle an die Möglichkeit, die immerwährende Möglichkeit zum Klettern hinweisen und uns dazu auffordern wollte. Er sagt, dass das Nicht-Erkennen der Welle eine grundsätzliche Bremse für den spirituellen Aufstieg sei. Das gibt schon zu denken. Entwicklung muss also auch und vor allem auf niedrigen Ebenen erkennbar sein („An ihren Früchten sollt ihr sie erkennen!").

Hier hatte es vorletzte Woche auch schon Minusgrade und heute waren die Nebelschwaden des letzten Abends auch wieder auf den Straßen angefroren. Für mich als Radfahrer keine schöne Zeit. Habe mich in den letzten zwei Jahren viermal mit dem Fahrrad „abgepackt" (wie mein Sohn sagt). „Auf die Fresse gelegt", wie ich umgangssprachlich formulieren würde. Da hab ich mir schon ganz schön weh getan. Seitdem bin ich etwas vorsichtiger geworden ^^ - und ängstlicher bei Glatteis.

Für heute schöne Grüße und einen ebensolchen und zudem frühen Feierabend!
Clemens

9.12.13

Lieber Jonas,

meine letzte Mail an Dich ist hier vor einer Woche rausgegangen und ich habe seither nichts von Dir gehört. Ist das ein gutes, ein schlechtes oder gar kein Zeichen? ^^

Ich hoffe, bei Dir geht alles seinen Gang und sende Dir heute per Googlemail die schon früher angekündigte, auditiv weniger intensiv untermalte Version der spinalen Psychopraktik. Nutzt Du überhaupt noch die Audioanleitung? Wahrscheinlich ist sie Dir ja schon in Fleisch und Blut übergegangen – so intensiv, wie Du Dich mit ihr beschäftigst.

Den zweiten, heftigeren Orkan dieser Vorweihnachtszeit haben hier auch wieder alle unbeschadet überstanden. Die Kinder hatten zwei Tage schulfrei. Mein Jüngster war glücklich über die Wetterlage!

Liebe Grüße,
Clemens

9.12.13

Hi Clemens!

Ich bin letzte Woche unseren gesamten Schriftverkehr durchgegangen und habe mir in einem ersten Schritt alle Passagen herausgesucht, die für eine Veröffentlichung in Hinblick auf die Anonymisierung möglicherweise zu bearbeiten

sind. Mir geht's eigentlich nur darum, dass die Informationen darin so anonymisiert werden, dass ich als Jonas Hochreiter nicht gleich erkennbar bin. Für die Weitergabe an meine Brüder und Schwestern im Kreis überlege ich noch, den gesamten Text so weiterzugeben, wie er ist. Wenn überhaupt, würde ich hier nur ein oder zwei sehr private Dinge weglassen, davon eventuell die Beschreibung meiner Schwierigkeiten mit meiner Frau. Was meinst Du dazu?

Ich beherberge aus meiner Kindheit noch einige Elementale, die mich in dieser Hinsicht beeinflussen. Ich war nämlich als Kind unglaublich vertrauensselig, manche würden auch naiv dazu sagen, ich habe mir damals einfach nicht vorstellen können, dass mir jemand Böses tun könnte. Ich habe den mir Nahestehenden blind vertraut, bin z.B. als Kind auch mit fremden Personen ohne Vorbehalte mitgegangen. Ich wurde im Laufe der Jahre mehrfach bitter enttäuscht... Aus diesem Grund bin ich hier etwas vorsichtig, nicht jedoch den Kreismitgliedern gegenüber. Sie alle haben mein vollstes Vertrauen.

Beim Lesen unserer Korrespondenz ist mir bewusst geworden, wie umfassend wir uns über Spiritualität ausgetauscht haben und wie tiefgründig Du die Dinge beleuchtet hast. Besonders wertvoll und als echte Perle empfinde ich Deine Darstellungen zum Verhältnis AP-HS, deren Abgrenzung und Modifikationsmöglichkeiten. Natürlich auch Deine Ausführungen zur ESG, die ich in dieser Form noch nirgendwo so klar dargestellt gefunden habe, in den Grundzügen vielleicht noch im Buch „Der Eremit".

Gibt es eigentlich auch eine schwarze Bruderschaft? Wenn unsere Welten von Dualität geprägt sind, wäre so etwas zumindest theoretisch auch möglich.

Ist es für uns Kreismitglieder eigentlich grundsätzlich möglich, dass wir uns in nur einer Inkarnation so weit an die

Eine Spirituelle Gemeinschaft annähern können, um letztendlich als deren Kind aufgenommen zu werden? Ist diese Möglichkeit auf die materielle Ebene beschränkt oder geht das dann auch noch in den psychischen und noetischen Welten? Ist es dort durch den Wegfall der räumlichen (und zeitlichen) Begrenzungen nicht sogar einfacher? Oder ist es dann erst recht nicht möglich, weil wir uns z.B. in unserer eigenen psychischen Schalenwelt befinden, oder - wie Du es ausdrückst - wenn wir nur in unserem eigenen Saft braten?

Wenn ich bedenke, dass ich in dieser Inkarnation mehr als vierzig! Jahre gebraucht habe, um mich meiner Selbst einigermaßen bewusst zu werden, dann ist der Gedanke daran, das gleiche in den nächsten Inkarnationen wieder und wieder durchmachen zu müssen, nicht gerade erbaulich. Um es in den Worten meiner AP auszudrücken: Was für eine Verschwendung von Zeit, gibt's da keine Abkürzung? Liegt diese möglicherweise in unserem definitiven Anschluss an die ESG, der uns auch in den nächsten Inkarnationen pfeilgerade wieder zur ESG hinführt? Gibt es hier einen qualitativen Sprung, wenn wir die uns gestellten Aufgaben als Mensch so weit in den Griff bekommen haben, dass wir beim nächsten Mal einen rascheren Start hinlegen können und die Zeit für unser Vorankommen besser nutzen können? Wie Daskalos berichtete, war er sich ja bereits in seiner Jugend seiner besonderen Stellung als Hoher bewusst. Ich gehe also davon aus, dass die Meister, wenn sie inkarnieren, nicht mehr so lange suchen müssen und rasch ihren Platz in der ESG wieder einnehmen. Als Beispiel dazu möchte ich auf die von Dir erwähnte 19 jährige marokkanische Meisterin hinweisen.

Deine Arbeitshypothese zu meinen Erkältungskrankheiten gefällt mir gut, ich bin es tatsächlich leid, eingelullt, gefangen in den Grenzen meiner AP, von Zu- und Abneigungen hin- und hergerissen durch die Inkarnationen zu taumeln. Irgendwann reicht´s dann und man sehnt sich danach, nach Hause zu kommen, Ruhe zu finden und seinen alten Platz wieder einzunehmen. Meine AP fragt sich: Was sagen denn die Meister, wie viele Inkarnationen benötigt man größenordnungsmäßig noch, um nach den ersten Durchbrüchen zur Meisterschaft zu gelangen?

Zumindest ein grober Zeitplan wäre ja nicht schlecht. ^^ Ich könnte mir dazu sogar die Antwort eines Hohen vorstellen: Vom Wimpernschlag bis zur Unendlichkeit ist alles drinnen, abhängig von der Gnade des Höchsten und unserem eigenen Bemühen.

Als HS habe ich hier keine Eile und alle Zeit der Welt, meine AP ist bekanntermaßen ungeduldig und wartet sehnsüchtig auf den Tag, wo sich endlich mein Heiligenschein zeigt. ^^

Wie Du mir vor einiger Zeit vorgeschlagen hast, habe ich in der letzten Woche in einem Experiment versucht, über einen Zeitraum von vier Stunden so oft wie möglich in die HS Ebene einzusteigen und den Zustand so lange wie möglich zu halten. Durchgeführt habe ich es an einem typischen Bürotag mit den üblichen Störungen Telefon, Besprechungen etc. Motiviert durch die Übung und meine damit verbundene Ausrichtung, ist mir das insgesamt 39 mal gelungen, die Bewusstseinsschwelle zum HS zu überschreiten, wobei die einzelnen Einstiege unregelmäßig über die Gesamtdauer verteilt waren. Das Bewusstseinsniveau zwischen den klaren, aber sehr kurzen HS-Phasen war ebenfalls unterschiedlich hoch. Ich habe versucht, das exemplarisch für den Zeitraum von einer Stunde grafisch darzustellen, das Ergebnis findest Du im Anhang. Leider habe ich derzeit keinen Farbscanner zur Verfügung, ich hoffe, die Grafik ist trotzdem verständlich.

Bemerkenswert dazu ist noch, dass ich nach dem Ende der gewollten Übung nur mehr 1 bis 2 mal pro Stunde die

HS-Ebene (ungewollt) erreicht habe. Das entspricht in etwa meinem derzeitigen, durchschnittlichen Stand. Wenn man die Zeiten auf die 95%-Regel umlegt, war ich meiner Meinung nach während der vierstündigen Übung hart an der 5%-Grenze. Was ich mich jetzt frage, ist, ob man bei dauerhaftem Überschreiten des 5%-Niveaus mit einem Schlag vollständig und dauerhaft auf der HS Ebene bleibt (in Form eines dauerhaften Durchbruchs) oder ob man sich langsam und mühsam darüber hinaus den 100 % annähern muss. Letzteres wäre meine derzeitige Arbeitshypothese. Ich weiß, dass sich meine Beschreibung wieder einmal sehr technisch anhört, Du musst mir das bitte nachsehen. Der Gnadenaspekt, der bei diesen Dingen immer eine wichtige Rolle spielt, ist mir aber durchaus bewusst.

Oh, jetzt bist Du mir, wie ich sehe, mit Deiner Mail doch noch zuvorgekommen. Bei mir ist alles in Ordnung - danke der Nachfrage. Ich habe nur Deinen Rat befolgt, die Dinge etwas entspannter anzugehen und habe mir deshalb etwas mehr Zeit gelassen.

Ja, ich übe die spinale Psychopraktik immer noch, fast jeden Tag, erst vorgestern wieder mit Unterstützung durch die Audiodatei. Bist Du das eigentlich, der da spricht, oder Simon?

Bei der Übung ist bei mir immer alles drinnen, vom kompletten Versagen bis zum millimeterweisen Vortasten entlang der Wirbelsäule gepaart mit einer starken, klaren Visualisierung. Ich registriere in letzter Zeit vehemente Interventionen meiner AP, die versucht, mich auf alle erdenkliche Art und Weise von meiner Übung abzubringen. Da drängen auf einmal fremde Bilder, „hochwichtige" Gedanken oder auch Lieder und andere Geräusche in die Übung hinein. Wenn meine AP solche Anstrengungen unternimmt, mich von der Übung abzuhalten, muss sie wirklich gut sein.

Unterstützt Du mich eigentlich noch in Form Deiner visualisierten spinalen Psychopraktik? Ich habe nämlich den Eindruck, dass sich hier einiges tut. Ich spüre öfters eine Bewegung in meinem ätherischen Doppel und zwar in den unterschiedlichsten Rückenbereichen. Das fühlt sich so an, als ob man mit den Händen einen Teig langsam durchknetet, ein besserer Vergleich fällt mir dazu nicht ein. Was bedeutet eigentlich die von Dir festgestellte Bewegung in meinen Blockaden, ist das der Auflösung förderlich? Am Samstag hatte ich eine sehr gute Übung, ich bin - ohne eine Blockade zu bemerken - gut durchgekommen. Gestern war das aber schon wieder anders - liegt vermutlich an der Tagesverfassung. Ein scheinbarer Rückschritt ist mir auch aufgefallen, mir fällt es immer schwerer, gut zu visualisieren. Hat hier die AP auch die Möglichkeit der Beeinflussung?

Weitere Eisen, die ich derzeit bearbeite, sind auf der animalischen Ebene angesiedelt. Als Erfolg kann ich hier verbuchen, dass ich mit dem Kaffeetrinken aufgehört habe und ich angenehmerweise die meiste Zeit gar kein Verlangen danach habe. Also kein Kampf und Krampf. Ich habe mir stattdessen angewöhnt, reines Wasser zu trinken. Ein gutes Ersatzelemental. Auf meinen Schwarztee verzichte ich vorläufig noch nicht.

Meine Essgewohnheiten habe ich leider immer noch nicht im Griff, da habe ich noch einigen Handlungsbedarf.

So, das war jetzt wirklich viel, das sich über die Woche „angestaut" hat und das ich Dir mitteilen wollte. Und dabei habe ich einige Punkte, die mir beim Überarbeiten unseres Briefwechsels aufgefallen sind, noch nicht einmal angesprochen. Fortsetzung folgt.

Bis bald und danke für die Audiodatei!
Jonas

Lieber Jonas,

Schwarze Bruderschaften mag es temporär geben, aber nicht als Grundprinzip. Daskalos sprach ja auch nicht von Gut und Böse sondern von Gut und Gegengut. Es gibt kein Prinzip, das böse ist, keinen Gegengott. Insofern ist auf der gegenguten Seite nichts zu erreichen. Man mag sich eine Weile aus einem Widerstand gegen das Gute heraus davon abwenden, aber der karmische Wind drückt einen immer stärker in die „gute Richtung", je weiter man sich abwendet und je weiter man sich entfernt. Die Betrachtung „Karmische Drift" fasst das meines Erachtens ganz gut. Es gibt eine kurze Geschichte in einem Buch von Dostojewski oder Tolstoi meine ich, in dem ein Atheist (auch austauschbar gegen einen „Gegenguten") nach seinem Tode auf einer Straße erwacht. Neben ihm steht ein Schild mit einem Pfeil und der Notiz „Zum Paradies zehn Kilometer". Der Atheist denkt sich: „Blödsinn." Aber was kann er tun? Er kann dort bleiben, oder in die Gegenrichtung gehen. Zehn Kilometer, 1000, eine Million Kilometer. Doch da ist nichts außer einer immer weiter führenden Straße. Weiter... und weiter und weiter. Wenn er irgendwohin will, irgendwo ankommen, muss er früher oder später umkehren und sich zum Paradies aufmachen. Es gibt nichts außer dem Weg und dem Paradies!

Kind der ESG zu werden, ist sicher höchst erstrebenswert. Vermutlich erarbeiten wir uns das auf der materiellen Ebene. Du hast den Grund dafür ja selbst genannt. Post mortem fehlen uns die Anstöße von außen, von Höheren. Das macht Entwicklung schwieriger, meine ich. Wenn aber Meister wie Daskalos auch dort Impulse geben können, so könnte sich vielleicht auch dort viel bewegen.

Wie sagtest Du so schön: „Schau mer mal!" (oder so ähnlich).

Bezüglich der Zeit, die Du „verschwendet" hast, musst Du Dir keine Sorgen machen. Ich habe von mir selber auch den Eindruck, dass ich erst mit etwa dreißig Jahren den Entwicklungsstand meiner Vorinkarnation erreicht habe und erst danach Neuland von mir betreten wurde. Ich bin aber nicht so wie Du in den letzten Monaten wie eine Rakete abgegangen. Es hat zwar auch immer wieder Sprünge gegeben, aber auch zähe, notwendige Jahre. Ich habe vor etwa acht Jahren von Ludwig meine Aspiranz eingefordert und sie ist nicht abgelehnt worden. Von außen betrachtet ist das natürlich nur Papier... Worte... – aber ich empfinde darüber innere Gewissheit. Ohne diese Gewissheit hätte ich die Aspiranz ja auch nicht gefordert. Laut Ludwig ist es auch bei „Nicht-Meistern" so, dass, je näher sie an der ESG inkarnieren, sie durch diese förderlichen Rahmenbedingungen umso schneller zu ihrem jeweiligen Stand zurückfinden. Ich glaube, Du kannst guter Dinge sein. Deine Annäherung an die ESG hat sich in der letzten Zeit einfach schnell vollzogen und sich 40 Jahre durch indirektere Schulung vorbereitet. Du bist die ganze Zeit auf dem Weg gewesen und jetzt hast Du wahrscheinlich noch eine ganze Reihe von Jahren, in denen Du weiter vorangehen kannst und wirst!

Dein einem Hohen in den Mund gelegter Zeitplan trifft es im Übrigen wohl perfekt. Ich hätte es nicht besser ausdrücken können. Es ist allerdings eine allgemeine Aussage. Im Einzelfall nehme ich die Dinge bei Dir anders wahr!

So, muss noch was erledigen. Schreibe wohl nachher noch mehr...

Beste Grüße erstmal,
Clemens

Hi Jonas, da bin ich wieder!

Dein Versuch zur HS/AP-Fluktuation ist sehr interessant und auch sehr gelungen graphisch belegt. Ob man sich tatsächlich langsam und mühsam der 100%igkeit annähern muss, wage ich zu bezweifeln, da dann eben kein Platz für Gnade und göttliches Entgegenkommen bliebe. Das siehst Du ja selber! Ich mache seit einiger Zeit ja die Erfahrung, dass ich immer mal wieder schrittweise ins HS hineingleite und mich plötzlich darin wiederfinde. Seltsam, denn das legt nahe, dass man sogar sozusagen „unbewusst" auf der HS-Ebene sein kann. Scheint mir noch etwas paradox. Das muss ich noch näher untersuchen. Vielleicht ist es auch der Eintritt ins HS, der mich dann jeweils „weckt" und mich die HS-Ebene erkennen lässt. Werde das beizeiten mit Ludwig besprechen. Das Faktum des Hochrutschens als weiteren Schritt nach dem aktiven Aufsteigen hat er mir schon bestätigt. Ich meine damit nicht ein seltenes, glückhaftes Aufsteigen (zweimal im Jahr oder im Leben - oder vielleicht häufiger aber dann nur minutenweise), sondern ein immer wieder eintretendes und länger stabil bleibendes Aufsteigen und Aufgestiegen–Sein.

Wegen der technischen Sprache und Beschreibungen mache Dir wirklich keine Sorge. Ich finde das sogar ganz angenehm und auch leicht nachvollziehbar.

Die Audiodatei ist leider weder von mir noch (weniger leider) von Simon gesprochen. Ich finde die Stimme sehr angenehm und würde daher gerne selber über solch ein Organ verfügen. Meine misstönende, krächzende Fistelstimme ^^ kann da nicht mithalten. (Soll ich Dich mal im Büro anrufen?) Die Stimme ist von Sven Thomas Haase, dem Sohn einer früher im Circle mitarbeitenden, inzwischen schon zehn Jahre

toten Frau. Er selber war nie im Kreis und eine Diasporamitgliedschaft gab es damals noch nicht. Thomas hat übrigens
das Bild von der Engelflügelmeditation auf unserer Webseite
gemalt. Er ist Kirchenmusiker und hat auch ein Werk namens
„Metamorphose - Die Mission Joshua Immanuels" kompo-
niert. Inhaltlich eng an das dicke, teure Daskaloswerk (Symbol
des Lebens) angelegt. Ich sende Dir mal mein Lieblingsstück
daraus.

Mehr dann morgen - hoffe, Dich nerven meine portio-
nierten Mails nicht! Audiobonbon kommt auch gleich.

Liebe Grüße,
Clemens

11.12.13

Hallo Clemens!

Zu Deiner gestrigen Mail möchte ich noch anmerken, dass
während der ganzen vier Stunden, wo ich das Experiment
durchgeführt habe, eigentlich nur das jeweilige schlagartige
Überschreiten der AP/HS Schwelle von mir (theoretisch
sekundengenau) festgestellt werden konnte. Es ist - wie Du
richtig sagst - der Eintritt in die HS Ebene, der uns weckt!
Alles Andere an der Grafik ist nur geschätzt und gefühlsmäßig so eingezeichnet. Es entzieht sich der exakten Darstellung,
da sowohl auf AP Ebene als auch HS Ebene unterschiedliche
Bewusstseinsniveaus herrschen, die nicht eindeutig festgestellt
werden können. Man kann nur sagen, dass man im Verhältnis

zur vorherigen Phase z.B. tiefer „geschlafen" hat, oder die Klarheit auf der HS Ebene höher bzw. niedriger war als vorher.

Tatsache ist jedoch, dass die HS Phasen bei mir sehr, sehr kurz sind und nur mit großem Willensaufwand länger als einzelne Minuten aufrechtzuerhalten sind.

Es ist für mich eindeutig das Überschreiten der Schwelle ins HS, das uns dieser Ebene bewusst werden lässt. Ich glaube eher nicht, dass wir uns vorher schon auf der HS Ebene befunden haben. Ich möchte in diesem Zusammenhang an Deine Beschreibung erinnern, wo Du dargestellt hast, dass sich unser HS sowohl innerhalb als auch außerhalb unserer AP befindet. Das schlagartige Bewusstwerden dessen, dass wir die HS Ebene betreten haben, würde ich eindeutig der HS Ebene **ausserhalb** der AP zuordnen. Als Begründung dazu kann ich anführen, dass ich in diesem Zustand meine Gedanken, Gefühle, Körperempfindungen übergeordnet, also von einer anderen Ebene aus, wahrnehme. Wenn ich mich auf der HS Ebene innerhalb der AP befinde (ich verweise auf Deine Darstellung von Wasser und Eis), habe ich keine übergeordnete Kontrolle meiner Körper, ich nehme diese nur diffus wahr, es ist ein geringerer Bewusstseinsgrad vorhanden.

Ein weiterer Unterschied, der mir erst kürzlich klar wurde, betrifft meine Gedanken. Im HS außerhalb der AP kommen die Gedanken fast automatisch zur Ruhe. Manchmal empfinde ich es als fast anstrengend, in diesem Zustand aktiv zu denken. Die Gedanken müssen „gewollt" werden und kommen klar und langsam. Im HS innerhalb der AP kommen die Gedanken immer noch fließend daher, sie laufen wie gewohnt permanent ab. Man steht aber trotzdem irgendwie neben seinen Gedanken, so, als ob man sich im Fernsehen einen Film ansieht, in dem man selbst mitspielt.

Das Ganze stellt sich für mich momentan so dar, als ob es zumindest zwei HS Ebenen gibt, die sich im Grad des

Bewusstseins in Bezug auf unsere AP unterscheiden. Eine, die die AP umschließt, und die andere, die mit der AP vermischt/abgematscht ist.

Mann, ist das schwierig in Worte zu fassen! Langsam wird mir klar, warum die Entwicklung in diesem Bereich so lange dauert. Das muss man erst mal alles auf die Reihe kriegen.

Die Fraktionierung Deiner Nachrichten stört mich nicht - im Gegenteil: das ist wie beim Essen, kleinere Happen sind leichter zu verdauen. ^^

Bis bald und alles Liebe von Deinem Studiosus austriacus,
Jonas

13.12.13

Hi Jonas,

sorry, dass ich mich nicht schneller gemeldet habe, aber ich war etwas in eine intensivere Emailkorrespondenz mit Bruder Laterne verstrickt. Das ist technisch nicht immer ganz leicht und selbst, wenn ich mich mit ihm über eng eingegrenzte Themen absprechen will, schafft er es, mir auch noch weitreichende andere Dinge vor Augen zu führen. Nun ja, es ist vielleicht auf den ersten Blick nicht nett, jemanden als „eng eingegrenztes Thema" zu bezeichnen. ^^ Du ahnst es schon, ich habe mich mit Ludwig bezüglich Deiner Person beraten.

Es ist für mich schon einige Zeit offensichtlich, dass Du wie alle Mitglieder des innereren Studienkreises in Bremen das Volontariat angeboten bekommen solltest. Selbst wenn

ich hier Einzelne ausschließen wollen würde, würde ich Dich immer noch dabei haben wollen. Deine Bemühungen und Fortschritte sowie Dein recht umfassendes Verständnis haben mich schon länger überzeugt. Trotzdem wollte ich mich wegen Deiner besonderen Situation nochmal mit meinem Lehrer abstimmen.

Das Angebot des Volontariates ist im Grunde (neben seinem Ansporn-Sein) nur ein Ausdruck einer bereits vollzogenen Annäherung an die Eine Spirituelle Gemeinschaft. Allerdings mag diese Annäherung nicht jedem Schüler des Weges klar sein. Das Angebot des Volontariates macht es klar und verdeutlicht auch die Tragweite der vollzogenen Annäherung. Wenn Du das Angebot annimmst, dann hast Du nicht nur einen symbolischen Schritt auf die ESG zu gemacht, sondern Du hast einen dauerhaften Bund geschlossen. Die ESG wird Dir weiterhin deutlich näher sein - bei aller Freiheit wird sie Dich sozusagen immer im Auge behalten. Das mag nicht immer einen offensichtlichen Ausdruck haben, aber stelle es Dir vor wie eine Menschenmenge, in der eine Anzahl von Personen eine drei Meter lange Bambusstange mit einem kleinen Wimpel an der Spitze mit sich herumtragen. Diese Personen sind deutlich erkennbar. Selbst wenn sie die Wimpel an den Stangen senken und versteckt halten wollen, erzeugen sie in der Menge durch die unhandliche Stange eine von außen erkennbare Unruhe. Will sagen, wenn Du Volontär wirst, machst Du Dich dauerhaft kenntlich und Dir wird Aufmerksamkeit zuteil!

Die schlechte Nachricht ist: Du wirst vielleicht stärker geprüft als zuvor. Der karmische Druck mag sich erhöhen - oder auch die Beobachtung karmischen Druckes außerhalb von Dir. Aber gleichzeitig wächst auch die Unterstützung! Die gute Nachricht ist erstaunlicherweise und paradoxerweise genau das Gleiche!!! :-)

Ludwig hat mir freie Hand beim Angebot des Volontariates gegeben. In Deinem speziellen Fall hat er das nochmals unterstrichen, aber mein Ansinnen auch explizit gebilligt. Er heißt Dich - falls Du Volontär wirst - ausdrücklich willkommen. Dem würde ich mich freudig anschließen!

Liebe Grüße,
Clemens

16.12.13

Moin Clemens!

Ich nehme Dein Angebot zum Volontär natürlich mit Freuden an! Ich muss Dir gestehen, dass ich insgeheim schon mittel- bis langfristig damit gerechnet habe, aber dass Du es mir jetzt schon anbietest, überrascht mich ein bisschen und macht mich sehr glücklich. Ich hätte mir gedacht, dass Du noch ein persönliches Treffen mit mir abwarten willst oder Dir zumindest von M. und Simon nach ihrem Besuch von mir berichten lässt.

Ich fühle mich sehr geehrt und bin mir der Verbindung und der Verpflichtung, die damit einhergeht, zutiefst bewusst.

Ich danke Dir für das große Vertrauen, das Du mir mit Deinem Angebot entgegenbringst, besonders deshalb, weil wir uns ja bislang eigentlich nur „elektronisch" kennen. Ich glaube, das hat es in den letzten tausend Jahren nicht gegeben, dass jemandem der Volontärsposten ohne vorherigen persönlichen und unmittelbaren Kontakt angeboten wurde. ^^ Ich kann's immer noch nicht fassen, welches Vertrauen Du in

mich setzt. Ich hoffe, ich kann dem entsprechen und mich als würdig genug erweisen - an Willen und Einsatz soll es mir nicht mangeln!

Dass ich mit der Annahme des Volontariates auf verschiedenen Ebenen sichtbarer werde, habe ich erwartet. In den letzten Monaten, wo ich mich schon etwas an die ESG angenähert habe, habe ich diese Erfahrung graduell ja auch schon gemacht. Auch die Probleme mit meiner Frau haben mir das „sichtbar werden" auf teils schmerzhafte Art und Weise vor Augen geführt, ich hatte aber auch sehr schöne Erlebnisse mit anderen Wahrheitsforschern oder anderen Mitmenschen, die ich nicht missen möchte. Dass ich auf dem „Radar" der Meister nun auch deutlicher erkennbar bin, ist für mich ebenfalls sehr positiv. Neugierig wäre ich schon zu erfahren, was ihr (Du und Ludwig) über mich gesprochen habt. Mein Ego sieht es natürlich gerne, wenn sich sogar ein Meister mit mir - zumindest kurze Zeit - beschäftigt hat. Wie Du mir erklärt hast, tun sie das normalerweise ja nicht oder nur dann, wenn etwas schief läuft. Bemerkenswert zum Sichtbarwerden finde ich noch, dass ich erst gestern (also Zufälle gibt's ^^) dazu eine Stelle im Thomasevangelium gelesen habe: Logion 32: Jesus sprach: Eine Stadt, die auf einem Berg gebaut ist, erhöht und befestigt, kann nicht fallen, noch kann sie verborgen werden.

Den höheren karmischen Druck werde ich mit einer guten Ausrichtung und Unterstützung Deinerseits schon aushalten, da mach ich mir keine Sorgen. Dass die Vorsehung in meinem Fall nicht gerade zimperlich mit mir umgeht, hat sich schon in meiner Jugend gezeigt. So gesehen ist hier Einiges drinnen, aber wie gesagt, ich fürchte mich nicht.

Ich hoffe, ich habe Dir keine Sorgen bereitet, da ich mich erst heute bei Dir melde. Du hast mit meiner Annahme sicher schon fix für Freitag gerechnet. Der einfache Grund ist der, dass ich wieder einmal stark erkältet bin (Ohrenstechen,

Halsweh, Zahnschmerzen, die Nase läuft..) und deshalb am Freitag krankheitsbedingt früher nach Hause gegangen bin, sodass ich Deine Nachricht erst heute am Morgen mit umso mehr Freude gelesen habe. Wenn ich mir vorstelle, dass ich mich möglicherweise schon tausende Jahre damit abplage, einen Weg zu finden, um nach Hause zu kommen, dann ist der heutige Tag für mich als frisch gebackener Volontär ein Freudentag und Geburtstag!

Freudige Grüße und eine gute Woche wünscht Dir Dein neuer Volontär Jonas

17.12.13

Hallo Clemens!

Ich kann es immer noch nicht ganz fassen, dass ich jetzt Volontär bin - das fühlt sich unheimlich gut an. Obwohl ich mich persönlich bereits vor einiger Zeit schon klar dafür entschieden habe, ein mögliches Angebot Deinerseits anzunehmen, ist es doch etwas ganz anderes, wenn es dann konkret so weit ist. Wenn es so etwas wie Glück gibt, dann bin ich jetzt glücklich.

Ich empfinde es auch so, dass ab jetzt meine Verantwortung und Verbindlichkeit der spirituellen Gemeinschaft gegenüber gestiegen ist. Das karmische Gewicht meiner Gedanken, Gefühle und Handlungen wiegt einfach schwerer, eine Verschärfung der karmischen Bedingungen - zum Glück gepaart mit größerer Unterstützung - ist daraus gesehen eigentlich nur der logische Ausdruck dessen. Ich nehme das aber (noch)

nicht als Belastung wahr, sondern fühle mich dadurch tatsächlich angespornt. Wie ich gestern bemerkt habe, ist durch die verbesserte Ausrichtung, bedingt durch das Volontariat, mein Grad an Bewusstheit meiner AP gegenüber gestiegen. Ob das dauerhaft anhält, wird sich zeigen. Mir wird z.B. ein Nachgeben der Wünsche meiner AP deutlicher bewusst als bisher – ein Gegensteuern wird dadurch leichter. Könnte man es auch so formulieren, dass ich jetzt nicht mehr der 95%-Regel unterliege, sondern z.B. auf 90% gesetzt wurde?

Das stärkere Sichtbarsein habe ich in der gesamten Tragweite glaube ich auch noch nicht erfasst. Wie kann ich das verstehen, bin ich jetzt für alle Mitglieder der ESG, z.B. auch in meiner Nähe – wenn es denn solche gibt – sichtbar? Auch für die gegengute Seite? Oder bezieht sich das auf Meister Ludwig, der mich ab jetzt stärker im Auge behält? Übrigens danke für seine und Deine Willkommenswünsche, ich habe mich sehr darüber gefreut.

Gibt es für Volontäre eigentlich ein Zeichen oder Symbol? Ich meine mitbekommen zu haben, dass Du äußeren Formen wie Anhängern, Kutten, Abzeichen etc. kritisch gegenüberstehst – meiner Meinung nach zu Recht, da immer die Gefahr besteht, sich Anderen gegenüber damit abzugrenzen, sich als etwas Besonderes zu fühlen. Ich würde mir trotzdem als Diasporamitglied so etwas wünschen, das mich an Dich und den Kreis öfters erinnert, einen Talisman zum umhängen etwa. Lässt sich da etwas machen? Eine Tätowierung mit Deinem Konterfei ist mir derzeit doch noch etwas zu radikal. ^^

Ändert sich durch mein Volontariat an unserer Beziehung etwas? Ich fühle mich mit Dir als Lehrer und Freund sehr, sehr wohl und bestens betreut. In diesem Zusammenhang möchte ich wieder einmal kurz auf mein schlechtes Gewissen Dir gegenüber hinweisen. Der zeitliche Aufwand, den Du mit mir hast, ist ja nicht gerade gering. Ich bin sicherlich mit Abstand

Dein betreuungsintensivster Schüler. Allen Deinen Beteuerungen zum Trotz fühle ich mich in dieser Hinsicht nicht gut, ich habe den unterschwelligen Eindruck, Dich auszunutzen. Obwohl ich weiß, dass Du das nicht so siehst, bekomme ich das Gefühl einfach nicht weg. Ich hoffe inniglich, dass mein Dank an den Höchsten in reichlichem Maße zu Dir zurück kommt.

Meine Neigung zur Übernahme von Leid hat sich ebenfalls wieder einmal gezeigt. Ich hatte ja schon während meines Aufenthaltes bei den Jesuiten zeitweise Schmerzen im Blinddarmbereich, die bis letzte Woche immer wieder kurzzeitig auftauchten, sodass ich diesbezüglich selbst schon zum Arzt gehen wollte. Das Rätsel meiner Beschwerden hat sich heute gelöst, meine Frau hat in der Früh unseren Sohn mit Verdacht auf Blinddarmentzündung ins Krankenhaus gebracht. Ich selbst spüre derzeit nichts. Mal sehen, was die Ärzte dazu herausfinden.

Bis zum nächsten Mal alles Liebe
Jonas

17.12.13

Lieber Jonas,

mein Konterfei auf eine Arschbacke tätowiert - das ist gewiss das Mindeste, was ich verlangen dürfen sollte. Dort sollte es auch keine Probleme mit der Umwelt geben - selbst im Schwimmbad könntest Du es verdeckt tragen. Ich könnte mir allerdings vorstellen, dass Deine Frau dem mit gelindem

Misstrauen gegenüberstehen würde. Und früher oder später würde sie es wohl herausbekommen...

Bleibt also nur unser Psychopraktik- (bzw. Weg-Arbeits-) Anstecker. Den habe ich vor einigen Jahren mal machen lassen, um demselben Bedürfnis wie bei Dir nachzukommen. Es ist das Zeichen aus dem Buch (S. 125) und von unserer Webseite. Schwarz auf weißem Grund. Ich trage es nicht immer, aber häufiger und bin bisher nur zweimal darauf angesprochen worden. Einmal sagte ich, es sei ein Talisman und das genügte. Beim zweiten Mal wurde ich gefragt, ob ich Zimmermann sei. ^^

Unter den Kirchhofen-Leuten wird auch gerne ein Kirchhofen-Kreuz getragen - ich selbst habe ein kleines, silbernes. Auch als Anstecker. Anhänger habe ich bisher noch nicht gesehen. Ich könnte mal nachfragen.

Soviel erstmal dazu, ich bin gerade erst nachhause gekommen und muss jetzt Essen für Frau und Kind vorbereiten. Die sind beide noch unterwegs. Hoffentlich kann ich mich nachher nochmal mit Deinen beiden Mails beschäftigen. Etwas Zeit muss ich mir aber noch nehmen: Erstens hoffe ich, dass Dein Sohnemann in guten Händen ist und zwischenzeitlich eine Diagnose gestellt wurde. Ich hatte als Kind auch mal eine Blinddarmentzündung. Sehr schmerzhaft, aber ich bin um eine OP herumgekommen. Letzteres wünsche ich auch Deinem Sohn. Und zweitens natürlich, was ich rechtens ganz an den Anfang hätte stellen sollen - ich freue mich sehr über Deine Entscheidung für das Volontariat. Willkommen nochmal! Ich bin - gemessen an meinen eigenen Erfahrungen - überzeugt, dass Du Dich richtig entschieden hast und reicher, wenn auch vielleicht schwer fassbarer Segen damit einhergeht.

Mit bruderschaftlichen Grüßen,
Clemens

Lieber Jonas,

der Mensch denkt und Gott lenkt. So nun also doch erst jetzt. Übrigens hoffe ich, dass Du von Deiner Nase-voll-Attacke vom WE am genesen bist und Dich nicht zu sehr leidend ins Büro geschleppt hast. Vielleicht nehmen bei einem Volontär die Nase-voll-Schübe ja etwas ab. Auch eine meiner Intentionen - etwas den Druck rausnehmen! Wie stehts denn mit dem Stammhalter? Diagnose?

Vor dem Volontariatsangebot hätte ich Dich wirklich gerne einmal persönlich getroffen. Der Besuch von M. und Simon bei Dir im nächsten Jahr wäre auch hilfreich gewesen. Ich habe aber den Zeitfaktor bei beiden Möglichkeiten als störend empfunden. Das Volontariat wird doch idealerweise dann angeboten, wenn der Schüler eigentlich schon in verschiedenen Ausdrucksformen Volontär **ist**. Das ist meiner Wahrnehmung nach bei Dir schon länger der Fall. Zudem meine ich, dass Dir ein angebotenes und angenommenes Volontariat einiges leichter macht. (Auch wenn es vielleicht einige Dinge intensiviert.)

Gänzlich einzigartig stehst Du mit dem „Fernvolontariat" laut Ludwig wohl nicht da. Ist aber schon eher die Ausnahme. Höheren Meistern ist aber ja der Zugang auch über die räumlichen Begrenzungen hinaus möglich - wenn man es denn glauben mag. Meine Auseinandersetzung mit L. bezüglich Deiner Person drehte sich auch um dieses Thema. Er leitete mich bei verschiedenen Einstimmungsversuchen auf Dich an (Daski sprach von Atunement). Ich habe versucht, so meine bisherigen Eindrücke zu vertiefen oder zu bestätigen. Einstimmung auf andere Personen funktioniert bei mir am besten unter vier Augen, aber ich bin auch da nicht frei von Fehlern und somit vor allem Schüler. Vom At-one-ment

(Einswerdung) mit anderen Menschen bin ich noch weit entfernt. Sowas blitzt höchstens manchmal auf und erscheint mir sehr unsicher. Bei unbelebten Gegenständen habe ich noch am ehesten eine Ahnung... Jedenfalls habe ich L. gebeten, meine Eindrücke selber zu überprüfen und ihm zu diesem Zweck eins Deiner aktuellen Bilder geschickt. Er hat meine Eindrücke bestätigt und damit eben auch mein Angebot an Dich.

Das Thomasevangelium hast Du sehr treffend und passend zitiert. ^^ Ja, interessanter Zufall!

Wenn durch die Entscheidungen, sich der ESG anzunähern, der karmische oder eigentlich, besser gesagt, der erkenntnisbezogene Druck wächst, so mag es manchmal in weinerlichen Momenten unangenehm erscheinen, aber vor die Wahl gestellt, weniger geprüft zu werden und dafür der ESG weniger nah zu sein, hat seit Anbeginn der Zeit wohl nur höchst selten jemand den Rückzug gewählt. Ich bin zuversichtlich, dass für Dich die Vorteile überwiegen und Du das auch deutlich erkennen und erleben wirst.

Das mit dem graduellen Sinken des Prozentregelsatzes kann ich auch bestätigen. Im Grunde bewirkt alle Entwicklung ein Absinken des Regelsatzes. Das hört sich auf eine bestimmte Art auch etwas erschreckend an. Bedeutet es doch, dass einem **weniger** Fehler nachgesehen werden! Andererseits macht man ja auch weniger Fehler und bedarf daher auch etwas weniger Nachsicht. Obendrein gewinnt man zudem die Unterstützung durch die Gemeinschaft der Strebenden. Die gegengute Seite musst Du nicht (besser weniger) fürchten. Ich glaube, sie bemerken eher, dass sie bei Dir Kraft verschwenden und lassen die Finger von Dir. Zudem legen sie sich auch noch mit Dir jetzt näherstehenden Kräften an - ein weiterer Grund für Vorsicht ihrerseits. Es ist aber ja auch so, dass mit der Fähigkeit sichtbar zu sein in der Regel auch die Fähigkeit zur Tarnung wächst. Nennen wir es „Selektive Sichtbarkeit"!

Jonas, wenn Du das Gefühl, mich auszunutzen, nicht wegbekommst, dann akzeptiere es eben. Lege das vertrauensvoll in Gottes Hand. Dort werden alle Dinge rund... Ich meine, wir sollten nicht in diesen Kosten-Nutzen-Kategorien denken. Ich bemühe mich, wie es Daski lehrte, immer mehr ein möglichst sauberer Kanal zu werden, durch den letztlich von höchster Ebene Gott durch alle Ebenen des HS bis hinab durch die AP in die Welt strömt und dort **seinen** Segen verbreitet. Scheint mir paradox, wenn der Kanal einen anderen, höheren Lohn fordern wollte oder könnte, als das Faktum des Durchströmt-Werdens! Und in der Welt ist alles ein Geben und Nehmen. Die Meister tanzen auch diesen Tanz in gänzlicher Freiheit! Wir üben das vielleicht noch, aber wir sind auf dem Weg!

Liebe Grüße und gute Wünsche für Dich und Deine Familie,
Clemens

19.12.13

Hallo Clemens!

Mit dem Phänomen „Einstimmung" habe ich auch schon so meine Erfahrungen gemacht, allerdings nicht auf der aktiven, sondern auf der passiven Seite. Bei einem Seminar im Mai habe ich einen älteren Herren kennengelernt, der mir von Anfang an sympathisch war und der mir gefühlsmäßig weit entwickelt vorgekommen ist. Wir haben uns beim

Mittagessen dann unterhalten und sind auf mehrere Gemeinsamkeiten in beruflicher Hinsicht draufgekommen, auch, dass wir sogar einen gemeinsamen Bekannten haben. Kurz gesagt, der Mann war mir sehr sympathisch. Da mich seine Augen faszinierten, die auffällig rein und klar waren - so wie bei sehr kleinen Kindern -, versenkte ich mich kurz darin und öffnete mich dabei innerlich. Er hat das natürlich mitbekommen und sich offenbar auch auf mich eingestimmt. Nach ca. 2 Sekunden Blickkontakt spürte ich über meine Augen bis hinunter in den Solarplexus einen leichten elektrischen Schlag. Besser ausgedrückt hat es sich so angefühlt, wie wenn ein Stromkreis zwischen ihm und mir für den Bruchteil einer Sekunde geschlossen worden wäre, von ihm ausgehend bis direkt in meinen Solarplexus hinein. Ich hatte das Gefühl, bis in mein Innerstes durchleuchtet worden zu sein und dass der Mann dadurch alles über mich wusste. Ich war durch den Vorfall so außer der Spur, dass ich nicht wusste, was ich sagen sollte. Da sich auch andere Personen am Mittagstisch befanden, habe ich die Sache auf sich beruhen lassen und ihn nicht darauf angesprochen.

Ja, Einstimmung ist ein interessantes Gebiet, das ich in letzter Zeit aufgrund anderer Schwerpunkte nicht aktiv bearbeitet habe. Vor einigen Jahren habe ich im Zuge meiner Beschäftigung mit dem „Adepten" von Franz Bardon etwas in die Richtung geübt, jedoch ohne nennenswerte Erfolge.

Apropos Üben: In meinem jetzigen drei Wochen Zyklus, der noch bis Silvester geht, gehe ich täglich folgendermaßen vor: Nach dem Vaterunser nehme ich zunächst mittels „Porenatmung" so viel ätherische Energie auf, dass ich mich so richtig schön aufgeladen fühle. Ich habe nämlich festgestellt, dass dadurch die empfindende Wahrnehmung bei der anschließenden SP deutlich besser ist, man tut sich viel leichter, die Wirbelsäule langsam nach oben durchzutasten. Nach der SP zeichne ich mir in meiner Pyramide um mich herum am Boden ein goldenes Flammendreieck und mache die Engelflügelmeditation. Den Energiestrom durch die Wirbelsäule, den ich noch von vorher spüren kann, binde ich dann gleich in diese Meditation mit ein. Wichtig ist dabei für mich, der Energieströme nicht nur einzeln bewusst zu sein, sondern diese auch in ihrer Gesamtheit „mit einem Blick" zu spüren.

Das Ganze mache ich - um nicht aufzufallen - nach dem Schlafengehen in meinem Bett. Werde ich am nächsten Morgen schon vor dem Wecker wach, was gar nicht so selten der Fall ist, so versuche ich mich ebenfalls an der SP. Erstaunlicherweise tue ich mir nach dem Aufwachen damit wirklich schwer, da meine empfindende Wahrnehmung zu diesem Zeitpunkt nur sehr mangelhaft vorhanden ist. In der Früh ist alles viel schwammiger und weicher.

Am Abend meditiere ich dann kurz- unter den argwöhnisch kritischen Blicken meiner Frau - im Wohnzimmer über die Zufluchtsformeln und lese dann, wenn noch Zeit ist, im Thomasevangelium oder bei Angelus Silesius.

Nach Silvester lasse ich mir bezüglich der Übungen dann etwas Neues einfallen, die SP bleibt aber fixer Bestandteil. Bei dieser ist mir unlängst ein kleiner „Ausrutscher" passiert, den ich Dir auch nicht vorenthalten möchte. Mir ist bereits vor einiger Zeit aufgefallen, dass es von bestimmten Punkten der Wirbelsäule ausgehend, annähernd horizontale Querverbindungen in den Körper hinein gibt, die genau dann spürbar werden, wenn man an eine solche Stelle gelangt. Ich habe das noch nicht genau untersucht, es dürfte aber mit den Energetischen Zentren zu tun haben. Unlängst bin ich beim Üben unabsichtlich - offenbar durch mangelnde Konzentration - in solch eine Verbindung in Nabelhöhe „hineingerutscht", habe mich plötzlich im Solarplexus befunden und bin dann über den Nabel ganz aus meinem Körper herausgeschlittert. Sollte man sich damit weiter beschäftigen oder ist das unwichtig und nebensächlich?

Mein Sohn wurde gestern aus dem Krankenhaus wieder entlassen, nachdem die Entzündungswerte medikamentös auf ein unbedenkliches Niveau abgesenkt wurden. Er klagt jedoch nach wie vor über Schmerzen im unteren Bauch und wollte heute wieder nicht in die Schule gehen. Wir haben uns dann darauf geeinigt, dass er doch am Unterricht teilnimmt, da wir zugesagt haben, ihn bei auftretenden Beschwerden sofort abzuholen. Schau ma mal, wie sich das weiter entwickelt.

Ich selber bin am Weg der Besserung, mir geht es schon wieder einigermaßen gut. Ich werde Deinen Rat befolgen und meinen persönlichen Druck weiter verringern.

Falls Du den Zeitpunkt für geeignet hältst und einverstanden bist, würde ich vorschlagen, unseren Schriftverkehr mit den besprochenen Einschränkungen meine Frau und die Kinder betreffend den Brüdern und Schwestern im Kreis zur Verfügung zu stellen. Ein geschützter Bereich auf der Homepage ist mir bislang noch nicht aufgefallen - ich nehme daher an, dass Du den Text per Mail verschicken wirst. Falls es Dir recht ist, werde ich meinerseits über die Feiertage versuchen, den Text für eine Veröffentlichung so weit als notwendig zu anonymisieren. Die entsprechenden Passagen, die meiner Meinung nach einer Modifikation bedürfen, habe ich mir in einem ersten Schritt bereits herausgesucht.

Was meinst Du dazu?

Clemens, ich bin noch inklusive 23.12. im Büro, danach bis nach drei König' im Urlaub. Wobei das nicht wirklich ein Urlaub ist, da meine Schwiegereltern und mein Schwager in eine andere Ortschaft übersiedeln und ich hier mithelfen werde. Das wird sicher einige Tage in Anspruch nehmen.

Die Feiertage bringen auch einige familiäre Verpflichtungen mit sich, denen ich mich nicht entziehen kann. Ich hoffe, dass es wenigstens bei Dir ruhig zugeht, ich empfinde den Weihnachtstrubel als nicht sehr angenehm. Ein gediegener Meditationstag mit allem drum und dran wäre mir lieber.

Mit derzeit noch ruhigen und entspannten Grüßen
Jonas

23.12.13

Lieber Jonas,

Deine letzte Mail verdient eine genauere Erörterung, aber ich finde im Moment nicht die Zeit dafür und möchte Deinen letzten Bürotag nicht ungenutzt lassen, um Dir und den Deinen eine schöne, besinnliche Weihnachtszeit und ein gesundes, zufriedenes neues Jahr zu wünschen.

Feiert Ihr Weihnachten mit Hingabe, oder eher wegen der Kinder? Bei mir ist letzteres der Fall, obwohl ich mir ein ehrliches, herzliches Weihnachtsfest grundsätzlich vorstellen kann. In solch einer Tradition bin ich allerdings selbst nicht wirklich aufgewachsen. Nur in meinen ganz frühen Kinderjahren habe ich vielleicht eine Ahnung davon gehabt - also sobald ich die Situation einigermaßen verstehen konnte, aber noch nicht sehr reflexionsfähig war. Vielleicht so zwischen 5 und 10 Jahren.

Es spricht nichts gegen eine eigenständige Untersuchung der Horizontalen in der spinalen Psychopraktik, solange Du

dabei nicht den Energiestrom selbst umlenkst. Und natürlich sollte es nicht in Form einer Ablenkung vom eigentlichen Meditationsinhalt geschehen. Dafür nutze lieber eine gesonderte Übung. Die Chakras sind nach manchen Auffassungen tatsächlich nach vorne geöffnet. Andere Ansätze sehen sie als horizontal liegende Scheiben. Wieder andere weisen ihnen je nach energetischer Ebene unterschiedliche Ausprägungen zu. Das hat Daskalos ja auch getan.

Womit das Wichtigste gesagt ist und ich mich für jetzt verabschiede. ^^

Du wirst hoffentlich trotzdem Gelegenheit finden, Urlaubsentspannung zu kultivieren, auch wenn Du Umzugshelfer sein musst.

Mach's gut,
Clemens

23.12.13

Hallo Clemens!

Danke für Deine guten Wünsche. Der Umzug läuft schon auf Hochtouren, denn meine Schwiegereltern hatten den Ehrgeiz, ihre Weihnachtsfeier schon im neuen Haus abzuhalten. Eine Fuhre Möbel habe ich am Samstag mit meinem Traktor schon hingebracht und gestern noch eine Fuhre Brennholz, das Notwendigste halt. In Anbetracht der noch geringen Ausstattung des neuen Hauses wird die Feier wohl eher spartanisch ausfallen. Meine Kinder stört das sicher nicht, die finden

es toll, zumal sie dort das erste Mal in ihrem kleinen Dachraumzimmer übernachten dürfen.

Die Festtage sind mir persönlich eigentlich eine Last, die ich aufgrund gesellschaftlicher Zwänge - natürlich auch wegen der Kinder - auf mich nehme. Aber ich glaube, es kommt wie bei allen Dingen darauf an, ob man etwas daraus macht oder nicht.

Als Kind war ich von Weihnachten natürlich fasziniert, vor allem wegen der Geschenke, die es ansonsten bei uns so nicht gab. Ich habe eigentlich viele gute Erinnerungen daran, auch an die Christmetten in unserer Pfarrkirche, in deren Anschluss ich mich mit den anderen Kindern über die erhaltenen Geschenke ausgetauscht habe. Das ganze Drumherum mit Christbaum, Kerzen, Weihnachtsgebäck, Weihnachtsliedern, und das Turmblasen haben sich bei mir schon tief eingeprägt. Bei letzterem wurden am Heiligen Abend vom Kirchturm aus mit Blechblasinstrumenten Weihnachtslieder gespielt, die in der ganzen Ortschaft hörbar waren. Beim heutigen Verkehr hört man da nicht mehr so viel...Ja, und da wäre noch das Friedenslicht, das von Reitern von einer Ortschaft zur nächsten gebracht wurde und das von den Leuten mittels Laternen in die Häuser geholt wurde. Eine Kerze für die Verstorbenen wurde dann ins Fenster oder vor's Haus gestellt, auf den Gräbern wurden ebenfalls Lichter entzündet. Die Österreicher lieben einfach Weihnachtstraditionen und betreiben hier einen nicht unbeträchtlichen Aufwand.

Lieber Clemens, ich wünsche Dir, Deiner Familie und allen Kreismitgliedern ruhige und beschauliche Festtage sowie alles Gute im neuen Jahr. Möge Gott uns auch weiterhin so segnen, beschützen und uns auf unserem Weg führen.

Pfiat Di Gott
Jonas

Lieber Jonas,

obgleich Du bis zum sechsten Januar urlaubst, hoffe ich, dass Du meine Mail vorher bekommst. Schön, dass es mit Deinem Sohn nicht zum Schlimmsten gekommen ist und auch seine Schmerzen mittlerweile gänzlich abgeklungen sind. Bei mir hat es damals auch ein paar Tage gedauert... Die Weihnachtstage habt Ihr alle hoffentlich gut überstanden. Bei mir und meiner Familie verlief alles recht niederschwellig und nebenher. Silvester werden wir wohl soweit möglich ignorieren - schwer allerdings, um Mitternacht nicht aus dem Schlaf gerissen zu werden. Am 2. Januar kommt der achtzehnjährige Neffe zweiten Grades meiner Frau aus Russland für zehn Tage zu uns zu Besuch. Er will sich hier mal umschauen und versuchen, einen Studien- oder Ausbildungsplatz zu finden. Im Sommer kommt er dann vielleicht mal für 2 Monate, um hier einen Sprachkurs zu machen, der seine spärlichen Deutschkenntnisse von der Schule etwas aktualisiert und aufpoliert.

Deine Beschreibung Deiner Wahrnehmung bestimmter Menschen als Menschen mit den Augen ganz kleiner Kinder finde ich interessant. Wusstest Du, dass bestimmte Gruppen von Gnostikern sich selber als „die Kleinen" oder als „kleine Kinder" bezeichneten? Ludwig spricht auch viele mit „Kind" an. (Wahrscheinlich, da er sich so nicht die Namen merken muss ^^ - nein, im Ernst, früher dachte ich, er wolle damit eine Position klarmachen. Später nahm ich es als Ehrenbezeichnung. Jetzt vermute ich, dass es mindestens beides ist.) Vielleicht kannst Du in den Augen der entsprechenden Menschen dieses Kind-Sein ausmachen. Ich glaube, ich weiß, wovon Du sprichst. Ich habe das für mich selber immer etwas anders beschrieben. Mein Eindruck war, dass es bestimmte

Menschen gibt, deren Pupillen nicht eine schwarze Fläche zu sein scheinen, sondern eine dreidimensionale Tiefe haben. Und dass sich aus dieser Tiefe oft ein Wiedererkennen und wortloses Verstehen ergibt!

Wenn Du unseren Briefwechsel (meinetwegen auch bis zu den aktuellen Briefen) für Dich ausreichend überarbeitet hast, kann ich Deine Datei auch noch einmal durchlesen und dann den Kreismitgliedern zur Verfügung stellen. Soll dies auch die Mitglieder des äußereren Kreises einschließen? Ich persönlich halte vieles für nützlich, aber wir könnten den Äußeren auch die weiter reduzierte Variante geben. Was meinst Du?

Wir hatten ja schon davon gesprochen, dass die Meister sich nicht zwingend zeigen – einen habe ich aber vor ein paar Tagen morgens bei der Arbeit mit meinem Ipod durchs Fenster erwischt: (Foto Meister)

Dieser Meister hat eindeutig eine öffentliche Mission – ähnlich wie Daski. Oder ist es anders herum? Ist das beste Versteck ein öffentlich sichtbarer Ort? So wird es, wenn ich mich recht erinnere, in Doyles „Der verräterische Brief" propagiert, in dem ein zu versteckender Brief offen sichtbar zwischen die Tagespost gemischt auf einem Tisch liegt und niemand findet ihn – außer Herrn Holmes natürlich!

Es würde mich übrigens brennend interessieren, was Du alles für Maßnahmen unternommen hast, um Dich aus dem Geldsystem etc. soweit wie möglich auszuklinken. Falls Du mir darüber gelegentlich mehr berichten magst, würde ich mich freuen.

Dir ein spirituell noch erfolgreicheres Jahr 2014 zu wünschen, scheint mir, angesichts Deiner raschen Entfaltung in diesem Jahr, verwegen – ich tue es trotzdem. ^^

Dir und den Deinen einen guten Rutsch ins neue Jahr,
Clemens

Lieber Clemens!

Die letzten 14 Tage waren bei mir arbeitsreich und bis auf den gestrigen Tag eigentlich unspektakulär. Die üblichen Familienfeiern in Zusammenhang mit Weihnachten, Neujahr sowie die Geburtstagsfeier meiner Mutter habe ich wie jedes Jahr über mich ergehen lassen. Gewissen familiären Verpflichtungen kann man sich einfach nicht entziehen. Eine ebensolche hatte ich in Feistritz zu absolvieren, wo der Großvater meiner Frau wohnt, der sich über unseren Besuch sichtlich gefreut hat. Er ist ein ganz liebenswerter Mann, schwerhörig, fast blind, mit nur mehr einem Zahn im Mund. Du würdest ihn mögen. Er wohnt dort sehr abgelegen auf einem Berg in ca. 600 bis 700 m Seehöhe in einem großen Haus, das mittlerweile meinem Schwiegervater gehört und wo mir bereits seit einigen Jahren ein eigenes Zimmer zur Verfügung steht. Ich nutze mein Alpenquartier bereits seit langem dazu, um mich zurückzuziehen, wandern zu gehen oder einfach nur um Ruhe zu finden. Die wenigen Nachbarn dort kennen mich, was sehr wichtig ist, da die Leute in dieser Gegend Fremden gegenüber eher verschlossen und etwas misstrauisch sind. Ich habe mit der Handykamera ein paar Fotos gemacht, damit Du einen Eindruck gewinnst.

Ich habe die letzten zwei Wochen dazu benutzt, neben anderer Literatur die Kreisgedanken nochmals durchzuarbeiten. Ich bin jedes Mal von Neuem erstaunt, wie viel Wahrheit sich darin befindet und wie umfassend Du die Weg-Arbeit dargestellt hast. Was ich Dir in diesem Zusammenhang mitteilen möchte ist mein gestriges Erlebnis, wo sich bei mir beim Lesen der Betrachtung zur AP und zum HS ein ganz tiefer Friede gemeinsam mit Glücksgefühlen eingestellt hat.

Ich war rundherum glücklich, ein tolles Erlebnis, das ca. 2 Stunden angedauert hat. Normalerweise kann ich meine Elementale im Solarplexus wie einen Sack Flöhe genau spüren, da ist immer irgendeine Unruhe drinnen. Das war gestern anders, alles war ruhig, gereinigt, leer, ich hatte keinerlei Bedürfnisse, alles war in Ordnung. Vielleicht hängt es damit zusammen, dass ich die Dinge jetzt viel ruhiger und gelassener angehe. Auch in spirituellen Dingen mache ich mir keinen Druck mehr, was passiert, das passiert. Passiert nichts, ist es auch gut.

Ein kleiner Nachteil dabei ist, dass ich meine mir vorgenommenen Übungen nicht mehr so konsequent durchführe wie vorher. Ich habe übrigens neuerdings auch Dehnungsübungen in mein Übungsprogramm mit aufgenommen, da mir der körperliche Aspekt nicht unwichtig erscheint. Franz Bardon betont ja auch immer, dass eine ausgewogene Entwicklung nicht nur auf psycho-noetischer Ebene anzusetzen hat, sondern auch den materiellen Körper als Teil unseres „Triumvirats" (Drei-Männer/Körper oder drei Kräfte) einschließen sollte. Neben der animalischen Ebene, die eine Herausforderung für sich ist, sind auch Körperelementale, die ja auch ein Teil der AP sind, eine recht interessante Sache, die mich bereits seit längerem beschäftigen. Neben handwerklichen Fertigkeiten gehören ja auch unsere Körperhaltung, die Art und Weise unseres Gehens, nervöses Fingertippen, das Fußzappeln bis hin zum Nasenbohren ^^ dazu. Ich glaube, wir müssen unsere Körperbeherrschung nicht unbedingt zur Zirkusreife bringen, aber unsere Elementale sollten wir schon unter Kontrolle haben bzw. uns ihrer zumindest zeitweise bewusst sein. Dazu habe ich vor einiger Zeit als Übung versucht, beim Gehen die Füße nicht auf der Ferse aufzusetzen, sondern - wie man es oft bei kleinen Kindern sieht - auf den Ballen zu gehen. Das eignet sich auch ganz gut dazu, sich wieder zu erden, wenn man nach längeren spirituellen Übungen etwas zu „abgehoben" ist. Das holt einen im wahrsten Sinne des Wortes wieder auf den Boden zurück, es hat mir auch bei den Exerzitien gut getan.

Ich finde die Bezeichnung „kleine Kinder", die sich die Gnostiker seinerzeit gewählt haben, als wunderschönen Begriff dafür, in welche Richtung wir uns entwickeln sollten: Jeder wiederkehrenden Situation ohne stereotype Bewältigungsstrategie gegenüberstehen, alles im Augenblick neu bewerten, jedoch schon auch auf alte Erfahrungen zurückgreifen zu können. Im Jetzt leben, die Dinge so zu akzeptieren, wie sie sind. Sich keine Gedanken zu machen, keine Probleme zu wälzen, einfach nur zu **leben**. Sich zu freuen, wenn zur Freude Anlass ist, aber auch Tränen zuzulassen, wenn unsere Mitmenschlichkeit und unser Mitgefühl gefragt ist. Sich wie ein Kind von Gott führen zu lassen. Das Gefühl zu haben, von ihm geliebt zu werden. Die Unbekümmertheit zu haben, dass er für alles sorgt, was wir zum Leben benötigen. Von Gott getröstet zu werden, wenn wir uns weh getan haben und zu wissen, dass er unsere Wunden heilen wird. Dass wir bei ihm ein Zuhause haben, in das wir eigentlich immer zurückkehren können, das uns nur durch unsere selbst auferlegten Schranken nicht zugänglich ist.

Jesus hat ja gemäß Bibel auch das Reich Gottes mit dem „so werden wie die Kinder" verglichen. Wenn die ESG der Spiegel des Königreichs der Himmel im Äußeren ist, scheint mir die Anrede „Kind" von Meister Ludwig in dieser Hinsicht nicht nur nachvollziehbar, sondern mehr als angemessen zu sein. Ein Ehrentitel, ohne Zweifel. Oder eine Aufforderung, die oben angesprochenen Dinge umzusetzen.

Die Augen der kleinen Kinder, die mich immer schon fasziniert haben, zeigen im Gegensatz zu den meisten Erwachsenen oft noch diese unergründliche Tiefe, von der Du sprichst. Es ist auch der besondere Glanz und das Licht darin, das Strahlen, das bei den Kleinen noch durchkommt und das uns daran erinnert, wer und was wir in Wirklichkeit sind: Erzengel, gottähnliche Lichtwesen, hell, rein und strahlend. Nur ist unser Licht momentan verdunkelt durch den Schlamm und Dreck, unsere schlechten Elementale, die uns einhüllen und verdunkeln. Ich empfinde es als meine Aufgabe und Verpflichtung, mich selbst davon zu befreien, die Weg-Arbeit ist dazu ein exzellenter Weg, ich wüsste kein anderes System, wo das so klar dargestellt wird. In der Bibel wird das Reinigen unserer Persönlichkeit auch sehr treffend als „das Waschen der Wäsche" bezeichnet, die genaue Stelle kann ich leider nicht zitieren. Unsere verschiedenen Körper als Schichten von Kleidung zu verstehen, die uns umgibt, ist ein sehr anschauliches Bild.

Die Meister müssen schon eine besondere Reinheit und Strahlkraft haben - schade, dass ich noch keinen persönlich kennenlernen durfte. Die müssen ja wie ein Leuchtfeuer sein - oder auch nicht, denn sie sind sicher in der Lage, es auch zu verbergen, wenn sie wollen.

Lieber Clemens, ich habe Dich und unsere Konversation in den letzten Wochen vermisst. Vielen Dank für Deine guten Wünsche zum neuen Jahr, ich glaube, die habe ich auch nötig, denn Rückschläge und bittere Stunden kündigen sich schon an. Der göttliche Plan führt mir derzeit in den unterschiedlichsten Situationen meine Mängel vor Augen, leider bestehe ich nur die wenigsten Prüfungen und falle immer wieder in alte Muster hinein. Aber wie hast Du das einmal so markig formuliert - scheiß drauf, wir sind halt auf dem Weg und sollten froh und dankbar darüber sein. Du hast mich mit dieser Denkweise angesteckt und es fühlt sich gut an. Man wird dadurch lockerer, freundlicher zu sich selber und zu seinen Nächsten.

Also denn, mit dankbaren Grüßen dann bis morgen, wo ich mich voraussichtlich nochmals melden werde. Auch Dir und Deinen Lieben alles erdenklich Gute im neuen Jahr!

Jonas

8.1.14

Lieber Clemens!

Ich hatte vorgestern am Abend Lust dazu, mich an einer Betrachtung zu versuchen. Ich habe mir daher kurzerhand eine mich ansprechende Stelle aus dem NT herausgesucht und einmal losgeschrieben. Nach mehreren Überarbeitungen schicke ich Dir den Text nun einmal und bin gespannt darauf, was du davon hältst. Ich habe mir natürlich, nachdem es sich eigentlich um meinen ersten Versuch in diese Richtung handelt, eine etwas leichtere Stelle aus der Bibel ausgesucht. Wichtig wäre mir Deine offene und ehrliche Meinung dazu. - Keine Sorge, ich vertrage schon Einiges, ich betrachte Kritik als eine Form der Wertschätzung, die man demjenigen zukommen lässt, der das auch so empfindet und damit umgehen kann. Insofern muss ich Deinen Ausführungen in den Kreisgedanken leicht widersprechen. Es ist aber auch gar kein Widerspruch, man kann auch aus Liebe heraus kritisieren. Meine Kinder sehen das allerdings meistens nicht so. ^^

Also wie siehst Du das, ist der Text zu kurz/zu lang, sollte man den Inhalt kompakter darstellen? Sind die wesentlichen Aussagen hinreichend dargestellt, habe ich wichtige Aspekte übersehen? Welche Teilbereiche wären noch zu vertiefen?

Sind Gedankenfehler drinnen? Wirkt der Text oberlehrerhaft, ist zu wenig Demut drinnen?

Oder sind all diese Fragen gar nicht wichtig, sondern es geht nur darum, mir selbst Zusammenhänge zu erarbeiten? Kann eigentlich so auch nicht sein, da der Text ja möglicherweise auch von anderen Personen - natürlich auch von Dir - gelesen wird, hier also sicher einige Ansprüche gestellt werden müssen. Für Dich als meinen Lehrer ist es sicher auch wichtig, mögliche Ausrichtungsfehler meinerseits zu erkennen und hier korrigierend eingreifen zu können.

Positiv an den Betrachtungen finde ich, dass eine sprachliche Darstellung schon zu einer relativ exakten Formulierung zwingt. Insgesamt gesehen, hat mir die Beschäftigung mit der Stelle und die Ausarbeitung meiner Gedanken Freude gemacht. Von Groken bin ich allerdings noch weit entfernt... Ich denke, dass ich in die Richtung weitertun möchte. Schwächen in der Darstellung, Formulierung und im Tiefgang sollten mit der Zeit besser werden.

Was ich Dich schon länger fragen wollte, wo erhält man eigentlich das „Buch der drei Ringe"?, ich habe es im Internet bislang nicht entdecken können. Die wenigen Auszüge daraus, die ich bei Dir gelesen habe, haben mich sehr angesprochen. Da ist ein Tiefgang drinnen...

Ich freue mich auf Deine Rückmeldung
Bis bald,
Jonas

Werter Jonas,

da hast Du mir ja innerhalb von drei Tagen einiges zu beantworten gegeben. ^^ Gut, fangen wir mit dem Erfreulichsten an – obwohl eigentlich alles erfreulich ist. Deine Betrachtung finde ich sehr lesenswert und Du hast sehr viel aus der Bibelstelle gezogen bzw. den tiefen Gehalt sehr weit ausgeschöpft.

„Oberlehrerhaft" und ähnliche Attribute sind im Zusammenhang mit gelungenen Betrachtungen ohnehin zu vernachlässigen. Gewöhnlich erwachsen sie nur aus dem Widerstand des Lesenden, denn geschrieben worden sein sollten sie sowieso mit einer großen Portion Demut. Auch das Ausmaß des Textes ist ideal. Klar, dass man bei der Dimension nicht jede Verästelung erwähnen kann. Es soll ja gerade auch noch Raum für Eigenleistungen des Lesenden bleiben.

Eine rundum schöne Betrachtung, die ich gerne auch an die ESG und speziell Ludwig weiterleiten würde. Selbstverständlich auch an unsere Kreise in Bremen. Ich habe nur zwei Punkte anzumerken. Du schreibst: „Wir können zwar zeitweise stehenbleiben, uns ausrasten oder auch von unserem vorgegebenen Weg seitlich abweichen." Die Wendung „uns ausrasten" ist im Hochdeutschen m.W. nicht bekannt. Ich würde hier einfach „rasten" oder „uns ausruhen" schreiben. Es spricht grundsätzlich nichts gegen regionale Spracheinsprengsel, aber der Begriff „ausrasten" hat zumindest hier oben (im Norden) die umgangssprachliche Bedeutung von „einen Wutanfall bekommen". Daher wäre es vielleicht besser, wenn Du einen meiner beiden Vorschläge wählen würdest, obwohl durch das „uns" vor dem ausrasten eigentlich klar ist, dass nicht von Wutanfällen gesprochen wird.

Die Gestaltung des Textes hast Du sehr nah an dem Layout der anderen Betrachtungen angelehnt. Würdest Du gestatten, dass ich die Gestaltung hundertprozentig angleiche? Ich würde dazu nur Überschrift und kursives Motto zentrieren und den letzten Absatz zu einem „echten" Absatz mit einem Abstand von einer Zeile machen – oder herausnehmen, falls er Dir ungewollt in den Text geraten sein sollte.

Zur Frage der „Leichtheit des Joches" möchte ich noch etwas anmerken. Es muss aber nicht eingearbeitet werden, sondern ich sage es quasi zwischen uns. Die Leichtheit ist einerseits ganz gut aus der Betrachtung über die karmische Drift erklärbar. Wenn wir richtig ausgerichtet unterwegs sind, dann haben wir Rückenwind! Andererseits erklärt die 95%-Regel die Leichtigkeit ebenfalls, wenn auch aus etwas anderem Blickwinkel. Von negativem Karma werden uns demgemäß ohnehin 95% erlassen. Übernehmen wir (Tragen des Kreuzes des Anderen) negatives Karma, werden uns von den restlichen 5% nochmals 95% erlassen. Dasselbe gilt, wenn wir durch eine aktive Entscheidung den Karmapfad verlassen und den steileren Pfad der bewussten Erkenntnis und Weg-Arbeit beschreiten. Es kommt dabei allerdings zu Wahrnehmungsverzerrungen, denn obwohl wir negative Karmawirkungen erlassen bekommen, lässt der schnellere Fortschritt (Aufstieg, Geschwindigkeit etc.) das Restkarma schneller an uns herangelangen und somit möglicherweise eine subjektive Erschwernis entstehen. Das ist recht trickreich und ausgeklügelt gemacht – aber was soll man von Gott schon anderes erwarten? :-)

Hier mache ich mal eine Unterbrechung. Ich hoffe, Dir nachher noch mehr schreiben zu können, aber ich möchte, dass Du schon mal Antwort von mir bekommst.

Liebe Grüße,
Clemens

Hallo Clemens,

danke für Dein Lob – freut mich, dass Dir die Betrachtung gefällt.

Mit Deinen vorgeschlagenen Änderungen bin ich allesamt einverstanden. Weißt Du, bei uns sagt man umgangssprachlich eigentlich immer ausrasten statt rasten. Jetzt, wo Du es ansprichst, fällt mir auch die andere Bedeutung in Form des Wutanfalles wieder ein, ich kenne sie von den deutschen Filmen her. Beim Schreiben des Textes war mir das aber nicht bewusst. Ich würde die Änderung auf „uns ausruhen" bevorzugen, da sie die längere zeitliche Dauer impliziert. Rasten kann mitunter ja auch recht kurz sein.

Einer Weitergabe steht nichts im Wege - ich würde mich freuen, wenn auch Andere möglicherweise einen Nutzen daraus ziehen können oder dadurch zu eigenen Gedanken angeregt werden. Avisiert habe ich das Schreiben von Betrachtungen ja schon vor einiger Zeit… Meinem karmischen Konto sollte es auch gut tun. ^^

Die 95%-Regel hatte ich bereits im Text drinnen, habe mich aber dann doch dazu entschlossen, sie wieder herauszunehmen, da mir die Betrachtung dadurch zu lang vorgekommen ist. Die von Dir jetzt dargestellten Zusammenhänge, insbesonders die Wahrnehmungsverzerrungen durch den beschleunigten Fortschritt, waren mir aber so nicht bewusst – Danke!

Bis später,
Jonas

Hi nochmal, Jonas,

ich halte Betrachtungen für eine sehr segensreiche Literaturform. Vielleicht nicht in ihrer Breitenwirkung, aber gewiss im spirituellen Kontext. Dem willigen Schreiber bescheren sie größere Klarheit, tiefes Nachdenken, den Einstieg ins Groken, die Möglichkeit auf gleicher Stufe zu teilen und die Chance, „sein Licht nicht unter den Scheffel zu stellen". Dem willigen Leser indirekt genau dasselbe. Dazu schaffen sie auch noch für eine Gruppe Gleichgesinnter einen gemeinsamen Hintergrund und eine Grundlage für die Ausrichtung.

Darüber hinaus gehen sie auch noch in das (relative) Langzeitgedächtnis der ESG ein. Und damit sind wir bei einem anderen Thema. Du fragst nach dem „Buch der drei Ringe". Das Buch ist im Handel nicht erhältlich. Es ist auch nicht wirklich ein Buch, sondern eine umfangreiche Sammlung von Arbeitsblättern, die die ESG für sich nutzt und verwahrt. Die Sammlung wird als Insiderwitz „Das Buch der drei Ringe" genannt – zumindest und wohl nur dort, wo es mir bisher gelegentlich zugänglich war – weil einige der ältesten dortigen Unterlagen in einem Ringbuch eingeheftet sind (oder waren), von dessen vier Ringen einer aus unerfindlichen Gründen kaputt gegangen war und es somit nur noch ein Ringbuch mit drei Ringen war. Ich finde solche Details recht liebenswürdig! Wenn ich also Deine Hoffnung auf Zugang zu diesem Werk leider dämpfen muss, so kann ich doch andererseits in Dir die Hoffnung wecken, dass Deine Betrachtung in sie aufgenommen wird. Sollte das der Fall sein, so wirst Du Dir ein Pseudonym aussuchen müssen, denn die Texte werden dort nicht mit den Klarnamen verwahrt.

Diese Pseudonyme sollten einigermaßen in den kulturellen Kontext des Schreibers passen. Du solltest Dich also nicht „Blühender Pfeil" oder Swami Ramram nennen. Im weiteren Verlauf Deiner spirituellen Laufbahn könnte Dir das Pseudonym ebenfalls noch nützlich sein – doch davon zu angemessener Zeit. Darüber hinaus kannst Du es auch benutzen, um in unserem Briefwechsel Deinen Klarnamen zu ersetzen. Mit Deinen Änderungsvorstellungen dort bin ich ganz einverstanden. Bearbeite den Text doch bitte dahingehend und auch andere Lehrende kannst Du rauslassen, wo es persönlich ist. Ansonsten meinetwegen Seminarleiter/in P. oder X. oder Fantasienamen nennen.

Aus dem Buch der drei Ringe habe ich nur handschriftliche Notizen machen dürfen. Das korreliert möglicherweise mit der Auflage, dass ich Mails oder Briefe von Ludwig immer nach Erhalt löschen oder vernichten musste und muss. Das ist eine persönliche Herausforderung. Ich kenne zumindest einen, der explizit aufgefordert wurde, alte Nachrichten aufzubewahren und wiederholt zu lesen. Verstehe einer die Chefs! ^^

Da gerade Deine neue Mail einging, sende ich jetzt diesen Text an Dich!

Bis später,
Clemens

So Jonas, nochmal ich…

jetzt habe ich den vorigen Text an Dich korrekturlos raus-
gehauen und prompt wieder diverse Fehler. Menschsein ist mit
vielen Unzulänglichkeiten behaftet. Das macht es nicht immer
leicht, was?

Die Frage der finanziellen Unterstützung ist bei uns jetzt
seit einem Jahr konkret geregelt. Tatsächlich bin ich gerade
dabei, die erste Jahresabrechnung vorzubereiten. Bis vor einem
Jahr habe ich die entstehenden Kosten größtenteils alleine getragen. Das war okay, da wir bis auf zwei (mich eingeschlos-
sen) noch keine Volontäre waren. Gelegentliche Spenden hatten bis dahin mein persönliches Engagement nur unwesentlich
beschränkt und wurden von mir einfach in den persönlichen
„Topf" integriert.

Als aber Ludwig für den Kreis allgemein das Volontariat
anbot, musste ich die Zügel für die Gruppe etwas straffer spannen oder andersherum, die Möglichkeit zur Verdienstanhäu-
fung etwas allgemeiner gestalten. Das sah einfach so aus, dass
jeder bei Fernbleiben vom Sonntagskreis möglichst Bescheid
geben sollte und „nominell" dreimaliges unentschuldigtes
Fernbleiben den vorläufigen Austritt bedeuten sollte. Ferner
sollte jeder monatlich mindestens 10 Euro (nach oben offen)
auf ein gemeinschaftliches Konto überweisen, um Kosten wie
Jahrespacht, Stromrechnungen, Verzehr (hier hauptsächlich
Tee) und eventuelle Anschaffungen wie Sitzkissen zu finanzie-
ren. Wir haben auch schon ein Kreismitglied bei seiner Reise
zu einem Seminar unterstützt. Ich eröffnete jedenfalls dazu
ein Sparbuch (also kein Girokonto), auf das sich ebenfalls Geld
überweisen lässt, ohne dass ich den Empfänger erkennen kann.
Das ist bei gelegentlich geleisteten Spenden nützlich – wenn

man denn eben anonym spenden möchte. Allerdings konnte ich auch lange nicht erkennen, wer der eine Mensch war, der sich bisher den monatlichen Zahlungen entzieht. Das ist zwar mittlerweile klar, aber...

Da ich kürzlich meine eigene Girokontoverbindung gewechselt habe (ich berichtete Dir), habe ich jetzt noch ein freies Girokonto. Ich überlege, ob ich nicht künftig zwei Konten für den Kreis unterhalte. Je nach Bedürfnis des Überweisenden oder der Kreisarbeit. Welche Kontoverbindung wäre Dir denn lieber?

Übrigens hatte ich Dich trotz Deiner Mitgliedschaft nicht mit den Zahlungsnotwendigkeiten belästigt, da du von Zahlungen unmittelbar ja auch nicht würdest profitieren können. Ebenso musst Du ja auch nicht Dein allsonntägliches Fernbleiben erklären.

Auf Deine erste von den letzten drei Mails werde ich dann hoffentlich morgen eingehen können. Dir heute einen schönen und baldigen Feierabend.

Liebe Grüße,
Clemens

13.1.14

Hallo Clemens!

Ich möchte Dir, wenn auch verspätet, auch meine Gedanken hinsichtlich der 17 Pferde mitteilen.

Beim ersten Durchlesen hatte ich gar nicht verstanden, worin denn die Lösung durch das zusätzliche Pferd besteht.

Ich hatte einen intellektuell-mathematischen Knoten im Kopf, den ich erst lösen musste. Jetzt im Nachhinein ist es mir fast peinlich zuzugeben, nicht verstanden zu haben, dass die Summe der Erbteile nicht 1 sondern 17 18tel ist. Aber das war den drei Brüdern offenbar auch nicht bewusst. ^^

Du fragst: „Fasse einmal in wenigen Sätzen zusammen, worin die Leistung der Meister im Umgang mit unseren Schwierigkeiten eigentlich besteht. Was geben sie uns? Was können sie uns geben? Was nehmen sie uns? Nehmen sie etwas?"

Nun, ich glaube unsere Schwierigkeiten bestehen hauptsächlich darin, unsere Probleme oder die Dinge ganz allgemein nicht von einer übergeordneten Sichtweise aus zu betrachten, sondern sie nur in einer unserer (A)Persönlichkeit entsprechenden eingeschränkten Weise wahrzunehmen.

Das äußert sich in vielfältiger Art und Weise: Wir sind in Situationen oft emotional involviert und dadurch nicht in der Lage, die Dinge klar zu sehen. Daher auch die Empfehlung, die tägliche Innenschau am Abend, also mit Distanz, zu betrachten. Ein weiteres Beispiel wäre Deine Betrachtung zur Betriebsblindheit, wir sind so in uns selbst gefangen, dass wir den Balken in unserem Auge nicht wahrnehmen können. Die externe Betrachtung würde hier leicht Abhilfe schaffen.

Am besten jedoch kommt es in der „Welt über der Welt" zum Ausdruck, worum es hier geht: Die Meister helfen uns, eine übergeordnete Sicht der Dinge zu erlangen, um aus dieser neuen Position heraus die Dinge neu bewerten zu können. Leider geben sie uns die Informationen nicht direkt, sondern sie geben immer nur so kleine Hilfen, dass wir letztendlich durch eigenes Nachdenken und Kontemplieren uns diese Erkenntnis selbst erarbeiten müssen. Das hält dann natürlich auch viel besser und wirkt auch nachhaltiger - insofern also nachvollziehbar und verständlich, dass wir nur mit kleinen

Hinweisen gefüttert werden und so zur neuen Sichtweise hingeführt werden. Ich glaube, darin begründet sich auch der diffuse Schrecken (wie Du es einmal bezeichnet hast), der damit einhergeht. Durch die vagen Andeutungen weiß man nie, was sie wirklich meinen und hat unterschwellig die Befürchtung, die Botschaft nicht zu verstehen und damit ihre Erwartungen nicht zu erfüllen. Es ist eine Form der Versagensangst.

Was nehmen sie uns? Sie nehmen uns im Endeffekt unsere beschränkte Sicht der Dinge und damit auch die Illusionen uns selbst betreffend. Sie nehmen Stück für Stück die vielen Schleier weg, die die Wahrheit verhüllen, damit wir uns letztendlich selbst erkennen können.

Ich weiß zwar nicht was die anderen Brüder und Schwestern dazu gemeint haben, hoffe allerdings, dass ich damit nicht allzu weit daneben liege. Wärst Du so nett mir auf die Sprünge zu helfen, wenn ich wichtige Aspekte übersehen habe?

Danke und alles Liebe, auch an die anderen Kreismitglieder
Jonas

13.1.14

Hi Jonas,

wie ich schrieb, haben wir die Geschichte im Kreis schon zweimal besprochen. Klar, dass man beim ersten Hören (Lesen) nicht sofort jeden Aspekt durchdringt. Wenn das überhaupt geht. Das Gute an der Kreisarbeit ist ja, dass die Ein- und Ansichten sich ergänzen. Den bisher einzigen anderen

Kommentar außer Deinem habe ich bisher von M. bekommen. Vielleicht gehen noch ein oder zwei weitere ein - da springen leider nicht gleich alle an die Tastatur, wenn ich solche Anfragen habe. ^^ Einige trauen sich nicht zu schreiben. Andere finden nicht die Zeit. So ist das eben! M. schrieb:

„Meister machen einem deutlich, dass man geben kann, ohne dabei etwas zu verlieren. Und man dabei etwas gewinnen kann, auch wenn man das vorher nicht erkennt. Sie machen uns durch ihr Tun oder Nichttun etwas klar, weil sie wie ein blanker Spiegel sind, in dem wir auf uns und unser Tun zurückgeworfen sind.

Mit dem Schwert kann der gordische Knoten nur zerschlagen (Pferd), aber nicht gelöst werden. Weil keiner der Brüder bereit war, etwas von dem ihm zustehenden Teil abzugeben, konnte keine Lösung für das Problem gefunden werden – obwohl hinterher deutlich wird, dass die Lösung mit den gegebenen Rahmenbedingungen ganz einfach ist, wenn man sie von der anderen Seite (von sich weg) denkt.

Die Leistung der Meister liegt wahrscheinlich darin, dass sie uns durch ihr Sein zwingen, uns mit dem Wesentlichen zu beschäftigen, d.h. dass sie uns Ausrichtung geben/zeigen, indem sie sich geben können, ohne ein Selbst zu haben, das dem im Weg steht. Damit machen sie sich selbst zum Beispiel für das, was möglich ist und wir (noch) nicht sehen oder leben können. Sie handeln aus reiner Liebe und Freude, auch wenn die diesbezüglichen Handlungen für uns gar nicht nach Liebe und Freude aussehen müssen. Sie ziehen uns allein durch das Gesehenwerden und ihre Existenz auf eine höhere Ebene. Sie handeln nicht hektisch oder überstürzt, weil sie den unverstellten Blick auf die reine Notwendigkeit und das Erkennen haben (Meister schläft erst, weil er müde ist oder er ist nicht müde und will damit aber etwas vermitteln). Ihre Leistung ist wahrscheinlich auch, uns durch ihre Existenz auf etwas zu verweisen, was mehr ist als 1+1=2. Sie geben uns eine Richtung/Ausrichtung oder zwingen uns, uns mit dem Kern der Sache zu beschäftigen. Sie zeigen uns, dass man mit nur einem Pferd viel erreichen kann und es dabei nicht verliert. Sie haben uns im Blick.

Die Geschichte zaubert mir ein Lächeln auf die Lippen, aber ich kann es nicht erklären :-).“

Ich werde die Schreiben an den 17 Pferde Text dranhängen (auch Deinen) ohne Namen zu nennen. Erst dadurch wird er ja wirklich zu einer Betrachtung. Davor ist es ja nur eine unbetrachtete Geschichte. Deine Überlegungen sind auch sehr teilenswert und eine gute Ergänzung zu allem, was ich bisher gehört habe. Ich freue mich, dass Du Zeit gefunden hast. Bei mir ist es die letzten Tage leider etwas eng gewesen. Ich schreibe Dir aber nachher nochmal.

Bis dahin erstmal,
Clemens

13.1.14

Soooo, Jonas, da bin ich wieder,

nach dem Erhalt Deiner Fotos aus Feistritz (hört sich für mich eher nach einem Ort im Osten der ehemaligen DDR an, da ist die itz-Endung häufig. Man lernt wirklich nie aus – und sei es auch nur die Beschränktheit der eigenen Vorurteile) habe ich erst einmal versucht, per Google Maps von oben das Anwesen Deines Schwieger-Opas ausfindig zu machen.

Muss sich um ein österreichisches Sperrgebiet handeln, denn gerade dort ist die Auflösung der Satellitenbilder extrem schlecht. Dort müssen wohl die Abschussrampen der österreichischen Atomraketen sein. ^^

Beneidenswert, dass Du einen Rückzugsort im abgelegenen Bergland hast. Ich mag zwar auch den weiten, unbeschränkten Horizont der norddeutschen Tiefebene, aber andererseits definieren Berge den Horizont auf aufregende Weise und führen hinauf. Ich konnte mich in bergigen Lagen (nein, selbst in hügeligen!) immer nur mit Mühe bremsen, sofort hochzusteigen wo es ging. Geht Dir das auch so? Oder lernt man den Impuls bei Dauerberieselung zu ignorieren?

„Kreisgedanken" wiederholt zu lesen ist eine gute Sache. Ich lese auch immer mal wieder darin – obwohl ich vieles selbst geschrieben habe. Beim Schreiben kommt immer noch eine besondere Inspiration dazu, die manchmal auch den Schreiber zu überraschenden Ergebnissen führt. Noch ein Argument für das Verfassen von Betrachtungen!

Dass Du die Dinge jetzt gelassener angehst, ist schwer zu überschätzen. Ein kleines Defizit in quasi-militärischer Disziplin beim Durchführen der Übungen ist da ein kleiner Preis. Vor allem, wenn Du auf der anderen Seite körperliches Üben eingebaut hast. Ich halte die Arbeit mit Körperelementalen auch für wichtig. Einfach ein nicht zu vernachlässigender Bestandteil einer der drei Säulen der spirituellen Arbeit.

Die Sache mit dem Ballengehen beschäftigt mich auch. Ich bin ja seit etwa 5 Jahren Jogger (heute „Runner" genannt) und dort bedurfte es schon einiger Übung beim Laufen den Mittelfuß aufzusetzen. Durch die stark gepolsterten Schuhe haben wir eher gelernt, selbst beim Rennen die Hacken zuerst aufzusetzen. Dabei ist es so, dass, wenn man barfuß rennt, man automatisch und sofort auf den Zehen rennt. Über längere Distanzen geht das extrem auf bisher ungeforderte Muskeln.

Daher versuche ich beim Joggen mit Schuhen, immer mal wieder auf den Zehen zu rennen. Das ist mit gewöhnlichen Running-Schuhen nicht leicht. Ich muss mir wohl gelegentlich mal ein Paar Free-Running-Schuhe besorgen, die einen Barfußlauf simulieren, also den Fuß nicht stark stützen oder einengen. Interessant, Dein Ansatz Zehengehen zur Erdung zu nutzen. Werde ich gelegentlich mal bei einem Langmeditationstermin ausprobieren.

Wenn ich so indiskret sein darf zu fragen: Rückschläge und bittere Stunden kündigen sich an? Das hört sich ja finster an! Gibt es etwas, was ich oder wir tun könnten? Wie ist denn eigentlich Deine Position bezüglich der Talismane? Kirchhofenkreuz? Weg-Arbeit-Symbol? Ich habe da mal nachgefragt. Die Symbole sind immer Einzelanfertigungen. Kann man sie sich bei jedem versierten Gold- und Silberschmied machen lassen. Kostet zwar ein wenig, aber was solls. Es wäre möglich ein solches Objekt zur Weihung an Ludwig weiterzuleiten. Ich habe auch schon andere Goldobjekte (Ringe) von ihm weihen/segnen lassen. Ihm zufolge ist Gold ein besonders guter Segensträger. Er hat mal vor ein paar Jahren Teeschalen mit Innenvergoldung für Kreismitglieder gesegnet. Ich könnte vielleicht auch sowas anschieben. Es gibt bei allen Talisman-Objekten die Möglichkeiten eines individuellen Segens und eines allgemeinen. Nachteil des individuellen – sie dürfen nicht von anderen Personen berührt werden. Vorteil liegt aber auf der Hand. ^^

Für heute genug, beste Grüße,
Clemens